Wolf-Dieter Storl

Ich bin ein Teil des Waldes

Mancherlei hast du versäumet!
Statt zu handeln, hast geträumet,
Statt zu danken, hast geschwiegen,
Statt zu wandeln, bliebest liegen.

Nein, ich habe nichts versäumet!
Wisst ihr denn, was ich geträumet?
Nun will ich zum Danke fliegen,
Nur mein Bündel bleibet liegen.

Johann Wolfgang von Goethe

Wolf-Dieter Storl

Ich bin ein Teil des Waldes

„Der Schamane aus dem Allgäu" erzählt sein Leben

KOSMOS

Umschlaggestaltung von eStudio Calamar unter Verwendung von zwei Farbfotos von Hans E. Laux (Wald) und C. Schröder (Porträt).

Mit 48 Abbildungen: Auers, A.: „Heiligen Legenden“ (1890), S. 256; Brugsch, A.: „Religion und Mythologie der alten Ägypter“ (Leipzig 1892), S. 206; Cole, M.: D. Moerman, „Gernaiums for the Iroquois“ (Reference Publications, Algonac, Michigan 1981), S. 37; Golte-Bechtle, M.: S. 189, 266; Harshananda, S.: „Hindu Gods and Goddesses“ (Sri Ramakrishna Sahrama, Mysore, 1982), S. 59; Hohberg, W.H. Frhr. v.: (1675), S. 173; Killins, A.: J.A. Hostetler, „Amish Life“ (Herald Press, Scottdale, Pennsylvania 1952), S. 32, 33; Knieriemen, H.: S. 264; National Council: „Handbook for Boys“ (Boy Scouts of America, New Brunswick, N.J. 1953), S. 97; Saunders, F.: „Edible and Useful Wild Plants“ (Dover Publ., New York 1920), S. 73, 78, 197; Scharpf, M.: S. 171; Schröder, C.: S. 153; Tiefentaler, M.: W.-D. Storl, „Berserker und Kuschelbär“ (Aurum Verlag, Braunschweig, 1992), nach einem Original von George Catlin (19. Jh.), S. 113; Unbekannter Künstler: W.-D. Storl, „Shiva, der wilde gütige Gott“ (KOHA-Verlag 2002), S. 48; „Valley of the Rogues“ (Josephine County Historical Society, Grants Pass, Oregon 1970), S. 158; B. Yenne, „The Encyclopedia of North American Tribes“ (Greenwich, USA 1986), S. 15; Kosmos-Archiv, S. 8.
Die Abbildungen auf den Seiten 81, 82, 99, 100, 135, 136, 154, 172, 253, 254 und 263 wurden von Wolf-Dieter Storl zur Verfügung gestellt.
Trotz großer Bemühungen konnten einige Rechteinhaber nicht ermittelt werden. Die Rechteinhaber mögen sich bitte ggf. beim Verlag melden.

Bibliografische Information Der Deutschen Bibliothek
Die Deutsche Bibliothek verzeichnet diese Publikation in der Deutschen Nationalbibliografie; detaillierte bibliografische Daten sind im Internet über http://dnb.ddb.de abrufbar.

KOSMOS Postfach 106011
D-70049 Stuttgart
TELEFON +49 (0)711-2191-0
FAX +49 (0)711-2191-422
WEB www.kosmos.de
E-MAIL info@kosmos.de

Gedruckt auf chlorfrei gebleichtem Papier

ISBN 3-440-09548-7
Lektorat: Carsten Schröder
Grundlayout: eStudio Calamar
Produktion: DOPPELPUNKT Auch & Grätzbach GbR, Leonberg / Lilo Pabel
Printed in the Czech Republic / Imprimé en République tchèque

INHALT

VORWORT

Wer nichts weiß, der liebt nichts. (...)
Je mehr Erkenntnis in einem Ding liegt,
desto größer die Liebe.

Paracelsus, „Labyrinthus medicorum erratium"

Dieses Buch enthält Biographisches, soll aber keine Autobiographie sein. Bill Tallbull, der Medizinmann, der mit den Pflanzengeistern kommunizierte, und Arthur Hermes, der naturkundige, weise Bauernphilosoph, werden erwähnt, kommen aber in diesem Buch zu kurz. Wenn ich mich über diese meine wichtigsten Lehrer auslassen würde, dann würde es den Rahmen des Buches sprengen. Ich habe an anderer Stelle über sie berichtet[I]. Hier geht es darum, einige der Hintergründe zu erhellen, die zu der Naturphilosophie führten, die in meinen anderen Werken zum Ausdruck kommt. Für mich ist die Natur nicht etwas Äußeres, etwas rein Gegenständliches, das man mit kühler Sachlichkeit analysieren und quantifizieren kann. Die Natur ist draußen und drinnen; sie durchwebt uns, nicht nur stofflich und energetisch, sondern sie durchdringt uns auch mit inneren Bildern, mit erhabenen Inspirationen, sie ist beseelt und Ausdruck kosmischer Intelligenz. Das Äußere der Natur nimmt man mit den nach außen gerichteten Sinnesorganen wahr. Das dazu gehörende Innere der Natur – die Seele, den Geist der Natur – nimmt man in liebender Meditation mit dem inneren Auge und dem inneren Ohr wahr. Echte Naturerkenntnis braucht beide Wahrnehmungsmöglichkeiten, so wie ein Vogel beide Flügel braucht, um abzuheben.

SCHAMANENPFLANZE
BEIFUSS

WIE MIR DIE AMEISEN DAS SCHREIBEN BEIBRACHTEN

Im Grunde genommen habe ich immer Heimat gesucht, Wurzeln.

Noch lange braucht ein Kind die schützende, warme Hülle, die liebende Menschen und ein sicheres Zuhause ihm geben können. Aber schon bald kam der tränenreiche Abschied. Der Opa, der mir Geschichten erzählte, die Oma, die mir die warmen Jacken und Hosen strickte und Kamillentee braute, wenn ich krank war, die Tante, die mit ihren kornblumenblauen Augen auch an trüben Tagen ein Stück Himmel verschenkte – sie und andere liebe Verwandte standen da am Abstellgleis im Crimmitschauer Güterbahnhof. Dann zog die Dampflokomotive an. Das versammelte Häufchen wurde, durch die Ritzen im Güterwagen gesehen, immer kleiner. Jedes Klick-Klack der Eisenräder, jedes Schnaufen der Lokomotive und jeder vorbeihuschende Mast trug mich weiter weg von dem grünen Garten meiner Kindheit, von dem erdig riechenden Keller, von der rotblättrigen Hausbuche, von den Pilzen, die wir im Wald sammelten, von dem Birkenhain. Das war der erste Bruch, die erste Loslösung, der erste kleine Tod in meinem Leben.

Es war taunass und frisch, als wir – meine Mutter und ich – vor Sonnenaufgang, ganz nahe an der russischen Kommandantur vorbei, durch ein Loch im Stacheldraht über die Zonengrenze krochen. In Oldenburg wartete der eben aus der Kriegsgefangenschaft heimgekehrte Vater auf uns.

In einer winzigen Dachkammer, wo nur ein Bett, eine Pritsche, eine Kommode mit Wasserkrug und Becken Platz hatten, da wohnten wir nun, mitten in einer Stadt voller Flüchtlinge. Dort fing dann auch die Schule an, die mir wie ein Gefängnis vorkam. Da, im kühlen nassen Oldenburg, war der Hunger nicht so heftig, dass man mitten in der Nacht aufwachen musste, weil man mit aufeinander klappenden Zähnen in eine geträumte Butterbemme (Brotschnitte) gebissen hatte.

In der Stadt, wo Kinder, die ihre Väter verloren hatten und durch Vertreibung und Bombennächte traumatisiert worden waren, Tag für Tag den Krieg nachspielten, lernte ich fliegen. Eines der Hühner, die ein Nachbar im Hinterhof hielt und deren Flügel nicht gestutzt waren, flatterte hinauf in die große Buche und hinüber auf das Schieferdach. In der Nacht sprach das Tier zu mir: „Ja, auch du kannst fliegen!" Da ruderte ich mit meinen Armen, flatterte ungeschickt los. Bald jedoch, in den folgenden Nächten, hob ich ab, flog weit und hoch über die Erde. Das Herunterkommen und Landen war viel schwieriger, wie auf der Achterbahn drehte es einem den Magen um. Und manchmal verfolgten mich Schatten im Flug, denen ich kaum entkommen konnte. Manchmal brach ich tief in die Erde ein, die aus vielen, von zankenden Zwergen bewohnten Stockwerken bestand. Manchmal begegnete ich Riesen, die sich mit den Zwergen stritten. Mit allen versuchte ich auszukommen, mit ihnen zu reden, zwischen ihnen zu vermitteln.

Ja, ich war verträumt und ich war schlecht in der Schule. Ganz schlecht. Zum Glück gab es damals noch keine Schulpsychiater. Lieber ging ich in den verwilderten Park der Fürstin Cecilia als in die Schule. Das kleine Schlösschen war zerbombt, auf den Wiesen bauten Flüchtlinge Kohl und Möhren an, aber die herrlichen alten Parkbäume luden zum Klettern ein. In der Ruine des fürstlichen Bades sammelten wir Kaulquappen und planschten an heißen Tagen im Wasser. Neben dem Park lag der botanische Garten. Da wilderten wir und vertauschten die Schilder, um die Gärtner zu ärgern. Wenn sie einen erwischten, gab es eine tüchtige Tracht Prügel. Mich erwischten sie nicht, flink kletterte ich über den Zaun. Doch einmal zerriss ich mir die Hose dabei und es gab die Prügel zu Hause. Im botanischen Park lernte ich auch meinen ersten pflanzlichen Verbündeten beim Namen kennen, den Gundermann.

Hinter dem Haus, in dem wir wohnten, legte ich im Schutt einen kleinen Garten an: Kartoffeln, einige Gemüse und die Kanadische Goldrute *(Solidago canadensis)* – einen weiteren „pflanzlichen Verbündeten" – pflanzte ich dort an. Sie gediehen prächtig. So prächtig, dass unsere Hausbesitzerin mich beschuldigte, gute Gartenerde aus ihren Gemüsebeeten gestohlen zu haben. Ursache waren jedoch die vielen Pferdeäpfel, die ich immer auf dem Schulweg für meine Pflanzenfreunde sammelte.

Im Sommer zwischen der 4. und der 5. Klasse, kurz bevor wir auswanderten, machte die aus 50 Jungen bestehende Schulklasse einen dreiwöchigen Ausflug in die Heide. Wir wanderten, schwammen in kalten Teichen, spielten mit Begeisterung „Fahne erobern", schnitzten Boote aus dicker Kiefernrinde, schauten Schafhirten zu, fingen Frösche und stellten eben alles an, was Jungen in diesem Alter so anstellen. In der Schule sollten wir einen Aufsatz über unser Sommererlebnis schreiben. Da schrieb ich über die Ameisen, in die ich mich stundenlang vertieft und denen ich zugeschaut hatte, wie sie Hölzer und Kiefernnadeln schleppen, wie sie lange Straßen anlegen, wie sie einander bei der Begegnung mit ihren Fühlern betasten, wie Wächter die Eingänge bewachen, wie sie eine Raupe überfallen. Alles, was ich beobachtet hatte, schrieb ich in dem Aufsatz nieder. Ich erwartete die übliche Vier oder Fünf als Note. Diesmal schimpfte der Lehrer mit mir, er war verärgert und wollte wissen, wo ich das abgeschrieben hätte. So gut könne jemand wie ich doch nie und nimmer schreiben. Und ich solle nicht lügen!

Von diesem Moment an konnte ich schreiben. In den Vereinigten Staaten, schon im ersten Jahr, schrieb ich – mit Hilfe des Wörterbuchs – Aufsätze, die ich in der Schule der ganzen Klasse vorlesen musste. Bald musste ich sie vor allen Klassen vorlesen. Eine Lehrerin – von ihr lernte ich das Schreibmaschinenschreiben – sagte: „Versprich mir, dass du Schriftsteller wirst!" Nein, das wollte ich beileibe nicht sein. Stubenhocker! Schreiberling! Nie und nimmer. Ich wollte in die freie Natur, wollte Förster oder Ranger werden. Weil es mir aber immer schon schwer gefallen ist, „nein" zu sagen, brachte ich ein kleinlautes „Ja" hervor. Man passe also gut auf auf das, was man sagt. Vielleicht hat das Wort doch eine bindende Kraft?

Von den Indianern lernte ich viel später, dass Tiere weiser sind als Menschen. Tiere leben noch größtenteils in der Traumzeit. Sie haben sich noch nicht in dem Labyrinth der Gedanken verirrt, die ein übergroßer, abgekapselter Kopf hervorbringt, sondern sind noch mit dem Großen Geist verbunden, mit der Weisheit des Himmels und der Erde, mit den Gottheiten. Wenn man in ihre Traumzeit einsteigt, können sie unsere Lehrer sein. Bei den Ameisen muss ich wirklich eingestiegen sein, muss sie im tranceartigen Zustand erlebt haben. Sie haben mir das Schreiben beigebracht. Schreiben erfordert Ameisenfleiß. Jeder schwarze Buchstabe auf weißem Papier eine Ameise. Jede Zeile eine Ameisenstraße. Ein Ameisenhaufen ist eigentlich eine Art Hirn, ein Teil des Bewusstseins des Waldes.

SCHAMANEN UND NEOSCHAMANEN

Als ich in den 60er Jahren Kulturanthropologie studierte, da war Schamane noch ein geheimes Kennwort der Zunft der Ethnologen und der Religionshistoriker. Inzwischen ist dieser Begriff aus der Sprache des sibirischen Jäger- und Fischervolkes der Ewenken in sämtliche westliche Sprachen eingegangen. Das muss etwas mit der seelischen Not der heutigen Menschen zu tun haben und mit dem desolaten Zustand der Natur, die uns trägt. Der Schamane ist derjenige, der noch hinter den äußeren Schein blicken kann, der mit den Geistwesen reden und auf ätherischen und astralen Ebenen etwas bewirken kann. Schamane ist ein mit magischer Macht aufgeladenes Zauberwort geworden. Man hätte genauso gut *Jhankrie* sagen können, wie man die Schamanen in Nepal bezeichnet, oder *Angakkok*, wie bei den Inuit (Eskimo), oder *Nganga*, wie in den Bantusprachen Afrikas.

Schamanentum ist uralt und universal. Bei unseren germanischen Vorfahren hieß der Schamane *Lachsner*. Er war der Zauberer und Besprecher, der mit rotem Ocker zauberte und unter magischem Gesang die Stelle markierte, an der ein Krankheitsdämon in den Körper eingedrungen war. Der Lachsner war oft auch ein *Galler* oder *Galsterer*, der das rituelle Schreien – das Gellen –, den Zaubergesang und das Behexen beherrschte. Ein *Lüppner* (weiblich *Lüppelaerinne*, eine Zauberin) war er ebenfalls, einer, der mit Giftkräutern (Lüppkräutern) vergiften, heilen oder Krankheitsdämonen vertreiben konnte.

Bei den Germanen waren es vor allem Frauen, die schamanisch arbeiteten. Es waren die weisen Frauen, die *Hagzissen*, die „zwischen den Welten“, im Hag, saßen und zwischen der Welt der Waldgeister, der Naturgötter und der Menschenwelt vermittelten. Der Ruf dieser hellsichtigen, heilkundigen weisen Frauen, der *Walas, Albrunas* oder *Veledas,* drang bis nach Rom.

Für die christlichen Missionare, die seit Beginn des Fischezeitalters die „primitiven“ Stammesvölker zum einzig wahren Glauben bekehren wollten, waren die Schamanen vor allem gefährliche und von bösen Geistern besessene Rivalen. Das ablehnende Urteil gegenüber den „Meistern der Ekstase“ galt auch noch für die ältere Ethnologengeneration, die sich allesamt dem rationalen Weltbild der Aufklärung verpflichtet fühlten. Für sie waren Schamanen entweder Gauner, die mit ihren Taschenspielertricks und erfundenen Geschichten die Abergläubischen betrogen, oder sie waren einfach psychisch Kranke. Die Ethnologen definierten den Stammeszauberer als einen von der Gesellschaft sanktionierten Schizophrenen, als einen Epileptiker, als jemand, der an „arktischer Hysterie“ leidet oder – psychoanalytisch gedeutet – als jemand, der seine auf Frühkindheitstraumata basierenden Fantasien auf den gesamten Kosmos projiziert.

Vor einigen Jahren wurde ich nach Schierke im Harz, neben dem Hexenberg Brocken, zu einer Walpurgisnacht-Fernsehsendung geladen. In der Talk-Runde ging es um die Frage, ob Hexen fliegen können. Ich erzählte eine Geschichte, die ich selbst erlebt hatte. Ein Säufer mit Hundephobie hatte alle Hunde in dem Dorf in Wyoming, wo ich zu dieser Zeit lebte, mit vergiftetem Hackfleisch umgebracht. Kurz darauf fragten mich die indianischen Medizinmänner, die sich auf ihrem heiligen Berg während dieser Zeit auf schamanischer Reise befanden: „Wo sind alle eure Hunde? Wir sind über euer Dorf geflogen und haben keinen Hund gesehen.“ Niemand hatte es ihnen berichtet. Das hatten sie visionär gesehen. Kaum hatte ich diese Geschichte zu Ende erzählt, ergriff ein Hirnforscher erregt das Wort: „Der Mensch kann nicht fliegen, und Götter und Geister gibt es nicht! Interneuronale Synapsen, Ausschüttungen von Endorphinen und

Rezeptoren sind für solche Visionen verantwortlich." Er könne aufzeigen, in genau welcher Hirnregion derartige Halluzinationen ihren Ursprung nehmen. Ich wollte ihm antworten, dass man durch eine Augenuntersuchung ebenso wenig das Wahrgenommene erklären kann wie durch eine Untersuchung des Hirns den Inhalt geistiger Visionen. Aber der Moderator schnitt mir das Wort ab.

Mit den schillernden, egobesessenen Neo- und Pseudoschamanen, die an New-Age-Kongressen und in teuren Workshops ihre Show abziehen, haben die Schamanen der traditionellen Naturvölker, der Jäger und Sammler oder der primitiven Pflanzer (Bauern), wenig gemein. Schamanen sind, wie der große Religionshistoriker Mircea Eliade hervorhebt, vor allem „Meister der Ekstase" (*Ekstasis* = gr., aus sich heraustreten). Im Gegensatz zu den Priestern der großen Religionssysteme beruht ihr Wissen nicht auf Glauben oder auf heiligen Schriften, sondern auf unmittelbarer Erfahrung. Sie beherrschen die Techniken – Trommeln, Tanzen, Fasten, Askese, Anwendung magischer Gebräue, Meditation –, um aus der alltäglichen Welt herauszutreten, um als Geistwesen mit anderen Geistwesen zu kommunizieren. Sie reiten, fliegen, klettern in den Ästen des Weltenbaumes zu den Ahnen, Göttern, Engeln und Dämonen. Sie verhandeln mit ihnen, bitten sie um Hilfe und Beistand. Sie tun das nicht für sich, nicht für die eigene Macht oder Anerkennung, sondern für ihre Sippe, ihren Stamm, ihre Mitgeschöpfe. Sie kennen sich in der sakralen Geographie der „anderen Welt" aus.

Schamanen sind so genannte lebende Tote. Schicksalsschläge, schwere Krankheiten, die sie über die Schwelle des Todes brachten, Traumatisierungen – etwa vom Blitz getroffen oder von einem Raubtier angefallen werden – haben sie „sterben" lassen. Dank der Gnade Gottes, der Ahnen oder der Götter sind sie dennoch da, sind Brücken für andere zu den tieferen Dimensionen unseres Daseins. Sie sind befähigt, die schwierige „Reise" in die nichtmateriellen Welten zu unternehmen. Sie können mit den Geistern der Elemente reden und so das Wetter beeinflussen. Sie können von Dämonen geraubte Seelen wiederfinden und befreien. Manchmal können sie, da sie den Kreislauf der Dinge kennen, die Zukunft erkennen, indem sie tief in die Vergangenheit schauen, zu den „Wurzelgründen". Sie können auch heilen, nicht nur, weil sie die einheimischen Heilpflanzen kennen, sondern weil sie mit dem „Auge ihrer Seele" die krank machenden Entitäten, die sonst unsichtbaren „Würmlein klein, ohne Haut und Bein" ausmachen können. Sie haben gelernt, wie man diese Geister mit Rauch aus den Erkrankten herauslockt, wie man sie heraussingt, heraussaugt, wie man sie in Bäume oder unter Felsbrocken verbannt. Sie haben magische Tiere und Hilfsgeister, die ihnen bei der segensvollen Arbeit helfen.

Schamanen sind Hüter der Stammesüberlieferung, sind verbunden mit den Wurzeln ihrer Kultur, ebenso wie mit der sie umgebenden Natur. Ihr Wissen ist unmittelbar, lebendig, unterhaltsam.

Das Schamanentum ist uralt, seine Wurzeln verlieren sich im Paläolithikum, in der Altsteinzeit. Des Schamanen Antlitz tritt uns in den Höhlengemälden der Pyrenäen, in den Felszeichnungen der archaischen Völker überall entgegen. Schamanentum war für die Urvölker, für die Jäger- und Sammlerstämme überlebenswichtig, sonst hätte es sich nicht bis in die Neuzeit erhalten.

Einige Ethnologen und Kulturanthropologen sind inzwischen zur Einsicht gelangt, dass das Schamanentum auch noch für den modernen Menschen wichtig für das Überleben ist. Sie sind überzeugt, dass in einer technomanischen, rein rationalen Welt nicht nur die menschliche Seele, sondern auch die uns tragende Natur kaputt geht. Sie raten uns, bei den letzten Schamanen in die Schule zu gehen und zu lernen, was es heißt, in einem beseelten, „geistdurchdrungenen" Universum auf der Mutter Erde zu leben. Der amerikanische Schamanenforscher und Ethnobotaniker Terrence McKenna sieht die Faszination, die das Schamanentum auf den modernen Menschen ausübt, als Teil einer „archaischen Wiederbelebung" *(archaic revival)*, als einen seriösen Versuch, die Krise der technologischen Zivilisation zu meistern. Er schreibt, wenn die Dorfgemeinschaft auf bittere Not und scheinbar unlösbare Probleme stößt, dann ist der Rat der erfahrenen Alten gefragt, dann wird Rückschau gehalten. Falls ein ganzes Volk von einer Katastrophe – etwa einer kolonialen Invasion – bedroht wird, so dass sein Überleben in Frage gestellt ist, dann werden die Ahnen gefragt, dann versucht man sich wieder auf Urwerte zu besinnen – die Ethnologen nennen das eine „nativistische Bewegung" oder „Revitalisationsbewegung" *(revitalization movement)*.

Als mit der Entdeckung der Neuen Welt und der epidemischen Ausbreitung der Syphilis das Grundverständnis des feudalistisch-christlichen Weltbildes ins Wanken geriet, versuchten die Gelehrten ebenfalls zu den tragenden Wurzeln zurückzufinden. Die einen, die Reformatoren, wollten zu den biblischen Wurzeln des Glaubens zurückkehren, die anderen gar zu den klassischen Wurzeln, zur griechisch-römischen Antike. Aus Letzterem erblühte die Renaissance, die als eine kulturelle „Wiedergeburt" verstanden wurde. In dieser Umbruchzeit entstanden die humanistisch-naturwissenschaftlichen Institutionen, die bis ins 20. Jahrhundert hielten.

Heutzutage stehen wir wieder vor einer Überlebenskrise, und diesmal ist sie global – schwindende Ölreserven, Klimawechsel, Ozonloch, globale Armut, internationale Aggression mit immer bedrohlicheren Waffen, massive Drogenabhängigkeiten. Wieder einmal schauen wir tief hinab in der Hoffnung, im *Mimir*, dem unter den Wurzeln des Weltenbaumes liegenden Brunnen der Erinnerung, die Lösung zu finden. Wir schauen in die Altsteinzeit, als die Menschen in kleinen Gruppen einfach und naturnah lebten. Zeitlich gesehen verbrachte die Gattung *Homo* 99 Prozent ihres Daseins auf Erden als frei herumstreifende Wildbeuter, als Jäger und Sammler. Diese Zeit hat uns bis heute geprägt. Das Weltbild dieser Vorfahren war ein schamanisches. Die 300 Jahre Industriegesellschaft, ja, sogar die wenigen tausend Jahre, die wir in Sesshaftigkeit verbrachten, sind dagegen wie Eintagsfliegen. Vielleicht, so McKenna, enthält die Urzeit und ihr schamanisches Wissen den Schlüssel, um uns aus dem technologischen Albtraum aufwachen zu lassen. Vielleicht finden wir den Ausweg aus dem babylonischen Gefängnisturm und gelangen wieder auf den guten Boden, auf die Erde, zurück.

Auch wenn man mir in Fernsehshows und Zeitschriften die Bezeichnung „Der Schamane aus dem Allgäu" angehängt hat, so sehe ich mich nicht als solcher. Ich bin weder Schamane noch komme ich ursprünglich aus dem Allgäu. Begegnungen mit Schamanen in traditionellen Gesellschaften haben mich jedoch, ebenso wie Terence McKenna und andere Kollegen, von der transformativen und heilenden Macht des schamanischen Gedankens überzeugt. Meine Dissertation „Schamanism among Americans of European Origin" (Bern, 1974) befasst sich mit dem Thema. Zwar bin ich noch immer Ethnologe, aber ich habe mich in das schamanische Universum hinreichend eingelebt, so dass es kein Gegenstand trockener wissenschaftlicher Analyse mehr ist. Bei Feldforschungen unter Naturvölkern, wie den Tsistsitas oder Cheyenne, in der Spiritualistengemeinschaft in Ohio, bei den Shaiva Sadhus Indiens und Nepals, bei den Ngangas in Zulu Natal, bei dem alten Bergbauern Arthur Hermes im Schweizer Jura und nach langen Rucksackreisen durch Mexiko, Burma, Thailand, China, Japan und andere Länder, habe ich einiges über schamanische Techniken gelernt. Vor allem aber war mir die Natur selber Lehrmeisterin. Nicht nur das Studium kluger Bücher über sie, sondern vor allem das Stromern durch die Landschaft, das Erklettern von Bäumen, das bewusste Wahrnehmen – mit inneren und äußeren Sinnen – des Pflanzen- und Tierlebens, der Landschaft, der Wetter- und Sternenphänomene haben mich inspiriert. Besonders von den Pflanzen habe ich viel lernen können: über Heilung, über Elementarwesen, über den rhythmischen Wandel natürlicher Erscheinungen.

Ich betrachte Pflanzen als „überbewusste Wesenheiten", deren belebte Leiber in der physikalischen Erscheinungswelt anzutreffen sind, deren „Geist" und „Seele" jedoch ungeboren in „anderen" Seinsdimensionen leben und weben. Pflanzen nehmen mit den grünen Blättern das Licht des Kosmos in sich auf und mit den Wurzeln die Botschaft der Erde. Sie „meditieren" die elementaren Kräfte und bilden daraus ihre harmonischen Formen, ihre Wirkstoffe. Sie sind Bewahrer und Wissende. Mittels Träumen, Eingebungen und Ahnungen können sie den Menschen inspirieren und ihm Zugang zu verborgenen Wurzelgründen geben. Auch zu unseren kulturellen Wurzeln, zu dem Wissen der einstigen Ureinwohner Nord- und Mitteleuropas, zu unseren Ahnen, können uns unsere „grünen Brüder und Schwestern" führen.

DIE BOTSCHAFT DES CHEYENNE-ÄLTESTEN

Im Oktober 2000 fand eine große internationale Schamanen-Konferenz in Garmisch statt. Es sollte um nicht weniger gehen als Heilung der Erde und Heilung der menschlichen Gesellschaft. Verschiedene kommerzielle Organisationen warteten mit ihren „Schamanen" auf. Ethnologen, die mit AGEM (Arbeitsgemeinschaft für Ethnomedizin) oder mit SAC (Society for the Anthropology of Consciousness) zu tun hatten, wurden gebeten, Schamanen, Heiler und Visionäre, die sie in allen Erdteilen während ihrer Feldforschungen kennen gelernt hatten, für die Konferenz zu mobilisieren. Auch ich wurde gefragt. Nach langem Überlegen schickte ich einen Brief an den alten George Elkshoulder, den Hüter der Cheyenne-Tradition.

Der alte Indianer, der noch nie die Berge und Steppen des amerikanischen Westens verlassen hatte, kam, von Zeitverschiebung und langem Sitzen gebeutelt, in München an. Am nächsten Tag sollte er schon im Kongresssaal auftreten. Wir hatten alle Mühe ihn zu wecken und als er endlich dabei war, seine Cowboystiefel anzuziehen, sollte er eigentlich schon längst auf der Bühne vor der versammelten Menge auftreten. Unserer Ungeduld zum Trotz fragte er: „Wo ist das Frühstück?" Wir hatten keine andere Wahl, als vor der *Indian time*, dem indianischen Zeitbegriff, zu kapitulieren. In der Indian time hat alles seine natürliche Zeit. Abstrakte, durch das Vorrücken eines Uhrzeigers festgelegte Termine haben da keinen Platz. Zum Glück hatten die anderen „Schamanen", die sich offensichtlich sehr wichtig nahmen, ihre im Programm vorgesehene Zeit bei weitem überzogen. Als wir dann endlich beim Kongresshaus eintrafen, war es gerade zum richtigen Zeitpunkt. Rund eintausend wissbegierige, suchende, hungernde Seelen saßen da, hermetisch abgeriegelt in dem Gebäude aus Glas und Zement. Gespannt auf die nächste Darbietung starrten sie auf die Bühne. Wie konnte man dort, von der Natur isoliert, etwas „Schamanisches" auf die Beine stellen?

Ich rannte schnell in die Gartenanlage, holte einige heilende und giftige Kräuter, einige Zweige und einen Sack voller Erde, den ich auf den Parkettboden auskippte. Thomas Eberle trommelte, Hky Eichhorn blies auf dem *Yedaki (Didgeridoo)*, derweil ich mit Wacholder, Beifuß, Tannenharz und Mariengras räucherte und für die Naturwesen und Hüter des hiesigen Landes Wasser goss. Hirschschulter saß in sich gekehrt, den Cowboyhut tief ins Gesicht gezogen, auf einem Stuhl. „Sag was, tu was!“, flüsterte ich ihm zu, nachdem wir fertig waren.

„Was soll ich tun?“, fragte er.

„Siehst du nicht, wie arm sie sind? Segne sie wenigstens“, bat ich ihn.

Er ließ sich etwas glühenden Zunderschwamm geben, streute darauf einige Krümel des Wacholders, des *red cedar*, den er in der Hemdstasche bei sich hatte. Dann nahm er die Feder, die er einst einem lebenden Adler entrissen hatte, und ließ windende Kringel blauen Rauchs über die Menge aufsteigen. Absolute Stille im Saal. Ein Gefühl der Heiligkeit.

Eigentlich hätte diese Segensgeste, die so stark war, genug sein sollen. Aber moderne Menschen sind nun mal Konsumenten, sie verfügen kaum mehr über die Sinne, die ein inneres, seelisches Geschehen aufnehmen können. Sie wollten eine Show, Unterhaltung.

Nach dem Auftritt wurde der alte Indianer von einer Meute Presseleuten bestürmt. Elkshoulder ließ jedoch keine Fotos von sich machen: „Wenn man mich mit dem Geisterfänger festhält, muss ich sterben.“ „Aber ich bin von der Bild-Zeitung!“, rief der Reporter empört, als wolle er sagen: „Jeder will doch in die Bild-Zeitung!“

Beim Mittagessen mit all den Schamanen, Ethnologen und anderen illustren Persönlichkeiten versuchte sich Elkshoulder unsichtbar zu machen. Er schaute mich an: „Wo sind denn die Medizinmänner, von denen du gesagt hast, sie wollen ein *Pow-Wow* [2] zum Heilen der Natur machen? Ich sehe hier nur *ceremonial people* [3], *show men* (Unterhalter). Und der dort“ – er zeigte auf einen sehr populären, international auftretenden Schamanen – „der ist ein Lügner!“ Die vielen von seiner Frau handgenähten und sorgfältig verzierten Beutel, die Elkshoulder als Geschenke an die erwarteten Medizinmänner mitgebracht hatte, packte er gar nicht erst aus. Er ließ sie am Ende seines Besuches einfach liegen.

Am Nachmittag sollte dann noch ein so genanntes Seminar mit dem alten Medizinmann stattfinden. „Was soll ich hier machen?“, fragte er mich, als wir, von den 250 Teilnehmern umringt, in einem Saal saßen. Etwas erzählen? Nein, das mache er nicht. Man verschwendet bloß seine Energie, seine Medizinkraft durch belangloses Erzählen.

Aus Verlegenheit sagte ich der versammelten Menge: „Es ist eine Ehre, den Stammesältesten der Cheyenne bei uns zu haben. Schweigen wir einfach und lassen seine Anwesenheit auf uns wirken.“ Elkshoulder zog seinen Hut noch tiefer ins Gesicht.

Eine Frau brach das angespannte Schweigen: „Könnten Sie uns ein Ritual zeigen?“

„Wieso ein Ritual? Ist jemand krank und braucht Hilfe?“, fragte er mit leiser Stimme. Betroffene Stille.

Später ließ er mich wissen, dass man Rituale nicht einfach so macht. Rituale wirken, sie setzen etwas in der Geisterwelt in Bewegung. Man führt sie nicht willkürlich oder einfach so zum Zeitvertreib oder zur Unterhaltung durch. Wenn man damit herumspielt, dann kann es schwerwiegende Folgen haben, man kann Unglück oder Krankheit auf sich ziehen, es können einem sogar Pferde oder die Kinder wegsterben.

„Könnten Sie nicht wenigstens ein Indianerlied singen?“, fragte jemand anders. Ich übersetzte und bat ihn, irgendetwas zu singen. Nun gut. Er seufzte, stand auf, sang etwas, das wie das Heulen eines Steppenwolfes klang, und setzte sich wieder. „Was hast du gesungen?“, fragte ich ihn. „Das Lied lautet: ‚Ich bin ein Krieger im fremden Land und weiß nicht, ob ich lebendig wieder nach Hause komme!‘“

Hirschschulter verbringt sonst den größten Teil seiner Zeit in der Wildnis, vor allem auf dem heiligen Bärenberg *Nowah'wus* in den Black Hills, wo er mit den Tier- und den Naturgeistern kommuniziert. Diese Wesen sind es auch, die ihm die Kraft zum Heilen geschenkt haben. Da er sich hier unter den neugierigen Fremden sichtlich unwohl fühlte, verließen wir den Kongress und fuhren durch die schneebegipfelten Tiroler Berge. Während der Fahrt verschwendete er keine Zeit mit überflüssigen Kommentaren. Er ging ganz in seinen Sinnen auf. Scharf beobachtete er alles: jeden Fels, jeden Baum; kein Vogel, kein Tier entging ihm. Der alte Cheyenne war ganz im „Hier und Jetzt“, war ganz Jäger, ganz Krieger. „Schönes Land!“, sagte er kurz.

„Warum hast du mich überhaupt eingeladen?“, fragte er später. Ich versuchte zu erklären, dass wir modernen Europäer alles verloren hätten: „Wir haben keine Rituale mehr, keine heiligen Gesänge. Wir wissen nicht, wie wir in der Natur leben sollen!“

Er schaute mich an: „Nichts habt ihr verloren! Es ist noch alles da, die Bäume, die Berge, die Flüsse, auch die Tiere. Fragt sie. Sie wissen es!“

Dass die modernen Menschen vergessen hatten, dass man mit Steinen, Pflanzen und Tieren reden kann, dass sie nicht einmal mehr an diese Möglichkeit glaubten, das wollte und konnte ich ihm nicht erklären.

Allgemein mied Elkshoulder den Kontakt mit den *Veho*, „den weißen Geistern“, die im 19. Jahrhundert in die Jagdgründe der Prärieindianer eingefallen waren. Deswegen wusste er wohl kaum, dass die Weißen ihr Wissen durch experimentelles Forschen erwerben und als Ansammlung objektiver Fakten verstehen. Auch wusste er nicht, dass diese Zivilisierten die Natur als unbeseelt ansehen und dass sie meinen, sie könnten sie beliebig für ihre Zwecke ausbeuten. Auch wusste er nicht, dass es als Zeichen von Psychose oder bestenfalls als harmlose Spinnerei gilt, die Pflanzen, Tiere und Steine als „Verwandte“ anzusehen und mit ihnen zu reden, so wie man es mit menschlichen Verwandten tut.

Elkshoulder ist Erbe eines schamanischen Jägervolkes. Für ihn, wie auch für andere Schamanen, ist Spiritualität nie etwas Abstraktes und schon gar nicht etwas, was ausschließlich zwischen den Deckeln eines Buches zu finden wäre. Die Geister, Dämonen und Gottheiten, mit denen der echte Schamane zu tun hat, befinden sich in den Felsen und Bächen, den Bäumen, Kräutern, den Vögeln und Tieren, die ihn umgeben. Das Heilige ist der Natur immanent, innewohnend. Die Krankheit der modernen Menschen ist, dass sie nicht mehr mit der Natur verbunden sind, die sie umgibt. Elkshoulder konnte auch nicht die Indianerfreaks verstehen, die ihn während der

Tagung umlagerten und ihm stolz erzählten, dass sie mehrmals in Dakota beim Sonnentanz der Sioux mit Haken in der Brust mitgetanzt und kraftvolle Medizinlieder mitgesungen hätten, und dass sie diese nun auch hier ausführten. Er gab ihnen zu verstehen, dass nur derjenige Medizinlieder singen und heilige Tänze tanzen darf, der sie von den *Maheos*, den Geistwesen, geschenkt bekommen hat. Sie einfach zu übernehmen oder nachzuahmen sei gefährlich. Außerdem gehören solche Lieder und Tänze den Geistwesen der Berge, Flüsse, Bäume oder Tiere, die dort in Amerika leben. Hier in Europa sind andere Geistwesen zu Hause. Mit ihnen gilt es Kontakt aufzunehmen. „Es ist Unsinn, nach Death Valley zu düsen, um dort auf Visionssuche zu gehen, wenn ihr mit den Geistwesen, die hier sind, kommunizieren wollt."

IN DEN WÄLDERN OHIOS

Mich erzog der Wohllaut
Des säuselnden Hains
Und lieben lernt' ich
Unter den Blumen.
Im Arme der Götter wuchs ich groß.

Hölderlin, „Da ich ein Knabe war“

Das Auswandern hatte früher, vor Düsenflug und Globalisierung, etwas Endgültiges an sich. Es war ein Sprung in eine unbekannte Dimension, ein für immer Verlassen dessen, was man kannte. Kein Wunder, dass die Iren für jeden, der übers Meer zog, eine Totenwache hielten.

Die Kapelle am Bremerhavener Kai spielte „Muss i denn zum Städtele hinaus“, nass geweinte Taschentücher wedelten, das Schiffshorn tönte und damit begann die Meeresreise auf dem Auswandererdampfer „Europa“. Für mich als Elfjährigen war es ein Ausflug, der nie enden sollte. Pauker, Schulqualen und die engen Wohnverhältnisse in der mit Flüchtlingen überfüllten Stadt Oldenburg rückten mit dem schwindenden Festland immer weiter in die Ferne. Bald drehten auch die letzten Möwen kreischend ab und wir waren auf hoher See. Am liebsten stand ich am Bug zwischen der schäumenden Gischt und dem weiten Himmel. Der hohe Wellengang leerte manchmal den Speisesaal, trieb mich aber in die Ekstase, verband mich in meiner Fantasie mit Wikingern und Drachenschiffen, mit dem verwegenen Seeräuber Klaus Störtebecker, der mein Held war. Einmal flogen fliegende Fische dicht über der Wasseroberfläche vorbei. Und dann, nach zehn Tagen, tauchte am Horizont ein immer größer werdender dunkler Streifen auf: Amerika, jubelte ich, dort gibt es Cowboys mit Colts und echte Gangster.

Die Freiheitsstatue wurde in Sonntagskleidung begrüßt. Der Vater fotografierte. „Kämm dir die Haare aus dem Gesicht! Zieh die Kniestrümpfe hoch!" Ich gehorchte sofort, wohl wissend, dass es bei Ungehorsam Ohrfeigen hageln würde.

Die Wolkenkratzer New Yorks schienen tatsächlich so hoch, als würden sie die Wolken kratzen. Ich fragte meine Eltern, ob der schwarze Straßenfeger sich wirklich nicht, wie ein verrußter Essenkehrer (Schornsteinfeger), mit Seife weiß waschen kann. Der Mann beantwortete mein staunendes Anstarren mit einem breiten, herzlichen Lächeln.

Von der *Central Station* ging es mit der Eisenbahn nach Ohio. Dort warteten die Onkel und Tanten, die uns Carepakete nach Deutschland geschickt hatten. Kommt nach Amerika, hier ist alles *bigger and better*, hatten sie dazu geschrieben.

Als Tante Anna mich sah, musste sie lachen. „Kurze Hosen, Kniestrümpfe, ha, ha. Morgen gehen wir zu Woolworth, da kriegst du Jeans und T-Shirts. Und die Haare gehen auch nicht, sieht ja aus wie Hitlerjugend, da muss ein Crewcut oder Bürstenschnitt her." Am nächsten Tag ging es im Straßenkreuzer in die Stadt, Haare schneiden und echte amerikanische Kleidung kaufen. Auch den Namen sollte ich ändern. „Walter" sollte ich von nun an heißen, aber darauf reagierte ich nicht.

Die Häuser in der Nachbarschaft, wo Tante Anna und Onkel Bill wohnten, waren nicht die Marmorvillen, die ich mir vorgestellt hatte, sondern schlichte weiß gestrichene Holzhäuser. Überall grüner Rasen, hohe Baumalleen, keine Zäune. Der Nachbarjunge drückte mir einen Spielrevolver in die Hand, dabei lernte ich mein erstes amerikanisches Wort: *Pistol* – leicht zu merken, klingt wie Pistole.

Schon der erste Tag brachte eine überwältigende Fülle von neuen Natureindrücken. Die Zikaden ließen die Luft mit massivem Chorgesang vibrieren. Ab und zu plumpste eines der schweren Kerbtiere aus dem üppig wuchernden Grün. Kolibris schwirrten wie riesige Insekten von einer roten Trichterblume zur anderen.

Gleich in der ersten Woche entdeckte ich am Rand der Siedlung einen sumpfigen See mitten in einem Wald, der für meine Begriffe eher einem tropischen Urwald, einem Dschungel glich. Schildkröten aller Größen tummelten sich dort oder sonnten sich am Ufer.

„Da, eine Schildkröte!", rief mir einer meiner neuen Spielkameraden zu, während er auf einen Reptilienkopf zeigte, der gerade vor uns aus dem trüben Wasser auftauchte. „Pack sie!" Ich griff zu und hielt statt einer Schildkröte eine Schlange in der Hand.

Schlangen gab es viele, darunter die giftige Wassermokassinschlange, die wegen ihres weißen Rachens auch *Cottonmouth* (Baumwollschlund) genannt wird. Libellen gab es auch, so riesig, dass der Name *Dragon Fly* (Drachenfliege) gut zu ihnen passte. Daneben eine Schmetterlingsvielfalt! Am schönsten war der orangefarbene, schwarz geäderte Monarch, dessen beeindruckende Raupe an der milchigen Seidenpflanze frisst. Von den Ästen der Baumriesen hingen armdicke Lianen. Die Jungen hatten einige dieser Schlingpflanzen gekappt, so dass man mit Anlauf wie Tarzan weit über das Seeufer hinaus schwingen und dann ins Wasser springen konnte. Das war praktisch: Man brauchte nicht durch den Schlamm zu waten und dabei womöglich auf eine Schnappschildkröte treten, deren Biss einem die Zehe kosten konnte. Sehr bald lernte ich auch den gefürchteten Giftsumach, das *poison ivy*, kennen, der bei empfindlichen Menschen richtige Brandblasen hervorrufen kann.

Gleich in der ersten Woche hatte ich schon meinen ersten Job. Zusammen mit anderen Jungen sammelte ich auf einer *Driving Range* die verschossenen Golfbälle ein. Für einen Scheffel *(bushel)* – das sind ungefähr 100 Golfbälle – bekamen wir einen *dime* (zehn Cent). Wenn man wirklich fleißig war, konnte man bis zu einen Dollar am Tag verdienen. Das war sehr viel. Ich kam mir vor wie ein Millionär: Ein Schokoriegel kostete fünf Cent, ein Softdrink zehn Cent. Da blieb immer etwas übrig, da konnte man sich noch Spielzeugpistolen, einen Cowboyhut oder andere Spielsachen kaufen. Ja, ich verdiente mit diesem Dollar sogar noch mehr als mein Vater, der auf Arbeitssuche war und per Anhalter die Städte Ohios nach einer Stelle abklapperte.

Nachdem die tägliche Sammelaktion von Golfbällen beendet war, spielten wir Krieg. Alle hatten *BB-guns* (Luftgewehre) und der Älteste fuhr mit einem echten, ausrangierten Army-Jeep durch die verwilderte Landschaft. Ich war automatisch Indianer oder *German* und musste mich irgendwann totschießen lassen – natürlich nicht mit dem Luftgewehr, das wäre zu gefährlich gewesen. Das machte mir aber nichts aus, ich war froh, durch die Natur tollen zu können.

Meine Eltern hatten es schwer mit dem Neuanfang. Fremdes Land, keine Arbeit. Meine Mutter litt unter der ständigen Hitze, welche karibische Südwinde nach Ohio trugen. Abends erfrischten wir uns in einem *Soda fountain*[4] mit einem Glas Coca-Cola – welch exquisiter Genuss, sogar Eiswürfel gab's – und sprachen über die Zukunft. Sobald sie genug Geld hatten, wollten meine Eltern zurück nach Deutschland. Ich wollte aber auf keinen Fall, mir gefiel es hier.

Mit unseren Verwandten verstanden sich meine Eltern nicht – kulturelle Differenzen. Meine Mutter war eine wohlbehütete Fabrikantentochter, der Vater stammte aus einer strammen Offiziersfamilie. Tante Anna dagegen wuchs auf einer kleinen Farm auf, wo mit dem Maulesel gepflügt, das Holz für den Herd aus dem Wald und das Wasser im Freien mit Handpumpe geholt wurden. Geschälte Maiskolben dienten als Klopapier. Noch immer machte sie ihre Seife selber aus altem Fett. Ihr Vater, Ernst Storl, zu Bismarcks Zeiten Armeedienstverweigerer und Sozialist, kletterte als 16-Jähriger aus dem Hinterhoffenster des Elternhauses in Waldheim, als die Gendarmerie kam, um ihn abzuholen. Er wanderte zu Fuß nach Hamburg, versteckte sich im Rettungsboot eines Clipperschiffes, das nach Amerika fuhr. Hunger trieb ihn an Deck. Eine Auswandererfamilie adoptierte den Jungen und nahm ihn mit nach Ohio. – „Ein harter Bursche", erzählte uns die alte Frau Settle, die ihn noch von damals kannte.

Eines Tages krachte es. Ich wurde ins Schlafzimmer geschickt, dennoch drangen das Gekreische der Tante und die Kasernenstimme meines Vaters durch die Wände. Am nächsten Morgen zogen wir aus; wir fanden eine modrig riechende Einzimmerwohnung im Slumviertel der Stadt. Ein Bett, das aus der Wand geklappt wurde, und eine Küchennische, das war alles. Ich schlief in der Küchennische auf dem Boden. Tagsüber stromerte ich durch die verwilderten Randbezirke der Stadt oder schaute Westernfilme im Fernsehen bei der Arbeiterfamilie, mit der wir das Klo teilten. So lernte ich amerikanisch und sog zugleich die amerikanischen Werte auf. Abends sang ich mich in den Schlaf mit deutschen Volksliedern: „Der Jäger in dem grünen Wald“, „Der Jäger aus Kurpfalz“, „Auf du junger Wandersmann“. Mir gefiel es sehr in Amerika, allein abends übermannte mich das Heimweh.

Slums sind ein faszinierendes menschliches Ökotop. Im Nachbarhaus wohnte eine Familie mit 13 Töchtern. In deren Wohnung standen kaum Möbelstücke und keine Bilder hingen an der Wand, stattdessen gab es griffbereite Gewehre. Auf einem zerfransten Wohnzimmersofa saß der arbeitslose Vater im löchrigen Unterhemd vor dem Fernseher und soff Bier. Bei der Nachbarin auf der anderen Seite roch es immer nach Essig. Die Frau stand erst am Nachmittag auf und nachts kamen immer Männer zu Besuch, man hörte fluchen, stöhnen und manchmal knallte eine Bierflasche gegen die Wand. Ihrem Töchterlein versuchte ich aus dem Weg zu gehen, denn es wollte immer mit mir schmusen. Über uns wohnte ein über alle Maßen eifersüchtiger dunkler Spanier, der seine blasse, blonde schwedische Frau über Monate in der Wohnung eingesperrt hielt. Einige Häuserblocks weiter fing *Niggertown* an. Aber da gingen die Weißen nicht hin, das galt als gefährlich. Wenn ich auf meinen Streifzügen das Schwarzenghetto dennoch durchqueren musste, war mir mulmig zumute; ich hatte mir überlegt, was ich ihnen sagen würde, wenn sie mich bedrohten: „Ich bin Deutscher, wir haben nie schwarze Sklaven gehabt.“

Im September fing die Schule an. Fünfte Klasse. Sie war integriert: Schwarze und Weiße, Jungen und Mädchen. Die Schwarzen saßen hinten. Auf der Bank vor mir saß ein hübsches schwarzes Mädchen, das mich mit seinen schönen weißen Zähnen immer breit anlächelte und mir ständig bunte Bonbons zusteckte. Nach einigen Tagen, während der Pause, rempelte mich eine Gruppe weißer Jungen an: „Verdammter Kraut, dich machen wir fertig!“ Sie hatten wohl zu viel Kriegsfilme aus Hollywood gesehen und konnten zwischen Fiktion und Wirklichkeit nicht unterscheiden. Ich hatte keine Chance. Doch dann kam Charles, der Bruder des netten schwarzen Mädchens. Obwohl er in derselben Klasse war wie ich, war er viel größer und stärker, denn er war dreimal sitzen geblieben. Er wurde mein

Schutzengel. *„I'm gonna teach you to fight!“*, sagte er und nahm mich mit in den *Boy's Club*. Dort roch es nach Schweiß und es gab einen richtigen Boxring und richtige rote Boxhandschuhe. Mehrmals in der Woche gingen wir zum Sparring. In Amerika muss man eben wissen, wie man sich wehrt.

Einige Monate waren vergangen, da sagte mir die Lehrerin, sie wolle mir mal die Landschaft Ohios zeigen. Wir fuhren los durch die Farmlandschaft, auch durch Gegenden, die der Kohletagbergbau verwüstet hatte. Sie wollte mir einige Dinge erklären, sagte sie, und erzählte, dass die Schwarzen zwar auch Menschen sind, zum Teil gute Sportler und Entertainer, aber dass unseresgleichen mit ihnen nicht verkehren sollte. Da merkte ich, dass ich unwissentlich ein Tabu verletzt hatte.

Amerika in den 50er Jahren war ein dermaßen reiches Land, dass es alle Vorstellungen des kriegsgebeutelten Europäers sprengte. Für einen Dollar konnte ein Mensch den täglichen Nahrungsmittelbedarf decken, Benzin kostete umgerechnet 0,09 Euro pro Liter und ein funktionierendes Auto mit allem Drum und Dran war schon für 50 Dollar zu haben. Bald fuhr mein Vater stolz unseren ersten Wagen, einen 1948er Chevrolet Fleetline. In einem Land, wo – wie Soziologen ermittelten – 80 Prozent der Bewohner auf den Hintersitzen von Autos gezeugt werden, wo es damals schon *Drive-In*-Imbissbuden und Bankschalter, Autokirchen und Autokinos gab und wo jährlich 20 Prozent der Bevölkerung ihren Wohnort wechselt, war das ein wichtiger Schritt zur Integrierung in den *American Way of Life*.

Um über die Runden zu kommen, holten wir jede Woche in einer nahe gelegenen Brotfabrik einen 25 Kilogramm schweren Sack, voll gestopft mit Brot und Backwaren. Die Ware, die nur einen Dollar kostete, galt als nicht mehr frisch, da sie am Vortag nicht verkauft wurde. Vor allem die Farmer holten sich die Säcke als Schweinefutter. Jeden Tag aßen wir das wattige Weißbrot; man konnte den Brotleib zusammendrücken, bis er so dünn wie eine einzige Scheibe war. Manchmal gab es „Pumpernickel“, der eigentlich braun gefärbtes Weißbrot war. Suppenknochen und Innereien gab es beim Fleischer umsonst.

DIE NEU GEFUNDENE FREIHEIT

Mein Vater hatte Glück. Er bekam eine gute Stelle als Stationsvorsteher an einem Güterbahnhof in Spencer, einem Sechshundert-Einwohner-Nest im ländlichen Ohio. Auch für mich Glück. Rundherum schöne Natur, Wälder mit zum Teil mächtigen uralten Bäumen, die schon da standen, als die Shawnee und Huronen hier lebten.

Charlys Boxlektionen halfen mir auch hier festzustellen, wo ich in der Rangordnung unter den Jungen stehen sollte. Diejenigen, die sich am heftigsten mit mir stritten, wurden zu meinen besten Freunden. Sie luden mich ein, mit Baseball zu spielen. Als der Ball mehrmals ungetroffen an mir vorbei zischte, warf ich den Schläger weg, kletterte über den Zaun und verschwand im Wald. „Hey, du bist verrückt, da sind Schlangen und alles Mögliche", riefen die Spielkameraden mir kopfschüttelnd nach. Das war das erste Mal, dass mir die amerikanische Tendenz bewusst wurde, die Welt in zwei Seiten zu teilen: Wildnis (Natur) und Zivilisation, Böse und Gute, Sünder und Erlöste, Schwarz und Weiß. Im Gegensatz zum kultivierten Land gilt die Natur als wild, gefährlich, heimtückisch. Sie muss gezähmt, gerodet, bebaut, beackert, wirtschaftlich nutzbar gemacht werden; wilde Tiere müssen ausgerottet und wilde Menschen, wie die Indianer, müssen bekehrt und zivilisiert werden.

Indem ich den Baseballschläger weggeworfen hatte, hatte ich mich – ohne dass es mir bewusst war – für das Wilde, für die ungezähmte Natur entschieden. Von nun an verbrachte ich jede freie Minute im Wald, in der freien Natur. Es gab ein Universum zu entdecken.

In den oft schlammig trüben Wildbächen schwammen Sonnenbarsche, *Bluegills*, schnurrbärtige Welse, Schlammteufel *(Mudpuppies)*, eine Art Riesensalamander, oder auch Bisamratten. Unter den flachen Sedimentsteinen krochen Flusskrebse und klebten Flussaustern. Die Schreifrösche und Ochsenfrösche machten einen Höllenlärm. Am Ufer sah man die Spuren, wo Waschbären ihre Nahrung – darunter den Mais der Farmer – gewaschen hatten. In der

Abenddämmerung traf man auf graue Beutelratten *(Opossums)* mit ihren putzigen Jungen. Wenn man sie überraschte, stellten sie sich tot. Tagsüber hingen sie den Kopf nach unten, den rosafarbenen Schwanz um einen Ast gewickelt, im Laub der Bäume versteckt. Schnatternde Streifenhörnchen und graue Eichhörnchen rasten die Baumstämme auf und ab. Respektvoll machte man einen Bogen um die schwarzweißen Skunks, die so genannten Stinktiere. Sie haben vor niemandem Angst, auch nicht vor zähnefletschenden, kläffenden Hunden. Kommt man ihnen zu nahe, machen sie Kopfstand und verspritzen gezielt eine Stinkbombe, deren widerlicher Gestank sich nicht abwaschen lässt, sondern noch wochenlang an Körper oder Kleidung haftet. Plumpe Waldmurmeltiere *(Groundhogs)* schauten einen aus ihrem Bau an. Vögel, die ich noch nie gesehen hatte, flatterten durch das Geäst, darunter waren knallrote Kardinale, blaue Indigofinken, Waldsänger, Goldamseln und Scharlachtangare, und sie pfiffen Lieder, die ich noch nie gehört hatte. Wanderdrosseln mit rotem Brustgefieder hüpften über die kurz geschorenen Rasen. *Robins*, also „Rotkehlchen“, nennen die Amerikaner sie. Richtige Rotkehlchen gab es nicht, und den Gesang einer Nachtigall oder den Ruf des Kuckucks hörte ich erst wieder, als ich viele Jahre später nach Europa zurückkam. Dagegen waren die europäischen Spatzen und Stare sehr häufig. Denn die „American Shakespeare Society“ hatte versucht, europäische Singvögel in Amerika anzusiedeln. Die Kinder, die in der Schule Shakespeare lesen mussten, sollten wissen, wie die Vögel aussehen, die im Werk des großen Dramatikers erwähnt werden. Aber der Versuch schlug fehl, einzig die Spatzen vermehrten sich und die Stare wurden zu einer gefürchteten Plage.

Ganze Meuten verwilderter Hunde streiften durchs Land und narrten die Jäger. Oft sah man sie bei der örtlichen Abfallhalde, denn dort gab es neben Essensresten auch jede Menge Ratten, die sie jagten. Auch einige verwilderte Schweine hielten sich dort auf. Ein Farmer, der wahnsinnig geworden war, hatte alle seine Tiere – Rinder, Schweine, Federvieh – einfach freigelassen. Eines Tages wurde ich Zeuge, wie die verwilderten Hunde eine Sau umkreisten, die dort ihre Jungen großzog. Einige Hunde lenkten sie ab, derweil andere ihre Jungen stahlen.

Das Geld, das mein Vater verdiente, ging ausschließlich in den Neuanfang. Alles, was man zum Leben brauchte, musste neu angeschafft werden. Da war selbstverständlich kein Taschengeld für mich drin. Zum Geburtstag oder zu Weihnachten gab es schön in Geschenkpapier gewickelte Hemden, Hosen oder Schuhe. Was ich sonst wollte, musste ich mir selber verdienen. Ich half den Farmern beim Heuen und Misten; abends drechselte ich in einer kleinen Metallverarbeitungsfabrik Schrauben oder reinigte die Maschinen. Zum Glück gab es noch keine Gesetze gegen Kinderarbeit. Aber am liebsten half ich unserem Nachbarn, dem alten John Beck. Er besaß einen großen Garten und eine Baumplantage mit alten Apfelsorten. Er ließ mich den Rasen mähen, die Apfelbäume spritzen, schneiden, ernten, den Kompost umsetzen, das Unkraut jäten und im Winter den Schnee wegschippen. Der alte Deutschamerikaner war ein Sohn von Brauereibesitzern, die in den Ruin getrieben wurden, als die Prohibition jeglichen Konsum von Alkohol verbot. Noch immer war die Ortschaft Spencer ein „trockener" Ort, wo Biertrinken als Sünde galt. Das hieß nicht, dass man nicht trank, aber es wurde heimlich getan.

John Beck war Hufschmied. Die Schmiede neben dem Haus war noch in Betrieb, da viele der Farmen im Umland von den *Amish People* bewirtschaftet wurden.

Die Amish People sind eine Wiedertäufersekte, die, um 1700 von der etablierten Kirche vertrieben, ihre Heimat in der Schweiz, dem Elsass und Südwestdeutschland verließen und in Pennsylvania und später in Ohio siedelten. Die Amish People sind auf ihren Höfen autark. Sie lehnen jede technische Neuerung – Strom, Kraftmaschinen, ja sogar Knöpfe – ab. Sie pflügen mit Pferden, fahren Pferdekutschen und machen fast alles von Hand. Ihre Landwirtschaft ist zwar arbeitsintensiv, aber überaus produktiv und nach heutigen Gesichtspunkten ökologisch: Kunstdünger, Herbizide und Pestizide fallen dank lang bewährter Anbaumethoden weg, wodurch das Grundwasser auch nicht verseucht wird. Im Vergleich zu ihren modernen Nachbarn verbrauchen sie zur Erzeugung der gleichen Menge an landwirtschaftlichen Produkten 87 Prozent weniger Energie. Auch sind sie die einzigen Farmer, die nicht verschuldet sind. Die kinderreichen Amish People, gekleidet in ihre altmodische Tracht –

die Frauen mit Röcken und Hauben, die Männer mit langen Haaren und Bärten – machten auf mich einen starken Eindruck. Gesund und rotbäckig kamen sie auf ihren Pferdewagen daher. Oft sprachen sie mich in ihrer altertümlichen, alemannischen Mundart an: „Du bisch ja au ä Düitscher!“ Und ich hatte alle Mühe sie zu verstehen.

Der alte Beck ersetzte mir einen Großvater. Er brachte mir mit sprichwörtlicher deutscher Gründlichkeit das Gärtnern bei, gab mir ab und zu nach getaner Arbeit einen Schluck Bier und sagte immer wieder in den wenigen Worten seiner Muttersprache, die er noch kannte: „Mensch, gedenke, wer du bist und was du im Leben noch werden kannst!“ „Auch wenn du 1000 Bücher über das Beschlagen von Pferden liest, du wirst es nicht können, bis du selbst eins beschlägst.“ Das war der Rat, den der alte Schmied mir für das Leben mitgab.

ALS ZEITUNGSJUNGE

Meine Haupteinkommensquelle wurde das Zeitungsaustragen. Mit den gesparten Zeitungscents kaufte ich mir alles, was ich benötigte: von der Machete, die ich für meine „Urwaldausflüge“ brauchte, bis hin zum Fahrrad. Ein Junge, mit dem ich mich geprügelt hatte und der danach mein bester Freund wurde, schenkte mir als Versöhnungsgeste seine *paper route*, seine Zeitungsrunde mit acht Kunden. Er war Baptist und hielt sich wortwörtlich an den Heilandsspruch:

„Liebe deine Feinde.“ Als Zeitungsjunge radelte ich nach der Schule im Sonnenschein, bei Regen oder Eiskälte los und brachte das *Akron Beacon Journal* zu den Kunden. Im Gegensatz zu anderen Zeitungsjungen warf ich die zusammengerollte Zeitung nicht einfach auf die Veranda, sondern sprang vom Stahlross, rannte zur Tür und klemmte sie, sicher vor Wind und Regen, hinter die *screen door,* die mit Fliegengitter versehene Tür vor der Haustür. Diese Sorgfalt sowie meine Überredungskünste führten dazu, dass immer mehr Hausbesitzer das Blatt abonnierten. Schließlich hatte ich 70 Kunden der Tageszeitung und 250 Kunden der dicken Sonntagszeitung zu beliefern.

Samstagmorgens ging ich von Haus zu Haus, um bei den Kunden die Zeitungsgebühren einzukassieren. Das war ein Grundkurs in Psychologie: Jedes Haus, jede Familie hatten ihren eigenen Geruch. Bei manchen roch es sauber, angenehm, bei anderen dagegen miefig, sauer; es stank nach Streit, nach Krankheit, Unglücklichsein. Manche wussten freundlich zu scherzen, gaben Trinkgeld; andere – die Einsamen, die Alten, die Verlassenen, die Verrückten – waren griesgrämig oder brauchten jemanden, der geduldig zuhörte. Ich lernte geduldig zuzuhören.

Samstagnachmittags – ich sah das als Christenpflicht – reinigte ich noch die Kirche, saugte Staub, kehrte, polierte Altar und Messgeräte, versprühte DDT, um die Fliegen und Käfer, die den Gottesdienst stören könnten, zu töten. Dabei übte ich auf der Kanzel zu predigen. Vielleicht sollte ich Pfarrer werden? Aber nein, Förster wäre mir lieber. Mit Pferd und Hunden durch den Wald zu reiten, wie der Jäger aus Kurpfalz, das wär's! Religion interessierte mich dennoch. Es gab vier Kirchen im Ort, unsere evangelisch-lutherische, die der Methodisten, Baptisten und Brüdergemeinde. Weiter draußen außerhalb der Ortschaft gab es noch *Community Churches*, Adventisten, Presbyterianer und sonstige Gruppen. Alle besuchte ich irgendwann einmal, las die Bibel mehrmals durch, hörte zusätzlich noch heimlich nachts mit meinem Kofferradio die verschiedenen Sektenprediger. Alle widersprachen sich irgendwo. Ich war versessen darauf, die Wahrheit zu wissen, den Grund des Daseins, das Wesen der Dinge. Wenn ich im Wald war, schlichen sich zusätzliche Bilder ein und alte Gottheiten raunten mir zu: Odin kam daher im Sturm und Wind, Thor im Blitz und Donnerschlag, Heimdal im Regenbogen und die holde Freya spürte ich als Waldgöttin beim verborgenen Wasserfall.

Samstags ging ich immer früh zu Bett. Kurz nach Mitternacht stand ich auf, denn da rumpelte ein Lastwagen durch die schlafende Ortschaft und warf die mit Draht zusammengeschnürten Zeitungsballen an der Hauptkreuzung ab. Die Ballen mussten aufgeschnitten, die bunten Seiten mit Comics, Werbung und Sport in den Hauptteil gesteckt und dann das bis zu einem Pfund mordsschwere Sonntagsblatt noch mit einem Gummiband gesichert werden. Ehe ich meine Runden im menschenleeren Dorf drehte, las ich beim fahlen Straßenlaternenlicht noch schnell die Schlagzeilen – eine Gewohnheit, die mir in der Schule Ärger einhandelte, denn ich wusste, was die Weltpolitik betraf, immer mehr als der Lehrer.

Nachdem der Trägerkorb auf dem Fahrrad mit einer Ladung Zeitungen bepackt war, gab ich ein lautes Wolfsgeheul von mir. Aus allen Richtungen wurde mir geantwortet. Die Dorfhunde kamen angerannt. Glücklich lief die hechelnde Meute, mal eine erschrockene Katze, mal einen Waschbär jagend, bis in die frühen Morgenstunden mit. Mal war ich Reiter auf der Prärie, mal Indianer; die Hunde waren eine Wolfsmeute. Mit dem Luftgewehr schoss ich die von unzähligen nachtaktiven Insekten und Nachtfaltern umschwärmten Straßenlaternen aus. Wenn die Kugel die Birne traf, wurde sie durch die plötzliche Sauerstoffzufuhr hell wie eine Supernova, um dann ebenso schnell zu verglühen. Das war kein Vandalismus, sondern Philosophie. Schon damals glaubte ich, dass die Nacht – wenn es nicht gerade Vollmond ist – so dunkel sein soll, wie sie der liebe Gott geschaffen hatte. Vor allem aber taten mir die vielen Insekten Leid, die am grellen Laternenlicht einen grausamen Tod fanden.

Am Morgen gegen acht Uhr war ich mit dem Austragen der Zeitung fertig. Gerade rechtzeitig, um den Sonntagsanzug samt Schlips und weißem Hemd anzuziehen, mit den Eltern am fein gedeckten Tisch das Sonntagsfrühstück einzunehmen und anschließend in die Kirche zu gehen. Die alten lutherischen Hymnen taten der Seele gut, die Predigten weniger. Meistens befand ich mich nach durchwachter Nacht in einem Dämmerzustand, in einem Zwischenraum zwischen Wachen und Schlafen, zwischen Einnicken und dem Ruck, der einen wieder in diese Welt zurückbringt. Das jeden Sonntag. Noch wusste ich nicht, dass die Kelten diesen geistigen Zustand absichtlich übten, denn in dem „Zwischenraum" können sich „andersweltliche" Wesen – Naturgeister, Elfen, Engel – dem Bewusstsein offenbaren. Auch Yogis lernen beim Hinübergleiten in die Schlafwelten „wach" zu bleiben. Wenn schließlich das majestätische Orgelcrescendo das Ende des Gottesdienstes ankündigte und die Tür aufging, war das wie eine Befreiung aus einem Käfig. Nun hielt mich nichts mehr. Nach dem Gottesdienst ging es in die Wildnis.

FRÜHLINGSBLUMEN

Zu jeder Jahreszeit ist Ohio schön – das Wort Ohio stammt aus der Shawnee-Sprache und bedeutet „schön". Um die 150 Laubbaumarten wachsen in Ohios Wäldern. Im Frühling, ehe sich die Blätter entfalten, bedeckt sich der Waldboden mit einem dichten Blütenteppich, Blumen in allen Formen und Farben, darunter die prächtige Dreiblattwaldlilie *(Trillium)*, verschiedene Akeleiarten, Götterblumen *(shooting stars, Dodecatheon)*, Knabenkräuter, Storchenschnäbel, ganze Felder mit zarten rosa-weißen *springbeauties (Claytonia)*, stolze blaue Himmelsleitern und Jakobsleitern *(Penstemon, Polemonium)*, blaue Camaslilien, deren Zwiebeln eine Delikatesse für die Indianer waren, lila und gelbe Veilchen, Leberblümchen, Butterblumen, Hundszähne *(adders tongue, Erythronium)*, Trauerglöckchen *(Uvularia)*, Anemonen, Tränende Herzen *(dutchman's breeches,*

Dicentra culularia). Am schönsten sind die himmelblau blühenden Mertensien *(Mertensia virginica)*; stundenlang lag ich auf dem Waldboden und bewunderte diese Blauglöckchen.

Besondere Freude bereitete die Kanadische Blutwurz *(Sanguinaria canadensis)*, nicht wegen der zarten weißen Blüten, sondern weil die Wurzeln wie blutige abgehakte Finger aussehen, sich also gut zum Monster- oder Kriegspielen eigneten. Mit dem blutroten Saft konnte man sich wie ein Indianer bemalen. Manchmal legte ich mich auf den Boden und schaute von unten eine Kolonie Fußblätter *(Podophyllum peltatum)* an. Dabei kam ich mir vor wie ein Heinzelmännchen in einem Palmenwald. Im Spätsommer reift der „Maiapfel", die hellgelbe, köstlich nach Erdbeere schmeckende Frucht des Fußblattes, heran.

Ehe das Laub der Bäume den Waldboden beschattet, blüht auch der Fieberbusch *(Lindera bénzoiïn)*, den wir *spice bush* (Gewürzstrauch) nannten. Kleine kugelige gelbe Blütenbüschel erblühen auf schwarzem Gehölz. Ich liebte den Busch, denn die Zweige dieses Lorbeergewächses haben einen angenehm würzigen Duft. Man konnte sie beim Wandern kauen oder zu jeder Jahreszeit einen wunderbaren aromatischen Tee damit kochen. Seine roten Beeren im Herbst sind pfeffrig und eignen sich als Pfefferersatz. Später erfuhr ich, dass die Waldlandindianer den Tee als Fieber- und Erkältungsmittel kannten und die Pfefferbeeren zum Würzen eines fetten Beutelratten- oder Waldmurmeltierbratens benutzten.

Damals kannte ich nur wenige Namen der Frühlingsblüher, die da unter dem noch kahlen Geäst der Bäume wuchsen. Zu gerne hätte ich gewusst, wie sie und all die anderen Pflanzen heißen. Aber kein Lehrer konnte es mir sagen, keiner war sonderlich an den Unkräutern und Gestrüpp, den *weeds and scrubs*, interessiert. Sie waren nicht Teil des kulturellen Universums der Bewohner des Mittelwestens, und weil das so war, gab es auch kaum Bücher in den Läden zu dem Thema.

Im Nachhinein bin ich froh, dass es kaum Literatur gab und ich meistens nicht einmal die Namen meiner pflanzlichen Freunde kannte. So blieb es mir unmöglich, mit dem Intellekt an sie heranzugehen, dafür aber umso mehr mit scharfen Sinnen und einer offenen Seele. Keine vorwitzigen Begriffe und Definitionen konnten sich zwischen meine Seele und die Pflanzenerscheinung schieben. Ohne dass es mir bewusst war, konnte ich mich auf diese Weise dem „geistig-ätherischen" Wesen der Pflanzen – den Pflanzen-*Devas,* wie man sie inzwischen nennt – nähern. [5] Zugleich näherte ich mich dem Geist der Indianer, die einst hier lebten. Ich bin sozusagen in

KANADISCHE BLUTWURZ

ihr morphogenetisches Feld, in den natürlichen Raum, in dem sich ihr Leben abspielte, eingestiegen. Nur so ist zu erklären, dass ich immer mehr über die Pflanzen „wusste", auch zum Teil über ihre Heilkräfte.

BAUMKLETTEREI

Mit dem Frühling erwachte eine Leidenschaft: das Klettern in den Bäumen. Stundenlang saß ich in den hohen Wipfeln, lauschte den Vögeln und dem Wind, der durchs Laub fegte, ließ mich sanft hin- und herwiegen, schaute den Waldtieren zu. Dieser Leidenschaft verdanke ich es, dass ich lernte, die Sprache der Bäume zu verstehen.

BÄUME ALS GURUS

Dass ich heute Kurse veranstalten kann, in denen ich Menschenseelen an die Bäume heranführe, hängt mit den Erfahrungen beim Bäumeklettern in den Wäldern Ohios zusammen. Man muss nur leer, ganz still und offen werden, ganz in die Sinne einsteigen: Wie riecht der Baum, wie fühlen sich Blätter und Rinde an, wie spielt das Licht im Laub, welche Käfer krabbeln da auf der Borke, welche Pilze sprießen unter dem Stamm hervor? Man muss sich an den Baum anschmiegen, ihn lieb haben und zugleich nach innen in die eigene Seele schauen. Wenn diese still ist, wie ein See an einem windstillen Tag, kann sich darin die innere Dimension der Natur spiegeln. Das Wort Seele ist ja auch sprachlich mit dem Wort See verwandt. Vor dem „Auge der Seele" kann das äußerlich nicht manifestierte Baumwesen, der „Deva", allmählich Konturen annehmen. Er offenbart sich in Eingebungen, die einen mit Wonne füllen; er durchflutet uns mit inneren Bildern, die keine subjektiven Fantasien sind, sondern tatsächlich Botschaften und Eindrücke, die von einer anderen Seinsdimension kommen.

Jede Baumart schickt ihre eigenen charakteristischen Bilder und Botschaften. Die Birke hebt einen hinauf in ein helles, fast übersinnliches Licht und wiegt die Seele sanft wie eine Mutter ihr neugeborenes Kind. Jeder, der sich der Birke hingibt, wird ähnliche Erfah-

rungen machen. Das konnten mir später die Teilnehmer der Baumseminare immer wieder bestätigen. Es wird einem klar, warum man die Kinderwiegen aus Birkenholz machte und warum die Indianer und viele sibirische Stämme ihre Toten in Birkenrinde bargen. Die Erle zieht einen dagegen in eine mit grünlichem andersweltlichem Licht beleuchtete, kühle, feuchte Welt hinab. Bald löst sich aus den Moosen, dem Moderholz und den nassen Steinen eine sich ständig wandelnde Schar von Wichteln und Kobolden. Aufmerksam betrachten sie uns; oft sind sie erstaunt, da sie es nicht mehr gewohnt sind, gesehen zu werden. Bei dieser Erlenmeditation nehmen viele ein rötliches Licht wahr, manchmal auch eine Frau mit fuchsroten Haaren und rotem Kleid. Wer ist das? Eine Erlengöttin, Erlkönigs Tochter? Eine Erscheinung der Frau Holle?

Die Ahornbäume strahlen wiederum Lebensfülle und Jovialität aus; ihr Saft ist süß – kein Wunder, dass die Alten sie dem Jupiter weihten. Fichten und Tannen schenken Innigkeit; sie haben etwas Uraltes, Weises an sich, etwas Schützendes. So hat jede Baumart ihre ganz eigene charakteristische Persönlichkeit. Mit dieser Persönlichkeit kann sich der Mensch, wenn er sich die Zeit nimmt und das Herz öffnet, austauschen. Bäume, diese alten und weisen Wesen, können unsere Lehrer, unsere Gurus sein.

Eines Tages wollte mich Tony, ein polnischer Klassenkamerad, beim Streifzug durch den Wald begleiten. Es dauerte nicht lange, da war auch er ein begeisterter Kletterer. Nach und nach gesellten sich andere Jungen zu den Kletterausflügen hinzu, bis wir unsere sieben waren.

Wir machten das Klettern zur Kunst, lernten, welche Baumarten leicht, welche schwierig zu besteigen sind, wie biegsam oder spröde die Äste der jeweiligen Baumart sind und ob sie uns halten konnten. Bei den Platanen *(Platanus occidentalis)* mussten wir aufpassen, die waren gefährlich glatt. Die Äste des Ahorns, der Schwarzen Wallnuss *(Juglans nigra)*, der vielen Eichen-, Eschen- und Hickory-Arten *(Carya)* sind fest; dagegen sind die der Weiden, Pappeln, Wildkirschen, Bastbäume *(Tilia americana)* sowie die der Eschenahornbäume *(Acer negundo)* zu unterschiedlichen Graden gebrechlicher und daher gefährlicher. Wie leicht Espenäste brechen, erfuhr

Tony, als der Ast in der Baumkrone, an dem er hing, nachgab. Beim Sturz aus 10 Meter Höhe brach jeder Ast der Reihe nach unter ihm durch. Zum Glück dämpfte das den Fall, so dass er mit einem Schrecken und blauen Flecken davonkam. Die anderen, die zusahen, krümmten sich vor Lachen, es sah aus wie im Cartoon.

Besondere Freude machten die jungen Schuppenrinden-Hickory-Bäumchen. Zuerst musste man den schlanken, aber äußerst rauborkigen 5 bis 15 Meter hohen Stamm hochklettern – das war anstrengend, riss Löcher in die Kleidung und verursachte Schrammen an Armen und Beinen. Ganz oben angekommen – man musste sich gut festhalten – bog sich der Stamm u-förmig nach unten und trug einen sachte bis auf den Erdboden zurück, ehe er wie eine Feder wieder hochschnellte. Die Indianer nutzten das elastische Holz des Hickory auf andere Art und Weise: Sie machten Bögen mit guter Spannkraft daraus.

Bald hatten wir einen regelrechten Kletterklub. Die Initiation bestand darin, den *First Expert Tree* zu bezwingen. Das war ein hoher Ahorn, dessen Äste ziemlich weit, also jenseits gemütlicher Reichweite, voneinander entfernt waren. Man musste sich sorgfältig konzentrieren, dann hochspringen und dabei blitzartig den darüber liegenden Ast ergreifen. Aber das Schwierigste der Klettertour stand noch bevor: Auf ungefähr 20 Meter Höhe musste man sich ans Astende wagen und wie ein Eichhörnchen in den Wipfel des daneben stehenden Baumes springen. Diese Art von Klettern glich einer Zen-Meditation. Manchmal saß man eine halbe Stunde lang, schaute hierhin und dorthin, um dann plötzlich, ohne zu denken – im Zen-Moment – loszuspringen und zuzufassen. Denken, Grübeln und ängstliches Kalkulieren lenken bloß von dem Erkennen des richtigen Zeitpunktes ab. Erforderlich ist, dass man ganz da ist, ganz im Hier und Jetzt, hundertprozentig in der Gegenwart. Diese Kletterübung hat mir später viel geholfen, etwa beim Aufspringen auf fahrende Güterzüge, beim Surfen auf hohen Wellen, beim Zupacken mit bloßen Händen, wenn ein Weidetier entspringen will.

Unsere Lieblingsbäume, die wir erkletterten und unter denen wir am Lagerfeuer saßen, bekamen persönliche Namen. Eine mächtige Buche, unter deren Stamm ein großer, runder, eiförmiger Stein lag, wurde zum „Adler-Ei-Baum“. Der *Thor's Tree*, oder Donarsbaum, war eine majestätische Roteiche. Als *Pleasant View Tree*, „Baum der schönen Aussicht“, bezeichneten wir einen dickstämmigen Zuckerahorn, von dessen Krone aus wir die farbenfrohen Sonnenuntergänge bewundern konnten.

Der *Prayer Tree*, der Gebetsbaum, war eine uralte Ulme aus Indianerzeiten. Zu zweit erkletterten wir sie mit gegenseitiger Hilfe. Die Rinde war so brüchig und der Stamm so breit, dass es fast unmöglich war, Halt zu finden. Nach einigen anstrengenden Stunden saßen wir schließlich oben im wiegenden Geäst. Das Heruntersteigen war noch schwieriger als das Hochklettern. Bald saßen wir fest. Die Sonne war am Untergehen. „Was machen wir nur!“, jammerte mein Freund Don. „Wir müssen beten“, sagte ich. Da begann Don das Vaterunser herunterzuleiern. „Nicht das Vaterunser, du Idiot. Wir müssen beten, dass wir hier runterkommen!“ Dass wir es dann doch vor Nachteinbruch schafften, war für uns wieder einmal der schlagende Beweis, dass es einen Gott gibt!

Als das Ulmensterben Ohio erreichte und diesen uralten Baum in ein trostloses Skelett verwandelte, wollte ich Wissenschaftler werden, der eine Spritze gegen diese Krankheit erfindet.

Der *Tommy Tree* war nach dem Angeber Tommy benannt, dem Großmaul aus der Stadt Cleveland, der allen gegenüber angab, er könne besser klettern als wir alle zusammen. Der Zuckerahorn, den wir aussuchten, war mindestens so schwierig zu erklimmen wie der First Expert Tree. Tony und ich waren schon fast im Wipfel, als wir Tommy wimmern hörten: „Hilfe, ich kann nicht weiter. Hilfe!“ Er hing in der Krümmung eines Astes, mehrere Meter über dem harten Boden. Eine hoffnungslose Situation. Für ihn gab es kein Vor und kein Zurück. Seine Armmuskeln erschlafften, er musste loslassen und fiel mit gellendem Schrei. Teddy, der ihn auffangen sollte, sprang sicherheitshalber zur Seite. Tommys Bein brach. Mit einer notdürftigen Trage, die wir auf der Stelle bastelten, trugen wir ihn aus dem Wald. Angegeben hat er daraufhin nicht mehr, dafür aber seinen Eltern erzählt, wir hätten ihn aus dem Baum geschubst.

Die Baumkletterei wurde für uns eine Art Religion, ein Kult. Wir entwickelten sogar Fachausdrücke für das Besteigen der Bäume.

Unser Held, neben Tarzan und anderen Fantasiefiguren, war John Muir, der Gründer der Nationalparks in den USA. Auch er kam als Elfjähriger nach Amerika (aus Schottland), wurde Farmer und Mechaniker, bis er – vom Wunder der amerikanischen Wildnis gepackt – alles stehen und liegen ließ, um den Kontinent zu durchwandern. Muir war Baumfreund und rettete die riesigen Mammutbäume Kaliforniens vor den Holzfällern. „Jeder Narr kann Bäume zerstören, sie können ja nicht wegrennen", sagte er und verfluchte die geldgierigen Konzerne: „Diese Tempelzerstörer, diese Knechte des räuberischen Kommerzialismus, sie verachten die Natur völlig und anstatt ihre Augen zu Gott in den Bergen zu erheben, erheben sie sie zum allmächtigen Dollar!" Für John Muir, dessen Biographie ich mit Begeisterung in der High-School-Bibliothek verschlang, waren die Waldeshallen die wahren Kirchen, die Tempel des Schöpfers. Besonders beeindruckte mich damals, dass der bärtige Naturprophet bis ins hohe Alter in die Bäume kletterte. Einmal saß er, verzückt vom Toben eines Gewittersturms, in der schwankenden Krone eines Mammutbaumes in Yosemite, in der kalifornischen Sierra Nevada.

Bäume des nordamerikanischen Waldlandes

Ohio gehört zum östlichen Waldland. Es ist ein äußerst artenreiches Ökosystem. Im Gegensatz zu Europa ziehen sich die Gebirgsketten von Nord nach Süd. Als die Eismassen der Eiszeitgletscher nach Süden vorrückten, hatte die nordamerikanische Flora die Möglichkeit, in Richtung Golf von Mexiko auszuweichen. In Europa dagegen versperrte die Alpenkette den Pflanzen den Weg; wenn sie dennoch diese Bergbarriere überwanden, stand ihnen das Mittelmeer im Weg. So kam es, dass Tausende von Arten und um die 200 Gattungen die Eiszeiten in Europa nicht überlebten. Im nordamerikanischen Waldland blieben dagegen viele Arten erhalten, die in Europa ausstarben, darunter Lorbeerarten, Zaubernuss, Tupelo, Hickorynuss, Mammutbaum, Magnolien, Ebenholzarten, Trompetenbaumarten, Amberbaum, Sumpfzypresse und viele mehr. Inzwischen werden viele dieser Arten wieder bei uns in Parks und Gärten angepflanzt, wo sie gut gedeihen. Zu den besonders eindrucksvollen Laubbaumarten gehören folgende:

NYMPHENBAUM oder TUPELO **(Blackgum, *Nyssa sylvatica*)** Der Baum, der sich im Frühherbst scharlachrot verfärbt, gehört zur Familie der Nyssazeen. Das harte Holz eignet sich zur Herstellung von Gewehrkolben, Holzhämmern und anderen Werkzeugen.

BLUMENHARTRIEGEL **(Dogwood, *Cornus florida*)** Das im Frühjahr blühende Hartriegelgewächs könnte es mit den Magnolien aufnehmen. Jedes der vier großen weißen Blütenblätter hat einen rostig braunen Flecken – für Christen ein Symbol des Kreuzes. Die Indianer brauten einen schweißtreibenden, blutreinigenden Tee aus den Blüten. Wurzel und Rinde wurden gegen Würmer und bei Durchfall eingesetzt.

JUDASBAUM **(Redbud, *Cercis canadensis*)** Die im Frühling mit einer büschelförmigen, rötlichen Blütenpracht übersäten Zweige dieses Schmetterlingsblütlers wurden von den Kiowa-Indianern ins Haus getragen, „um den Winter zu vertreiben". Wurzel und Rinde dienten als Abkochung gegen fieberige Erkältungskrankheiten. Die säuerlich schmeckenden Blüten dienen als Salatwürze.

OSAGEDORN **(Osage Orange, *Maclura pomifera*)** Das Maulbeergewächs hat orangenähnliche Früchte, stachelige Zweige, gelbes Holz und rotgelbe Wurzeln. Die Osage-Indianer verwendeten das Holz zur Herstellung von Pfeilen und Bögen. Der stachelbewehrte Baum wird von Farmern gerne als Weidehecke angepflanzt.

ZUCKERAHORN **(Sugar Maple, *Acer saccharum*)** Dieser kräftige Ahornbaum war die Hauptzuckerquelle der Waldlandindianer. Im Vorfrühling zapften sie die Stämme an, sammelten den Saft in Birkenrindengefäßen und kochten ihn zu Ahornsirup ein. Als Zapfrohr benutzten sie hohle Holunderstängel. Noch heute ist für die Farmer der Ahornzucker eine wichtige Einnahmequelle. Wenn wir im Wald waren, naschten wir Kinder gerne an den Eimern mit dem leckeren Saft.

KATALPA oder TROMPETENBAUM **(Indian Bean Tree, *Catalpa bignonioides*)** Diese schön blühende Bignoniazee wird wegen ihrer langen Schoten, die grünen Bohnen ähneln, auch Bohnenbaum oder Kerzenbaum genannt. Die amerikanische Volksmedizin verwendet die „Bohnen" als Wurmmittel oder Asthmamittel. Kinder „rauchen" diese als Indianerzigaretten.

TULPENBAUM **(Tulip Tree, *Liriodendron tulipifera*)** Dieser mit den Magnolien verwandte Baum besitzt tulpenähnliche grünlich gelbe Blüten, wird bis zu 60 Meter hoch. Die Indianer benutzten die Wurzelabkochung bei Darmparasitenbefall.

AMBERBAUM (Sweet Gum, *Liquidambar styraciflua*) Dieser Baum gehört, ebenso wie die Hamamelis, zu den Zaubernussgewächsen. Wie beim orientalischen Amberbaum wird auch hier das Balsamharz, „Storax“, medizinisch verwendet und als Kaugummiersatz gekaut.

ROTULME (Slippery Elm, *Ulmus rubra*) Diese Ulmenart enthält eine äußerst schleimige Innenrinde, deshalb nennen die Amerikaner sie „schlüpfrige Ulme“. Als erweichendes, schleimhaltiges Mittel haben es schon die Indianer bei Halsschmerzen und Lungenentzündung, bei Magenproblemen und äußerlich bei Verbrennungen verwendet. Es gehört noch immer zur amerikanischen Volksmedizin. Schwangere Indianerfrauen tranken den Rindentee, damit das Kindlein schnell „herausflutscht“.

SHIVAS FEUER, SHIVAS KNOCHEN

Ich will nicht klagen mehr,
ich will mich froh erheben
Und wohl zufrieden sein mit
meinem Lebenslauf.
Ein einziger Augenblick, wo
Gott sich mir gegeben,
wiegt jahrelange Leiden auf.

Novalis, Das philosophische Werk I

Dreißig Jahre später in Indien:
Es war Frühling, die Tage wurden wieder wärmer. Ganga und ich wohnten in einem kleinen Dorf am Ganges, nicht weit von der heiligen Stadt Varanasi. Unsere Nachbarn waren einfache Fischer, die ihre Netze in den schlammigen Strom warfen, und Rikscha-wallahs, arme Teufel, die früh am Morgen mit ihren Fahrradrikschas in die Stadt strampelten, um dort ihre Dienste anzubieten. Alle gehörten zur Kaste der Unberührbaren. Vermutlich sind sie die Nachfahren eines kleinen Adavasistammes [6], der seit Urzeiten dort lebte. Bitterarm waren sie. Offensichtlich aber genossen sie das Leben: als Unberührbare war ihnen Schweinefleisch nicht tabu, sie tranken gerne und ihre Augen glänzten, nicht zuletzt von dem Genuss des Hanfes. Nachts schliefen ganze Sippen und Gruppen eng aneinander gerückt in dünne Baumwolltücher gehüllt auf dem Boden. Gekocht wurde mit getrockneten Kuhfladen, welche die Mädchen, die tagsüber den Rindern folgten, in Körben aufsammelten. Das Badezimmer war der Fluss, das Klo die Felder. Sie alle lebten geborgen in einer Welt voller Götter. Besonders Shiva liebten sie, denn auch er war einst Außenseiter, seine Göttlichkeit oft verkannt von den arroganten Brahmanen.

Das größte Haus im Dorf gehörte dem Geldverleiher, dort hatten wir auch ein Zimmer gemietet. Das Häuschen wurde überschattet von einem gewaltigen Pipalbaum, einem heiligen Feigenbaum, wie er uns aus der Geschichte von Buddhas Erleuchtung bekannt ist.

Dieses uralte Baumwesen, dessen Rinde so glatt und grau wie Elefantenhaut und dessen Blätter herzförmig waren, ähnlich unseren Pappeln, war ruhender Pol und Zeuge vieler Jahrhunderte. Frauen, deren Weg vom Brunnen am Baum vorbeiführte, setzten ihre schweren, mit frischem Wasser gefüllten Tonkrüge ab, um kurz in seinem kühlen Schatten zu verschnaufen. Nackte braune Kinder versuchten den Stamm zu erklettern oder tollten mit den Hunden über die herausragenden Wurzeln. Mit Bündeln beladene Bauernfamilien, auf Pilgerreise zu Shivas Stadt, machten Rast und Picknick unter den ausladenden Ästen. Ab und zu kamen filzhaarige *Sadhus*, Wandermönche, stimmten sich auf die heilsame Ausstrahlung des Baumriesen ein, holten ihr *Chillum*, ihre Tonpfeife, aus dem Beutel, stopften sie mit ihrem heiligen Kraut und gaben sich der Meditation hin. In aller Herrgottsfrühe, nachdem sie in dem von der aufgehenden Sonne vergoldeten Fluss gebadet und die Götter begrüßt hatten, verehrten die Dorfbewohner das am Fuß des Baumes aufgestellte *Lingam-Yoni* [7], begossen es mit Gangeswasser, besangen es und legten frische Blumen und Holzapfelblätter *(Aegle marmelos)* darauf. Ehe sie gingen, um sich ihren täglichen Arbeiten zuzuwenden, umrundeten sie mehrmals den Stamm in sonnenläufiger Richtung. Manchmal wickelten die verheirateten Frauen einen Glück verheißenden roten Baumwollfaden um den Stamm. Das bringt Glück in der Liebe und im Eheleben, wohnt doch Krishna, der liebevolle Hirtengott, der Beschützer der Seelen, selbst in dem Geäst.

Ja, sehr alt musste der Pipalbaum sein, denn neben ihm waren mehrere Steine mit eingemeißelten Reliefs von einem Mann und einer Frau aufgestellt. Es handelte sich um so genannte *Sati*-Steine, welche den genauen Ort kennzeichnen, an dem sich eine Frau freiwillig in die Flammen des Scheiterhaufens ihres Gatten stürzte und dadurch zur *Sati* – wörtlich „tugendhafte Gattin, Shivas Gefährtin" – wurde. Obwohl die britischen Kolonialherren diesen Brauch verboten hatten, findet dieses Selbstopfer heutzutage gelegentlich noch immer statt.

Der herrliche Baum war aber nicht nur für Menschen da, auch Tiere aller Art wurden von ihm angezogen: Rhesusaffen, die stundenlang vergnügt in den Ästen schaukelten und die kleinen Feigen

BUDDHA UNTER DEM PIPALBAUM
(Ficus religiosa)

futterten, Streifenhörnchen und Vögel – Raben, grasgrüne Papageien und die frechen Beos, die indischen Stare. Im Wipfel nisteten Geier. An heißen Tagen suhlten sich Wasserbüffel im seichten Schlammtümpel im Schatten des Baumes; nachts quakten darin die Frösche.

DER PIPALBAUM

Der majestätische Feigenbaum (Ficus religiosa) *ist der heiligste Baum Südasiens. Er erscheint schon auf den Siegeln der alten Induskultur (2500 v. Chr.). In den Veden, dem ältesten indogermanischen Schriftwerk, erscheint er als Asvattha, der Weltenbaum, der im Himmel wurzelt und dessen Blätter alle Weisheiten hervorbringen. In dem Baum wohnt Vishnu, der Erhalter des Universums. Mit dem Holz des Feigenbaumes entfacht Krishna – er ist eine Erscheinung Vishnus – das Feuer, das den Geist des Menschen erleuchtet. Er ist zugleich der Bo-Baum, unter dem Siddhartha 40 Tage lang fastete, die Illusion des Daseins durchschaute, die Erleuchtung fand und so zum Buddha, zum „Erwachten", wurde. Allein unter einem solchen Baum zu sitzen soll ein Segen sein. Der heilige Baum hat auch heilende Eigenschaften. Verschiedene ayurvedische Präparate werden zur Behandlung von Asthma, Diarrhöe, Diabetes, Krätze und Entzündungen aus ihm hergestellt. Ihn zu schädigen ist eine schwere Sünde.*

Die indogermanischen Einwanderer nannten ihn Pipal, weil die herzförmigen Blätter an die ihnen bekannten Pappelblätter erinnerten. In Italien heißt der Baum Indische Pappel (Populo delle indie).

Jeden Tag, nach dem morgendlichen Bad im Fluss, wanderte ich Wildkräuter bestimmend oder mit Pilgern und Händlern plaudernd das Gangesufer entlang, derweil meine Frau, die gut Hindi spricht, die täglichen Einkäufe machte und das Essen auf einem kleinen Kerosinbrenner zubereitete. Am Nachmittag schwamm ich dann über den breiten Strom, um am anderen Ufer, einem unendlich weiten sandigen Schwemmland, zu meditieren. Das vom Lehm trübe Wasser fühlt sich samtig warm an und vermittelt dem Körper eine vibrierende Energie. Es ist die Energie der Kristalle und Mineralien, mit der sich der Strom im hohen Himalaja auflädt. Auch die Engländer kannten die Energie des Ganges: Auf dem Seeweg nach Indien faulte das vorrätige Wasser schnell, so dass sie in Port Said (Ägypten), auf halber Strecke, wieder neue Wasservorräte aufnehmen mussten. Auf dem Rückweg von Kalkutta jedoch blieb das aus dem Ganges geschöpfte Wasser immer frisch und unverdorben bis Liverpool. Auch wenn gelegentlich der Kadaver eines Wasserbüffels oder einer Zebukuh an mir im Wasser vorbeitrieb, störte es mich nicht sonderlich, denn der Fluss war sauber, voller Fische und Flussdelfine.

Am anderen Ufer zog ich meinen Lendenschurz aus, meditierte in Stille oder beobachtete einfach. Hier und da wuchsen wilde Tomaten, Mexikanischer Stachelmohn oder eine Reihe Studentenblumen (Tagetes), entsprossen aus den angeschwemmten Blumen-*Malas,* jenen Kränzen, die Gläubige der Flussgöttin geopfert hatten. Sie wuchsen so lange, bis sie der zunehmenden Sommertrockenheit oder der nächsten Monsunflut zum Opfer fielen. Oft schaute ich den Geiern beim Fressen zu, wie sie ihre langen kahlen Nacken tief in das aufgedunsene, verwesende Aas bohrten, sah aber auch, wie sie bis über die Wolken hinauf in den Himmel schwebten, wo sie sich, zu winzigen schwarzen Pünktchen geworden, im Blau des Äthers auflösten. Tragen sie die Seelen, die einst die Körper animierten, hinauf zum himmlischen Urquell? Stundenlang saß ich da, schaute zu, wie pfeifende, fauchende Geier sich mit schnappenden, zähnefletschenden, knurrenden Schakalen und krächzenden Raben um angeschwemmte Kadaver oder auch Leichen stritten. Manchmal lief ein Wildhund stolz mit seiner Beute – ein Huf, ein abgetrennter Menschenarm, ein Knochen – an mir vorbei. Ein wunderbares Schauspiel, eine Meditation der Vergänglichkeit!

Kein Mensch war auf diesem Ödland anzutreffen. Das Ufer galt nämlich als Totenland und Geisterort. *Bhutas,* bösartige Geister, *Vetalas,* Vampire und *Yakshas,* listenreiche Naturgeister, halten sich hier auf. Höchstens *Sadhus,* besitzlose Heilige, die ihr Leben einzig und allein Gott weihen und die als Schon-im-Leben-Gestorbene gelten, schlugen auf dem Sand vorübergehend ihr Lager auf, machten yogische Übungen, rauchten ihre *Chilams* (Rauchtrichter aus Ton) oder übten sich in *Siddhi*-Zaubereien[8].

DER GRÜNE WURM

Eines Tages, es war ein besonders heißer Märztag, schwamm ich hinüber und wanderte durch die Sanddünen. Beim Gehen sah ich einen Menschenschädel. Das war nichts Besonderes, denn auf Skelette trifft man hier immer wieder. Normalerweise werden die indischen Toten auf Scheiterhaufen verbrannt, aber die Körper unschuldiger Kinder, Heiliger und gottergebener Mönche werden unmittelbar in den Ganges gelegt. Die ganz Armen, deren Angehörige sich kein Holz für eine Feuerbestattung leisten können, finden ebenfalls ihre letzte Ruhe in den heiligen Fluten. *Ganga-Ma*, Mutter Ganges, die Göttin, trägt ihre Gebeine nach Süden in das Urmeer, reinigt und läutert sie, trägt ihre Seelen über die Milchstraße. Von dort aus gehen sie entweder in das „All-Eins" auf, oder die Last der Schuld (Karma) lässt sie über den Mond zu den Regenwolken herabschweben; von dort aus regnen sie als Menschen- oder Tierkeime mit dem Regen auf die Erdscholle herab, werden von den Wurzeln der Nahrungspflanzen aufgesogen und gelangen so schließlich, über die Speise, zu ihren künftigen Eltern.

An jenem Tag jedoch war ich nicht zentriert, nicht richtig bei mir. Meine Fantasie spielte mir einen Streich. Mit theatralischer Geste hob ich den Schädel auf und hielt ihn so, wie einst Goethe Schillers Schädel gehalten hatte, oder wie Hamlet (im V. Akt, 1. Szene) im Friedhof Yoricks Schädel hielt: „Ach armer Yorick – Ich kannte ihn, Horatio; ein Bursch von unendlichem Humor ..." Plötzlich, in dem Moment, schoss eine schwarze Hummel aus einer der Augenhöhlen hervor. Wütend brummend tanzte sie mir unmittelbar vor dem Gesicht. „Oh, Entschuldigung", rief ich erschrocken, „ich habe dein Territorium verletzt." Vorsichtig legte ich den Schädel wieder auf den Boden, doch das schwarze Insekt ließ nicht ab. Unablässig schwirrte es vor meinen Augen hin und her, so dass es mir bange wurde und ich schnellstens floh. Es müssen mindestens anderthalb Kilometer gewesen sein, die ich über die Sandwüste rannte, aber das kleine schwarze Biest tanzte weiterhin bedrohlich vor meinem Gesicht. Erst als ich mich völlig außer Atem in den Ganges stürzte, ließ es ab. Der Fluss war plötzlich ungewohnt unfreundlich, kam mir schmutzig vor, bedrohlich. Mich befiel Ekel beim Anblick eines vorbeitreibenden Büffelkadavers; Geier hockten darauf und weideten ihn genüsslich aus. Erschöpft kroch ich am anderen Ufer ans Land.

„Mir ist unwohl. Ich fühle mich schlecht", sagte ich zu meiner Frau.

„Du warst zu lange in der Sonne, hast wohl einen Sonnenstich", tröstete sie mich. „Morgen wird es dir sicher besser gehen!"

Als der Morgen kam, ging es mir nicht besser. Ich konnte mich kaum vom Lager erheben. „Du siehst ja ganz gelb aus, deine Augen sind zitronengelb!", sagte meine Frau. Ich schaute meinen weißen Baumwollpyjama an, er war braun gefärbt, als hätte ich Kaffee geschwitzt. Mühsam schleppte ich mich hinaus, um hinter den Büschen meine Notdurft zu verrichten. Der Kot war weiß wie Kreide. Die Gallenflüssigkeit schien den Darm zu meiden und durch die Poren zu quellen. Das war das letzte Mal für Wochen, dass ich das Zimmer verließ. Matt, ohne Energie, lag ich auf der Baumwollmatratze. Ich driftete zwischen den Welten, konnte nicht mehr zwischen Fieberwahn und Wirklichkeit unterscheiden. In meinen Träumen befand ich mich in der Welt der Toten: Ich flog über den Ganges, aber meine Flügel waren aus Blei und die Toten saßen mir auf dem Rücken. Sie drückten so stark, dass ich unter Wasser tauchte. Mit aller Kraft versuchte ich wieder an die Oberfläche zu gelangen, um nicht zu ertrinken. Es gelang mir gerade noch, aber wieder drückten sie mich hinab. Drei Mal wurde ich so unter das Wasser gedrückt.

Dumpf fühlte ich meine Lebenskraft verebben. Aber es war mir gleichgültig, ob ich lebe oder ob ich sterbe.

Einmal erwachte ich aus meinem Dämmerzustand. Etwas kroch über meinen Bauch. Ich rieb es zwischen den Fingern, es fühlte sich wie eine Stoffrolle an. Als ich hinschaute, sah ich, dass es ein Riesenhundertfüßer war, dessen Biss für Menschen gefährlich sein kann. Unabsichtlich hatte ich ihm einige seiner Beine abgerieben. Es tat mir so Leid, dass es mich traurig machte. Gebissen hatte er mich jedoch nicht.

Meine Frau Ganga versorgte mich während der Zeit voller Hingabe. Von den Linsen, Reis und Gemüse, die sie kochte, aß ich fast nichts. Aber der Tee war willkommen, die Limonen und schwarzen, galleanregenden Rettiche, auch die würzigen Lebertonika, hergestellt aus Kräutern aus dem Himalaja.

Eines Morgens sah ich einen ziemlich großen giftgrünen Wurm wabernd durch das Zimmer schweben – in der Form ähnelte er dem Hundertfüßer. Ich stand von meinem Lager auf, griff den Wurm, steckte ihn zur Tür hinaus und machte sie fest zu. Erst einige Tage später wurde mir bewusst, dass es eine Halluzination gewesen sein musste. Aber ich fühlte mich zuversichtlicher, wusste, dass ich auf dem Weg zur Genesung war. Der schreckliche „Wurm", den ich da so realistisch gesehen hatte, war der Krankheitsdämon, der an meinen Kräften nagte. Die Seele spricht in Bildern: Das Hinaustragen aus dem Zimmer bedeutete, dass ich die Krankheit aus dem Körper herausbefördert hatte.

SCHAMANISCHES HEILEN

*Diese Vision vom grünen Wurm war eine wertvolle Lehre, was das schamanische Heilen betrifft. Es wurde mir wieder einmal klar, dass Krankheiten nicht nur als Symptome organischer Fehlfunktionen zu verstehen sind, sondern dass es sich dabei – genau wie die Schamanen sagen – um Entitäten, um astral-ätherische Wesenheiten, handelt. In vielen Kulturen, auch bei den Germanen und Kelten, wurden sie als „Würmer" gesehen. Sie sind nicht den äußeren Augen sichtbar, sondern nur dem „Auge der Seele". Der traditionelle schamanische Heiler kennt zwar die äußerlichen Krankheitssymptome genau und weiß auch die einheimischen Heilkräuter anzuwenden, die dafür in Frage kommen, aber darum geht es ihm vorrangig nicht. Der Schamane versucht den „Wurm", der in den dunklen versteckten Winkeln des Leibes dem Patienten die Lebenskraft wegsaugt, ausfindig zu machen. Die indianischen Medizinmänner blasen Tabak auf die Kranken, denn – so sagen sie – diese Geister sind süchtig nach Tabak und regen sich oder zeigen sich, wenn der Heiler sie mit diesem Nachtschattenkraut lockt. Anderswo werden andere Räucherungen eingesetzt. Beifuß (*Artemisia *spp.) und Wacholderzweige (*Juniperus *spp.) waren es bei unseren keltisch-germanisch-slawischen Vorfahren, wie auch bei den sibirischen Völ-*

kern, Tibetanern und vielen Indianern. Die Dämonenwürmer wurden mit Zaubergesängen herausgesungen, herausgetrommelt und vielerorts herausgesaugt. Eine schwere, anstrengende Arbeit war das, aber wenn er den Wurm erwischt hatte, dann wusste der Schamane, dann wussten die anwesenden Verwandten und Freunde, dass der Patient – egal wie elend er noch aussah oder sich fühlte – wieder genesen würde.

Der gefangene Wurm muss anschließend entsorgt werden. Da er ein Geisterwurm ist, kann man ihn eigentlich nicht töten. Bei einigen Völkern wird er begraben oder auf ein Boot verstaut und stromabwärts befördert. Die Inder bannen ihn unter anderem mit Zaubersprüchen in die harten, schrumpeligen, braunen Nüsse des Ganiterbaumes (Elaeocarpus ganitrus). Diese so genannten Rudraksha-Perlen werden dann als Schmuck getragen, müssen aber immer wieder gepflegt, gebadet, geölt und mit heiligen Mantras besungen werden, damit sie klein und schön bleiben. Wenn man sie vernachlässigt, gewinnen sie wieder an bösartiger Potenz, sie „wachsen" und werden unkontrollierbar. Man weiht die Rudraksha dem Shiva, dem Gott, der allen Wahn zerstört.

Unsere Vorfahren bannten die gefährlichen Würmer und Krankheitsgeister in Bäume, bevorzugt in den Holunder. Der Holunder galt als Zugang zum Reich der Frau Holle, der großen Göttin des Lebens und des Todes. Lebensmüde und schädliche Wesen werden vom Holunder angezogen, werden nach unten gezogen und plumpsen in den brodelnden Kessel der Göttin, wo sie zerkocht werden. Im Mittelalter, als die Holle längst zu „Teufels Großmutter" mutiert war, hing man immer noch eitrige Bandagen und Krankheiten an den Holunderbaum. Man erzählte, dass sogar Judas, der Verräter des Heilands, unwillkürlich vom Holunder angezogen wurde und sich in seinen Ästen erhängte. Das Ohr des Judas kann man heute noch gelegentlich an dem Holunder finden, es ist der Holunderschwamm oder Judasohr (Auricularia auricula-judae) – es ist der beliebte chinesische Speisepilz Mu-Err. Eine mittelalterliche schwäbische Legende erzählt, wie Christus selber die Krankheitsgeister, die so genannten Gichter – darunter verstand man Krämpfe, Schlag, Zuckungen und Lähmungen – in den Hollenbaum bannte: „Als Gott, der Herr, eines Tages über das Land ging, da begegneten ihm siebzigerlei feixende Gichter und Gichtinnen. Da sprach der Herr: ‚Ihr siebzigerlei Gichter und Gichtinnen, wo wollt ihr hin?'

Da sprachen sie: ‚Wir gehen über das Land und bringen die Menschen um ihre Gesundheit und geraden Glieder.‘ Da sprach der Herr: ‚Ihr sollt zur Hollerstaude gehen, da sollt ihr alle Ästlein abbrechen; lasst nur den Menschen ihre geraden Glieder.‘“ So heilte auch der Heiland auf schamanische Weise.

Langsam ging es mir tatsächlich besser. Es mussten mindestens vier Wochen vergangen sein, dass ich das letzte Mal das Zimmer verlassen hatte. Ich hatte kaum Kraft, aber ich wollte nicht länger meine Notdurft in einen Plastikeimer verrichten.

Als ich mich schleppenden Schrittes dem mächtigen Pipalbaum näherte, trat ein in Licht gehüllter Mensch aus dem Stamm hervor, bewegte sich auf mich zu und verschmolz mit mir. Ich kannte ihn genau, seine Gestalt, seine Gesichtszüge – ich war es selber, der wieder zu mir kam!

Nebenbei bemerkte ich, dass das Feld, welches die Bauern mit einer Wintersaat eingesät hatten, nun anfing zu blühen. Es waren blaue Blüten – Wegwarte! Ich erinnerte mich an die Heilkraft der Wegwarte, der *Cichorium intybus.* Kraut oder Wurzeln, als Aufguss getrunken, regen den Gallenfluss an und tonisieren die Leber. Als ich am nächsten Tag einige der sparrig verästelten Zweiglein pflückte, kam das Bauernmädchen, das auf einer kleinen Plattform im Feld schlief und das Feld gegen wandernde Kühe, Ziegen und Nilgau-Antilopen verteidigte, schimpfend auf mich zu. Sie ließ mir die Handvoll, die ich gepflückt hatte, warnte mich jedoch, nie wieder zu kommen. Die Inder pflanzen die Feldzichorie nicht als Salat oder gar als bitteres Kaffeegewürz an, sondern wegen der Samen. Diese werden fein gemahlen und mit anderen Gewürzen, Rosenwasser und Hanfblüten zu einem kühlenden, berauschenden Sommergetränk, dem *Thandai*, verarbeitet.

Der bittere Wegwartentee, den ich nun täglich trank, tat gut. Nun hatte ich schon wieder genug Kraft, um die Stiege zur Dachterrasse hinaufzusteigen, um dort auf einer Liege die frische Luft, die Wolken und das Leben im Pipalbaum zu genießen. Doch dann gewahrte ich mit Entsetzen, dass der Baum seine Blätter verlor. Innerhalb von zwei Tagen war der Riese kahl und blattlos. Es erschreckte mich so sehr, dass ich nur denken konnte: „Nun stirbt auch der Baum!“ Ich merkte, dass ich die ganze Zeit seine Kraft in mich aufgesogen hatte, und nun war auch er am Ende. Hoch oben in der Krone sah man mehrere aus dürren Zweigen grob gebaute Geiernester. Kleine zischende, weiße Geierküken mit langen schlangenähnlichen Hälsen schauten über die Ränder herab und warteten auf das Futter, das die Eltern ihnen bringen würden. Die mächtigen Äste des kahlen Pipals waren unterhalb der Nester durch den Vogelkot schneeweiß getüncht, als ob man sie gekalkt hätte. Nach ein paar Tagen öffneten sich die Blattknospen und der Baum bedeckte sich wieder mit leuchtendem frischgrünem Laub. Schnell geht der Laubblattwechsel in den Tropen voran. Mit dem Ergrünen des Baumes kehrte auch die Zuversicht in mein Leben wieder ein. Wie der Baum hatte ich Altes abgeworfen und spürte die Erneuerung meines Wesens.

Nun, gegen Anfang April, wurde es immer heißer. Wir packten unsere Siebensachen und fuhren nach Nepal. Dort ist es kühler, da kann man leichter genesen.

Der Bus, chinesischer Bauart, fuhr im Schneckentempo die sich windenden Straßen des Himalaja empor. Die Sitze waren so schmal, dass es bequemer war, auf dem Dach zu sitzen. Von dort hatte man sowieso eine bessere Sicht auf die gewaltige Landschaft. An den Haltestellen eilten in der farbenfrohen Tracht ihres jeweiligen Stammes gekleidete Kinder und Frauen herbei und boten Tees, Säfte oder Beeren und Früchte, die sie im Wald gesammelt hatten und die der westliche Tourist nicht kannte, zum Verkauf an.

In einem Dorf am Phewa-See, nicht weit von Pokhara im westlichen Nepal, lud uns eine Bauernfamilie vom Stamm der Brahmi ein, bei ihr zu wohnen. Herrliche Natur: rundherum Bäume mit Orchideen als Epiphyten, leuchtend grüne Reisfelder, auch Mais- und Gemüsefelder. Dann der See, in dem sich die Achttausender spiegelten. Eine armdicke Schlange wohnte in den Steinen am Hofeingang.

Täglich ging ich zum See und schwamm weite Strecken, um wieder zu Kräften zu kommen. Am anderen Ufer erhob sich undurchdringlicher Dschungel. Dort wuchsen auch einige Ganiterbäume, auf denen die Rudrakshanüsse wachsen, aus denen die Sadhus und frommen Pilger heilkräftige *Malas* oder Gebetskränze machen. Schnell lernte ich, dass man den Wald nicht ungestraft betreten konnte. Fingerdicke Blutegel spürten sofort die Anwesenheit nackter Füße und Beine und bissen sich unbemerkt fest. An einem Felsen, gegenüber der Stelle, wo ich immer ins Wasser sprang, hatten Geier ihr Nest gebaut. Das einzige Geierküken schaute mir beim täglichen Bad zu. Es war, als ob mir auch hier das Schicksal Zeichen setzte: Am selben Tag, an dem wir den Ort verließen, wurde der Junggeier flügge und schwebte, nach einigen Flatterversuchen, zum ersten Mal frei und majestätisch über das stille, spiegelnde Gewässer.

DER WANDERMÖNCH

Gelegentlich gingen wir ins nächste Dorf, wo mehrere improvisierte „Hotels" und Straßenrestaurants der bunt gemischten Touristenschar – den Trekkern, Marihuana rauchenden Hippies und Rucksackreisenden – Speisen, Getränke, Malas, Trommeln, Masken und andere folkloristische Andenken anboten. Einmal bemerkten wir dort einen bärtigen, zottelhaarigen Sadhu, der junge Touristen mit seinen in gebrochenem Hindi-Englisch vorgetragenen Erzählungen und Weisheitssprüchen in seinen Bann schlug. Ganga beäugte ihn misstrauisch: „Schau mal, wie der sich an die Westler heranmacht. Ich würde ihm nicht über den Weg trauen. Der ist sicher ein Abzocker!"

Alle sechs Wochen fuhr ich mit dem klapprigen Landbus die 180 Kilometer in die Hauptstadt Katmandu, um zu sehen, ob Post angekommen war oder um behördliche Formalitäten zu erledigen. Die Fahrt war immer ein Abenteuer. Tibetanische Flüchtlinge, Landvolk mit Hühnern oder Bündeln jeglicher Art, auch westliche Reisende trifft man da. Einmal saß ein amerikanischer College-Professor neben mir und fragte empört, ob die Nazis das Land übernehmen wollen, denn überall sah er Hakenkreuze. Ich musste ihm erklären, dass in diesem Fall diese Zeichen nichts mit fiesen politischen Machenschaften zu tun haben, sondern dass es sich hier um ein altes sakrales Symbol handelt, um das Herzchakra Buddhas oder um die vierarmige wirbelnde, schöpferische Kraft, die *Shakti*, welche die göttliche Mitte umtanzt.

Einmal, als der Bus zur Frühstückspause in einem Dorf hielt, sah ich den Sadhu, den vermeintlichen Abzocker, auf einer der Bänke der Straßenimbissbuden sitzen. Da es Glück bringen soll, einen Sadhu zu bewirten, brachte ich ihm einige *Samosa* (frittierte Teigtaschen mit Kartoffelfüllung) und ein Glas *Chai* (süßer, gewürzter Milchtee). Er nahm es gerne an. „Setz dich", sagte er freundlich lächelnd. „Du bist mein Bruder; du bist genauso wie ich!" Das wiederholte er mehrmals. Dann erzählte er, dass er gerade unten in der Schlucht im eiskalten Gebirgsbach sein tägliches Morgenbad genommen und die Götter begrüßt hatte. Nie bliebe er länger als drei Tage an einem Ort, schlafe in seine Decke gehüllt immer im Freien, und überall in den Dörfern und Städten würden die Menschen mit ihren Sorgen und Leiden zu ihm kommen. Er versuche ihnen zu helfen, sie mit dem göttlichen Urgrund zu verbinden. „Wir Sadhus arbeiten nie, und dennoch ist es ein hartes Leben!", erklärte er. Er zeigte mir noch die Rudraksha-Nuss, die er aufgefädelt am Hals trug. „Siehst du, es ist eine ganz seltene. Sie hat nur eine Rille." Ich verstand, ich hatte nämlich gelesen, dass nur Könige und große Seelen, *Mahatmas* und *Paramahamsas*, einrillige Rudrakshas trugen. Nebenbei zog er einen Rauchtrichter aus seinem Beutel, stopfte ihn mit *Ganja*, dem heiligen Kraut der Gottessucher, und bot mir einen Zug an. „Nein, ich rauche nicht", sagte ich, „außerdem will ich einen klaren Kopf bewahren, da ich zur Post und noch andere Dinge erledigen muss." Es erstaunte ihn, dass ich das Sakrament verweigerte. Dann beteuerte er: „Wir, du und ich, sind Brüder! Komm, besuche mich in Pashupatinath, dem Hain des Herrn der Tiere. Dort, auf der anderen Seite des Bhagmati-Flusses oberhalb vom Tempel, in dem sich das heilige Pashupatinath Lingam befindet. Ich bin nur drei Tage dort, also *come see me*!"

Ich versprach es ihm, so wie man im Westen eben etwas allzu leicht verspricht, ohne unbedingt zu beabsichtigen, das Versprechen einzuhalten. Dann ging ich. Post war da, und ich verzettelte mich in dem Gewühl und Gewimmel der Stadt, stieg am nächsten Tag in den Bus und fuhr zurück zum Phewa-See.

Sechs Wochen später fuhr ich mit Ganga dieselbe Strecke nach Katmandu, um uns zwecks Verlängerung unserer Aufenthaltserlaubnis den Pass abstempeln zu lassen. Als wir aus dem Bus stiegen, stand der Sadhu da. Er hätte uns erwartet! Er zeigte uns die Stelle im Wald, wo er immer säße und fing an, die Geschichte eines

SHIVA-SHANKAR,
GOTT DER WANDERMÖNCHE

frommen Mannes und seiner Frau zu erzählen, die die meiste Zeit damit verbrachten, den mächtigen Gott Shiva anzubeten: „Eines Tages stand ein Bettelmönch vor der Tür. Die drei Aschestreifen auf der Stirn ließen erkennen, dass er ein Shiva-Sadhu war. Der fremde Asket gab sich nicht mit Almosen zufrieden, sondern er wollte auch, dass die Frau mit ihm gehe. Der einfältige Mann willigte ein, denn er dachte sich: ‚Es besteht kein Unterschied zwischen dem gütigen Gott Shiva und seinen Anhängern, den Sadhus. Oft ist es Shiva selbst, der in der Gestalt eines Sadhus daherkommt.‘“

An dieser Stelle räusperte sich Ganga. Ich konnte ihre Gedanken lesen: „Aha, darauf ist er also aus. Er will 'ne Frau, dieser gerissene Bursche!“

Ungestört erzählte der Sadhu weiter: „Als seine Nachbarn erfuhren, dass ein fremder Bettelmönch seine Frau mit in den Wald genommen hatte, überhäuften sie den frommen Einfaltspinsel mit Hohn und Spott. Dennoch zweifelte er keinen Augenblick. Am nächsten Tag brachte der Sadhu die Frau wieder. Er hatte sie nicht berührt. Es war Shiva selbst, der die Seele seines treuen Anhängers prüfen wollte. Er segnete das Paar und sagte: ‚Da euer Vertrauen in Gottes Gnade unerschüttert ist, werdet ihr keine Not leiden und euer Geldbeutel wird nie leer sein.‘“

Ganga erkannte nun, dass der Sadhu, der mich Bruder nannte, vollkommen lautere Absichten hatte.

DIE NÜSSE DES GANITERBAUMES

Sechs Wochen später war ich wieder in Katmandu. Vielleicht ist mein Sadhu-Bruder noch da, dachte ich. Auf jeden Fall wollte ich im heiligen Wald etwas spazieren gehen. Nebenbei kaufte ich in einem Devotionalienladen eine Mala mit 108 Rudrakshanüssen und machte mich auf den Weg zum Hain des „Herren der Tiere“. Als ich die Brücke, die über den Bhagmati-Fluss führt, überqueren wollte, vernahm ich wildes, wahnsinniges Geschrei. Pilger, Händler und indische Touristen flohen wie aufgescheuchte Hühner in alle Richtungen. Ein alter, gruselig aussehender Sadhu rannte schimpfend, schreckliche Grimassen schneidend und mit einem Stock fuchtelnd hinter den Menschen her. Ich hielt einen der Fliehenden an: „Was sagt der da?"

„Oh nein", antwortete er hastig, ehe er weiterrannte, „der *pakkala baba*, der verrückte Alte, sagt so schlimme Worte, dass es eine Sünde ist zuzuhören und noch eine größere sie auszusprechen."

Die Brücke war nun wie leer gefegt. Der wahnsinnige Baba rannte, noch immer seinen Stock schwingend, auf mich zu. Ich verspürte aber keinen Drang zu fliehen, hatte ich doch fünf Jahre in Genf in einer Gemeinschaft für geistig Behinderte verbracht und dabei jede Art von Verrücktheit erlebt. Als er mich erreichte, trafen sich unsere Blicke. Es war ein klarer, vollkommen gesunder Blick, der mir da begegnete. Freundschaftlich berührte er meine Schulter, ehe er schreiend und wild fuchtelnd weiterlief. All das war das Schauspiel eines Sadhus, der die Menschen auf diese Weise aus ihrem Tran, aus ihren Illusionen, aufwecken wollte. In diesem Fall war er auch zugleich der klassische, Angst erregende „Hüter der Schwelle". Immer begegnet man einem solchen Hüter am Tor zu anderen Dimensionen – an der Schwelle, die hinaus aus den alltäglichen Wirklichkeiten führt.

Ich stieg nun zwischen uralten Bäumen den steilen Hang hinauf. Da sah ich den Sadhu, der sich mein Bruder nennt, im Schneidersitz auf dem Waldboden sitzen, umgeben von anderen Sadhus und einigen Reisenden aus westlichen Ländern. Wie Shiva selber sah er aus, so wie ihn die Ikone darstellt. Schweigend setzte ich mich in die Runde und hörte erhabene Worte, die wie Nahrung auf die Seelen der Zuhörer wirkten. Ein kanadisches Hippiepärchen zeigte sich beunruhigt über meine Anwesenheit – wahrscheinlich sah ich recht verwildert aus. Sie fragten den Sadhu, wer ich sei. Die Antwort, die er ihnen gab, werde ich hier nicht wiedergeben. Aber seither weiß ich, wer ich bin und was ich in dieser Erdenverkörperung tue.

Ich zeigte meinem Sadhu-*Bhai*[9] die Mala mit den Rudrakshas. Er nahm sie in die Hand, segnete sie und erklärte ihre Bedeutung: „Jede Nuss ist ein geschrumpfter Dämonenkopf, den die Göttin *Durga*, die den Löwen reitet, abgeschlagen hat. Es sind deine Untugenden, es sind die Dämonen, die in deiner Seele hausten und die dich plagten. Sie sind nun aufgefädelt, und das göttliche Selbst trägt sie als Mala, als Schmuck. Sie sind nun verwandelt. Jede Nuss hat einen der 108 Namen Shivas. Bade sie gelegentlich, reibe sie mit duftenden Ölen ein und weihe sie an heiligen Orten."

Ich ging dann weiter, tiefer in den Wald. Wie auf Wolken ging ich. Eine Gruppe anderer Sadhus kam auf mich zu, wollte mir Haschisch verkaufen. Ich ignorierte sie. Es waren die typischen Gauner, die sich oft als Sadhus verkleiden und naive Rucksacktouristen linken. Die äußere Erscheinung ist praktisch dieselbe, aber es sind eben falsche Sadhus.

Immer weiter, unter uralten Bäumen, an Felsen entlang, führten mich meine Schritte. Ich legte die Rudrakshas um ein Steinlinga, versenkte den Geist in Meditation, ging weiter. Auf einem Felsen vor mir saß ein recht großer Rhesusaffe, ein Alphatier, und musterte mich. Der verklärte Blick ließ mich erkennen: Das war *Hanuman*, der Beschützer der Kräuterkundigen. Noch wusste ich nicht, dass sein Wesen mich begleiten und mir den Schlüssel zu den Heilkräutern schenken würde.

Das starke Affenmännchen muss ein Wächter gewesen sein, denn bald stieß ich auf eine ganze Horde Affen. Ich setzte mich zu ihnen und stieg – wie man heute sagt – in ihre Energie ein. Da waren muskulöse Paschas, die sich von den Weibchen lausen und verwöhnen ließen, Mütter, die Neugeborene säugten und sie manchmal behutsam in die Arme einer anderen Äffin legten. Da waren tollende Banden Jugendlicher, zu jedem lustigen Streich bereit. Da waren junge Weibchen, die ihre kleineren unerfahrenen Geschwister gewissenhaft betreuten; und wenn eines der Kleinen vom Ast zu fallen drohte, griffen sie schnell zu und zogen es am Schwanz wieder in Sicherheit. Am meisten rührte mich, wie liebevoll eine junge Äffin ein altes, gekrümmtes Affenmütterchen bei der Hand nahm und die schroffen Felsen hinab zum Fluss geleitete, damit sie trinken konnte. Es war eine Welt voller Freude, und ich war mittendrin. Es war wie ein Einblick in ein goldenes Zeitalter. Ich erkannte, dass vieles, was ich an der Universität über prähominide Verhaltensmuster und den ständigen brutalen Konkurrenzkampf innerhalb von Primatengruppen gelernt hatte, falsch oder eher ein Spiegel der Psyche der Verhaltensforscher selber war.

Plötzlich aber war es mit der Idylle vorbei. Alle Affenblicke schnellten in eine Richtung, Nackenhaare sträubten sich, Mäuler rissen auf, gefährlich spitze Zähne zeigend. Auch ich verspannte und schaute entsetzt in die Richtung: Es war ein Mensch, der daher kam. Als er vorbei gegangen war, entspannten wir uns wieder. Die Weibchen pflegten wieder ihre Paschas, die Affenkinder schaukelten wieder in den Zweigen und ich versank wieder in meine meditative Betrachtung.

Wenige Tage später fuhren wir wieder nach Indien zurück. Nachdem der schnurrbärtige indische Beamte unsere Pässe abgestempelt hatte, bat er uns kurz zu warten und verließ die Amtsstube. Was war los? Behörden und Uniformierte lösten in mir schon seit jeher Unbehagen aus – was vielleicht mit meiner Nachkriegskindheit zu tun haben könnte. Breit lächelnd kam er zurück, orangegelbe Blumengewinde in den Händen haltend. Ehrerbietend legte er sie uns um den Hals. Dazu pflückte er noch einige Ringelblumen und Sonnenblumen, die er anschließend in unsere Haare steckte, ehe er uns dann, die Hände zum *Namaste* [10] gefaltet, wieder zum Reisebus wies. Was für ein Empfang in Indien! Was hatte er in uns gesehen?

Noch am ersten Tag, nachdem wir in Benares, der heiligen Stadt Shivas, angekommen waren, lief ich durch die engen Gassen hinab zum Gangesfluss, um die Rudrakshakette im Wasser zu weihen, so wie es mich der Sadhu geheißen hatte. Wie immer wimmelte es am Ufer des heiligen Stroms von unzähligen Pilgern, Badenden, Betenden, spielenden Kindern, Händlern, streunenden Kühen und Touristen. Doch als ich die Nusskette in das Wasser tauchte, verdunkelte sich ganz plötzlich der Himmel, ein orkanartiger Wind kam auf. Papier, Sonnenschirme und Wellblechstücke wirbelten durch die Luft. Die Menschen rannten Schutz suchend den Häuserschluchten zu. Schlagartig war das Gestade leer. Ich erwischte gerade noch eine Öl- und Seifenverkäuferin, die ihren kleinen Verkaufsstand schleunigst zuriegelte.

„Gib mir ein duftendes Öl!“, rief ich gegen den Wind.

„Nein, keine Zeit, der Sturm …“, schrie sie zurück.

Ich ließ ihr keine Wahl: „Gib mir das Öl! Sofort!“

Inzwischen war der Ganges kein Fluss mehr. Er wurde zum tosenden Meer. Regen und Wind peitschten drei Meter hohe, weiß schäumende, glasgrüne Wellen über ihn hinweg. Kein Mensch war weit und breit zu sehen. Ich war der Einzige, dort, wo vor einigen Minuten noch Zehntausende unterwegs waren. Durchnässt und vom Wind zerzaust rieb ich das aromatische Öl auf die aufgefädelten Ganiterbaumnüsse.

„You must say, Shiva, Shiva, Shiva …“, rief plötzlich die Stimme eines kleinen, dünnen Männleins, das Schutz suchend in aller Eile an mir vorbeihastete und hinter der nächsten Mauer verschwand.

Shiva. Shiva. Shiva. Ja, jede schrumpelige Nuss ist Shiva. Das Göttliche ist in allem. So plötzlich, wie der Sturm gekommen war, so plötzlich hörte er wieder auf. Ein doppelter Regenbogen, in den kräftigsten Farben, überspannte den Fluss wie eine Götterbrücke. Die Wellen glätteten sich, langsam kamen die Menschen, Hunde und Kühe wieder. Ich ging wieder zu unserer Unterkunft. Ich war Zeuge eines Wunders geworden, das ich als sterblicher Mensch kaum verstehen kann.

Die kleinen Schrumpfköpfe begleiteten mich fortan auf jeder Reise. Überall, in Sri Lanka, Amerika, Südafrika, Irland, badete ich sie im Meer, in heiligen Seen und Quellen, sang ihnen Mantras dazu, ölte sie. Je nach meinem Empfinden fühlten sie sich tatsächlich manchmal größer und manchmal kleiner an. Und dann, eines Tages nach 16 Jahren, als ich sie am schwarzsandigen Strand von Gomera, an dem Kraftort in Valle Gran Rey baden wollte, kam eine große Welle, schwemmte die Nussschnur über meinen Kopf und trug sie auf Nimmerwiedersehen ins Meer. Auch da zeigte sich ein Regenbogen. Ich war verwundert. Am nächsten Tag saß ein orange gekleideter Spanier nicht weit von der Stelle, wo ich die Kette verloren hatte. Da auch er eine solche Nussschnur trug, erzählte ich ihm von meinem Verlust. „Die Rudraksha-Mala ist nur eine Äußerlichkeit“, sagte er, „es ist wichtiger, man trägt das, was sie bedeutet, im Herzen.“

Wem gehörte wohl der Schädel, den ich da am anderen Ufer des Ganges aufgelesen hatte? Sadhus, Heilige und mächtige Yogis werden nicht verbrannt. Sie bedürfen des Fegefeuers nicht. Sie werden gleich in den Fluss gelegt. Die Knochen der Verstorbenen, so heißt es in alten Kulturen, haben eine magische transformierende Kraft. Davon weiß auch der christliche Reliquienkult. Die Knochen der Heiligen und Märtyrer werden in die Altäre eingemauert und wirken von dort auf unsichtbare Weise. Missionare, wie der Sankt Gallus oder Columban, trugen auf ihren Reisen die in Bündel geschnürten, an ihren Wanderstäben befestigten Knochen verblichener Glaubensbrüder. Das gab ihnen Schutz und vermittelte Inspirationen. Überall in Tibet trifft man auf Schreine, *Chörtens* genannt. Sie enthalten den in Buddhaform gekneteten, mit Lehm vermischten Knochenstaub verstorbener Lamas, deren gutes Karma noch immer die ganze Landschaft positiv beeinflusst. Beispiele dieser Art gibt es in der ethnologischen Literatur zur Genüge.

DIE KNOCHEN DES MEDIZINMANNS

Auch zuvor hat die Berührung von alten Menschenknochen meinem Schicksal eine dramatische Wende gegeben. Eine Geschichte dazu will ich hier erzählen. Als Teil des Studiums der Anthropologie befassten wir uns mit den alten Indianerkulturen, den Adena und den Hopewell, die zwischen 1000 v. Chr. und 800 n. Chr. in den Flusstälern des Mittelwestens ihre Dörfer anlegten, Mais, Bohnen, Kürbisse, Amaranthus und Tabak anbauten und ihre Toten in aufwändigen Hügelgräbern bestatteten. Der berühmte Serpent Mound, eine 400 Meter lange Erdschlange mit einer Kugel oder einem Ei im Maul, ist wohl das bekannteste Erdwerk dieser längst untergegangenen indianischen Kulturen.

Oft mussten Professor Baby und wir Studenten ausrücken, um in Feuerwehrseile Ausgrabungen durchzuführen, wo wieder mal ein Einkaufszentrum oder eine neue Schnellstraße geplant worden war. Manchmal kamen uns auch „Amateurarchäologen" zuvor. Besonders enttäuschend war es zu erleben, wie sie die Überreste einer großen Hopewell-Siedlung mit Raupen und Bagger zu einem überdimensionalen Haufen zusammenschoben und dann die Töpferarbeiten, Kupferplatten und Feuersteinklingen mit Rechen und Schaufeln herausharkten und -buddelten. Zerbrochene Töpfe warfen sie einfach weg; die Pfeilspitzen und Schaber kamen, nach Größe und Farbe geordnet, in die Auslagen der vielen kleinen „Indian Museums", die, wie die privaten „Zoos" entlang der Highways, Touristen anlocken sollten. Es gab kein Gesetz, das dieser Zerstörung einmaliger kultureller Zeugnisse den Riegel vorschieben konnte. Mehrmals kam es fast zu Handgreiflichkeiten mit den „Amateurgrabräubern". „Was bildet ihr euch ein, wer ihr seid", bedrohte uns einer, dessen Flinte im danebenstehenden Pick-up in Greifweite war: „Ihr wisst ja gar nicht einmal, wie der Häuptling dieses Dorfes hieß!" Er nannte einen Fantasienamen. Der Heilige Geist hatte es ihm wahrscheinlich zuge*channelt*.

Es machte Spaß, mit Professor Baby zu arbeiten. Der stämmige zwergwüchsige Mann hatte nicht einmal promoviert. Dennoch war er einer der erfolgreichsten Archäologen. Mit fast übernatürlichem Spürsinn entdeckte er wie kein anderer versteckte Zeugnisse der vorhistorischen Indianerkulturen. Das Ohio State Museum for Archeology and Prehistory, welches er leitete, war voll gestopft mit den von ihm entdeckten scherenschnittartigen, aus Glimmerplatten gestochenen Bildern, mit Specksteinschnitzereien, mit tiergestaltigen Tabakspfeifen *(effigy pipes)*, mit fein gehämmerten Kupferplatten, mit Schabern, Nadeln, Klingen, Pfeilspitzen, Textilresten, Töpferarbeiten und Stachelschweinborstenstickereien. Sein bedeutendster Fund stammte aus einem Adena-Grabhügel und war eine kleine Tabakspfeife, die in der Gestalt eines achondroplastischen Zwerges geschnitzt war: Der muskulöse Körper mit kurzen, plumpen Gliedmaßen trug einen Lendenschurz mit Gesäßpolster; der große Kopf war mit Ohrspulen versehen. „Seht ihr, Zwerge galten den Moundbilders als heilig, als Gottheiten", sagte er mit Genugtuung.

Professor Baby hatte sein „Reich" im Keller unter dem Museum. Sein erhöhter Sitzplatz gegenüber dem Eingang des hallengroßen Raumes, in dem er sein Büro betrieb, glich einem Thron, an der Wand dahinter hingen seine Auszeichnungen wie Trophäen. Beim Eintreten in sein unterirdisches Reich schrumpfte jeder Besucher mit jedem Schritt, den er in Richtung des Throns tat, bis er sich selber wie ein Zwerg vorkam.

Im Sommer 1965 fragte mich Professor Baby, ob ich als Hilfsassistent bei der Ausgrabung eines Hügelgrabes mitmachen wollte, welches die Adena-Indianer vor ungefähr 2000 Jahren im Tal des Scioto River errichtet hatten. Die Ausgrabung würde den ganzen Sommer dauern. Ich sagte zu.

Das siebenköpfige Archäologenteam fuhr jeden Morgen um 4 Uhr los. Die Fahrt durch die schöne Hügellandschaft Südohios dauerte volle vier Stunden; am Nachmittag gegen 16 Uhr traten wir die Rückfahrt an. Es dauerte nicht lange, da war mir die lange Fahrerei zu viel; ich nahm meinen Schlafsack und blieb bei der Ausgrabung. Es war ruhig, wenn die anderen nicht da waren. Ich konnte nackt herumrennen, die Wildtiere gut beobachten, in dem warmen schlammigen Fluss schwimmen und abends auf dem Grabhügel beim Feuer den Sternen entgegenträumen.

Zuerst wurde das Objekt – der Mound – gründlich vermessen und in Quadrate eingeteilt, wie es sich gehört. Dann begannen wir mit Pickeln und Schaufeln und Schubkarren die Erde abzutragen, zuerst vorsichtig und zögerlich, und dann, als wir nach zwei Monaten nichts außer einer hauchdünnen Ascheschicht fanden, gruben und pickelten wir immer wilder und unvorsichtiger. Wie Kinder spielten wir mit den Schubkarren Auto, mit dem Schutt bauten wir „Straßen", an denen wir sogar geklaute Verkehrsschilder aufstellten. Das Transistorradio plärrte die neusten Hits: Bob Dylans „Tamborine Man" und, was besonders zu unserer Situation passte, „I can't get no satisfaction" von den Stones.

Unten im Tal, wo sich nun ein Maisfeld befand, hatte das Dorf der Adena gelegen. An den Bodenverfärbungen konnten wir ausmachen, wo sich einst die einzelnen Häuser befanden. Sie waren geräumig genug für eine Großfamilie und hatten eine Feuerstelle in der Mitte. Das ganze Feld war mit Feuersteinstücken, zerbrochenen Klingen, Schabern und Tonscherben übersät. Gelegentlich schaute Professor Baby vorbei. Er ließ sich nicht beirren, wenn wir in den

Ausgrabungsschichten Steinklingen, die wir aus Jux selber frisiert hatten, „entdeckten".

Ein schwarzer Kondor, den kahlen roten Hals hin und her drehend, saß in den hohen Ästen eines fast abgestorbenen Ahornbaumes und schaute unserem Treiben zu. Jeden Tag saß er da.

Im dritten Monat des immer fahrlässiger werdenden Grabens holte ich mit der Spitzhacke aus, schlug kräftig zu und vernahm ein sanftes Knacken. Der Kondor flog in diesem Moment auf. Als ich die gelbe Erde wegwischte, erkannte ich einen Schädel. Mitten in die Stirn, ins Scheitelauge, hatte ich ihn getroffen und durchlöchert. Sofort holten wir kleine Handbesen und Besteck und legten den Fund frei. Es war ein komplettes, in voller Länge ausgestrecktes Skelett. Das war höchst ungewöhnlich, denn meistens beerdigten die Adena ihre Verstorbenen in Hockstellung. Wir identifizierten den Fund als männlich, mittleren Alters; die Zahnkronen waren durch Sandsteinchen im Maisbrei vollkommen abgeschliffen, aber überhaupt nicht kariös. Zur rechten Hand des Skeletts befanden sich die Reste eines Beutels, in dem sich einige Knochennadeln, Flussperlen, Muscheln, Obsidianmesser, etwas Hämatit und weitere Utensilien befanden. Es war eindeutig ein Medizinbeutel. Der dort vor rund 2000 Jahren Bestattete war ein Medizinmann, ein Schamane gewesen.

An dem Nachmittag fuhr ich, das erste Mal seit Wochen, wieder zurück in die Stadt, um etwas einzukaufen und meine Freundin wiederzusehen. Diese machte schon seit Monaten Druck, dass ich sie unbedingt und demnächst heiraten sollte. In der Nacht – es war die typische schwüle Sommerhitze Ohios – konnte ich absolut keinen Schlaf finden. In den frühen Morgenstunden, als es schon dämmerte, schaute ich hinüber zum Nachttisch neben dem Bett. Ich schaute mir das Foto meiner Großmutter an, das dort eingerahmt stand. Die Großmutter war mir sehr nahe, von ihr hatte ich auch mein Vertrauen in die Heilkräuter geerbt. Mit ihren dunklen, in der Mitte gescheitelten, langen Haaren sah sie wie eine Indianerin aus. Plötzlich strahlte aus ihrer Stirnmitte, genau vom Stirn-Chakra aus, ein unglaublich helles Licht auf mich zu. Ich war vollkommen überwältigt, entrückt. Sie sagte: „Die Frau, mit der du bist, ist nicht Teil deines Lebensweges. Verlasse sie!"

Ich schloss kurz die Augen. Als ich sie wieder aufmachte, erkannte ich, dass ich überhaupt kein Bild von meiner Großmutter auf dem Nachttisch stehen hatte. Und dennoch war das Erlebnis wirklicher als die Wirklichkeit. Es dämmerte in mir, dass ein 2000 Jahre alter Adena-Medizinmann mir diese Botschaft geschickt hatte.

Ich befolgte den Rat. Die Freundin, die sich an mich klammerte, bekam einen Wutanfall. Sie hatte auch gleich die wissenschaftliche, psychologische Erklärung zur Hand. „Du bist ein paranoider Schizophrener; du gehörst in die Klapse!"

Außer dem Medizinmann und seinem Beutel fanden wir auf dieser Ausgrabung nichts Weiteres. Im Herbst war es dann meine Aufgabe, unten in Professor Babys Zwergenreich die Knochen des Medizinmanns zu vermessen, zu putzen und zu lackieren, damit sie sich halten. Dann erhielt der Knochenmann eine Nummer und wurde in einem Pappkarton in einer Lagerhalle des Museums verstaut.

ENDLOSE SOMMER UND EISKALTE WINTER

Alles was er sah und hörte,
schien nur neue Riegel in ihm wegzuschieben
und neue Fenster ihm zu öffnen.

Novalis, „Dichterische Werke"

Die Sommerferien in Amerika waren unendlich lang. Über drei volle Monate erstreckten sie sich. Und da meine Eltern damit beschäftigt waren, ihr Leben aufzubauen und mir vollkommene Freiheit ließen, konnte ich wie Tom Sawyer oder Huckleberry Finn frei und ungebunden leben. Während der Ferien verpachtete ich meinen Job als Zeitungsjunge an einen Freund und verschwand im Wald – oft wochenlang.

Im Sommer strömt ständig feuchtheiße Luft aus der Karibik in den Mittelwesten. Die Luftfeuchtigkeit liegt bei über 90 Prozent, die Tagestemperatur zwischen 30 und 40 Grad Celsius. Die Vegetation antwortet auf das Wetter mit üppigem Wachstum. Nachts bleibt es warm, so dass Menschen schweißgebadet keinen Schlaf finden. Auf moosigem Waldboden, unter dem sattgrünen Laubdach, lässt es sich jedoch, wenn nicht gerade mal wieder eines der beeindruckenden Gewitter kübelweise Wasser herabschüttet, gut schlafen. Tagsüber kann man sich in einem Teich oder einem der träg dahinfließenden Flüsse abkühlen.

DIE FREIHEITSKÄMPFER

Wenn sie nicht gerade einem Sommerjob nachgingen oder von ihren Eltern mit Ausgangsverbot belegt wurden, begleiteten mich meine Freunde. Tief im Wald, an einem schwer zugänglichen Hang über dem Black River, bauten wir aus den gerade gewachsenen Stämmen der Papau-Bäume eine Palisadenburg. Selbstverständlich fällten wir keine lebenden Bäume, sondern nahmen nur abgestorbene. Wir befestigten die Stämme mit den Schnüren von Heuballen.

Wir verstanden uns als Guerillatruppe, als Widerstandskämpfer. Es konnte ja sein, dass die Kommunisten, insbesondere die Rotchinesen, Amerika erobern würden. Zu Hause hatten wir ja alle die Nachrichten aus Korea und den anderen kommunistischen Ländern gehört. Man konnte nie wissen. Wir würden auf jeden Fall im Wald überleben.

Wir trainierten jeden Tag, machten unsere Kletterübungen, marschierten, die Luftgewehre über dem Kopf haltend, manchmal bis zum Hals im Wasser, durch Sümpfe und Bäche. Wir schlichen uns an die Farmen heran und zapften aus den ungesicherten Benzintanks Sprit, um daraus Molotow-Cocktails zu bauen. Diese Feuerteufel ließen wir gegen Brücken, alte Gemäuer und einmal gegen die Ziegelmauer der Schule explodieren. Wir sprangen von hohen Eisenbahnbrücken in den Fluss und auf die langsam durch den Ort fahrenden Güterzüge – wir mussten aufpassen, dass mein Vater, der Stationsvorsteher war, uns nicht dabei erwischte – und kutschierten bis in die nächsten Ortschaften. Am gemütlichsten war es in den mit Rohkautschuk beladenen offenen Waggons, die nach Akron fuhren – der Stadt, in der die meisten Autoreifen der Welt hergestellt werden. Nachts bei Vollmond kletterten wir auf die hohen Wassertürme oder stiegen in die Schule oder in verlassene Bauernhöfe ein.

Selbstverständlich versuchten wir uns selbst zu versorgen. Wie die Waschbären stibitzten wir milchreifen Mais von den Feldern der Farmer und garten die ungeschälten Kolben im Lagerfeuer. Im Spätsommer war das tägliche Kost. Dazu gab es gebratenen Fisch, den wir im Black River angelten. Am besten schmeckte der Sonnenbarsch *(Lepomis)*. Welse und Karpfen waren weniger beliebt, da sie zu viele Gräten haben. Da mir tatsächlich ein Buch in die Hände gefallen war, in dem Wildgemüse aufgelistet waren, gab es auch Gemüse auf unseren Aluminium-Pfadfindertellern. Auf brachliegenden Feldern oder unter dem Mais fanden wir Melden, Fuchsschwanzgrün, Portulak oder Burzelkraut, Senfarten, Malvenblätter, die jungen grünen Samenkapseln der Seidenpflanze *(Asclepias syriaca)*, Nachtkerzenwurzeln und -blätter *(Oenothera biennis)*. Rohrkolbensprosse holten wir aus stehenden Gewässern.

Um den Durst zu löschen hatten wir immer einen Topf bereit mit erfrischend würzigem Tee aus den Nadeln der Hemlocktanne *(Tsuga canadensis)*, aus den zart duftenden Fieberbuschzweigen *(Lindera)*, aus der rot blühenden Indianernessel *(Monarda didyma)* oder aus den abgekochten Wurzeln des Sassafrasbaumes. Letzteres schmeckt wie *Root Beer*, ein – vor dem absoluten Siegeszug von Coca-Cola – bei Kindern beliebter Softdrink.

Manchmal gab es über dem Lagerfeuer gegrillte Hühner. Diese zu ergattern war ebenfalls Teil der Guerillaausbildung. Wir spähten Farmhäuser mit Hühnern aus. Nachts, wenn dann die Lichter im Haus erloschen, schlichen wir in den Hühnerstall. Es galt das auf der Stange sitzende Huhn blitzschnell am Hals zu greifen, ihm die Gurgel zuzudrücken und es unter die Jacke zu stecken. Ganz ruhig mussten wir sein und bloß keine hastigen Bewegungen machen, damit das Huhn nicht durch hysterisches Gegacker und Flügelschlagen beim übrigen Federvieh Panik auslöste. Wenn der Höllenlärm ausbrach, kläfften die Farmhunde, das Licht im Wohnhaus ging an und der Farmer stürzte mit schussbereiter und mit Steinsalz geladener Schrotflinte heraus, um den Hühnerdieben „eins zu pfeffern“. Daher musste man seinen Fluchtweg genau vorgeplant haben. Meistens ging es jedoch gut. Nach dem Überfall brutzelte das auf einem Stock aufgespießte Huhn über dem Lagerfeuer. Es roch köstlich, aber da es sich fast immer um alte Legehennen handelte, war das Fleisch zäh wie Leder. Schwieriger war es dagegen, Enten zu fangen, denn wenn man sich ihnen näherte, schwammen sie schnurstracks auf die andere Seite des Teiches.

Normalerweise war ich entschieden gegen das Töten von Tieren. Fische angeln war eine Ausnahme. Ich selber aber angelte nie, schon die aufgespießten Regenwürmer taten mir Leid. Ich war nämlich überzeugt, wenn man stirbt und durch die Himmelspforte will, dann ruft der Petrus alle Tiere herbei, mit denen man einst zu tun gehabt hat. Diese legen ein Zeugnis ab, wie man sie auf Erden behandelt hat. Derjenige, der Tiere unnötigerweise getötet oder gequält hat, kommt nicht in den Himmel. Die Hühner und andere domestizierte Tiere jedoch – so legte ich es mir in der selbst gemachten Theologie aus – hatten sich den Menschen überantwortet, hatten ihre Freiheit aufgegeben. Daher war es keine Sünde, sie zu töten und zu essen.

Einmal erspähten wir einen ganzen Trupp ordentlich uniformierter Pfadfinder nicht weit von unserem Palisadenfort entfernt. Sie schlugen ihr Zeltlager auf einer Hügelkuppe oberhalb vom Black River auf, hissten die Fahne, sammelten Holz für das Lagerfeuer und hoben Latrinen aus. Das forderte uns geradezu heraus. Wir waren nun Indianer auf Kriegsfuß. Jim und ich robbten ungesehen durch das Gestrüpp in Richtung Zeltlager. Die anderen versetzten derweil die friedlich im Tal grasende Herde Milchkühe in Panik, so dass sie wild brüllend über die Weide trampelte. Das lenkte nicht nur, wie erwartet, die Pfadfinder ab, sondern veranlasste sogar den ganzen Trupp ins Tal zu rennen, um zu sehen, was mit den Kühen los war. Jim und ich nutzten die Gelegenheit. Blitzschnell hackten wir mit unseren Macheten die Abspannseile der Zelte durch, so dass sie einstürzten. Wir leerten sämtliche Wasserkanister in die Lagerfeuer aus und stopften unsere Rucksäcke mit Schokolade, Käse, Schinken, Brot, Suppenbüchsen und anderen Nahrungsvorräten voll. Dann zogen wir uns ungesehen wieder zurück und feierten ein ausgelassenes Siegesfest, aßen so viel von den Pfadfindervorräten, dass wir fast platzten. Was übrig blieb schenkten wir den Wildtieren im Wald.

MAIAPFEL ODER FUSSBLATT

Wildfrüchte, Wildgemüse und Teepflanzen

Hier einige der essbaren Wildpflanzen, die ich in Ohio kennen lernte und die wahrscheinlich auch bei uns wachsen würden und Anwendung finden könnten.

Wildobst

DATTELPFLAUME oder **PERSIMONE (Persimmon, *Diospiros virginiana*)** Die Persimone ist eine wild wachsende Kakipflaume, die heute auch als Scharonfrucht bekannt ist. Sie gehört zur Familie der Ebenholzgewächse. Das pflaumengroße, Vitamin-C-haltige Wildobst muss ähnlich wie die Schlehe bei uns erst Frost abbekommen, sonst wirkt sie äußerst zusammenziehend auf die Mundschleimhäute. Die Indianer benutzten die gekochten Früchte oder die Rinde als adstringierendes (zusammenziehend wirkendes) Heilmittel.
MAULBEEREN (Black Mullberry, *Morus rubra*) Im Gegensatz zu den Weißen Maulbeeren, die für die Seidenraupen aus China eingeführt wurden, ist die Rote oder Schwarze Maulbeere im nordamerikanischen Waldland endemisch. Ein beliebtes Gericht der Cherokee war Maisbrei mit Maulbeeren und wilden Weintrauben *(Vitis aestivalis)* gemischt.
MAIAPFEL (Mayapple, *Podophyllum peltatum*) Wie reife Erdbeeren schmecken die als Maiapfel bezeichneten Beeren des Fußblattes. Die zur Berberitzenfamilie gehörige Pflanze wächst im schattigen Laubwald. Die Beeren lassen sich gut zu Marmeladen verarbeiten. Ein in den Südstaaten bekanntes Getränk besteht aus Maiapfel, Madeirawein und Zucker. Die moderne Phytotherapie benutzt die Wurzeln inzwischen als zytostatisches (krebshemmendes) Mittel.
PAPAU (Pawpaw, *Asimina triloba*) Das Pawpaw-Bäumchen gehört, wie die südamerikanische Cherimoya – die es gelegentlich in den Supermärkten zu kaufen gibt – und andere Annonia-Arten, zu den Rahmapfelgewächsen. Die im Herbst reifenden, grünen Früchte haben die Form von Mangos oder kleinen dicken Bananen. Sie

schmecken süß, einem Eierpudding ähnlich. Die Irokesen und anderen Waldlandindianer trockneten das rohe oder gekochte Fruchtfleisch und bewahrten es für den Winter auf.

ZÜRGELBAUM **(Hackberry, *Celtis occidentalis*)** Dieser Baum aus der Familie der Ulmengewächse bringt kleine Steinfrüchtchen hervor, deren dünnes Fruchtfleisch süß, ähnlich den Datteln, schmeckt.

Wildgemüse

ADLERFARN **(Brakenfern, *Pteridium aquilinum*)** Die zarten, jungen Schösslinge dieses auch in Europa wachsenden Kosmopoliten wurden von den Indianern wie Spargel gegessen. Als Winternahrung wurden die getrockneten, entrindeten Wurzeln zu Mehl verarbeitet.

KERMESBEERE **(Pokeweed, *Phytolacca americana*)** Die amerikanische Kermesbeere mit ihren fleischig saftigen, rot überlaufenen Stängeln und mit dunkelrotem Saft gefüllten Beeren ist giftig. Die Indianer benutzten den Saft, um die Fische in Tümpeln zu betäuben und abzusammeln. Die Bezeichnung *Poke* stammt aus der Sprache der Algonkien und bedeutet „rote Farbe" oder „Blut". Der Saft wurde als Kriegsbemalung benutzt. Einzig die jungen Frühlingstriebe ergeben ein besonders schmackhaftes, im Appalachen-Gebirge beliebtes Gemüse. Medizinisch wurde die Kermesbeere von den Waldlandindianern vor allem als Rheumamittel angewendet.

SEIDENPFLANZE **(Milkweed, *Asklepias syriaca*)** Die „syrische" Seidenpflanze stammt aus Nordamerika und ist Hauptfutter des Monarchfalters. Die jungen Stängel, Blütenknospen und unreifen Schoten waren eine Lieblingsspeise der Indianer. Sie schmecken mild, etwa wie *Abelmoschus* (Okra).

STINKKOHL **(Skunk-Cabbage, *Symplocarpus foetidus*)** Die gelben Blüten dieses Aronstabgewächses öffnen sich im frühesten Frühjahr, wenn es noch Frost gibt oder sogar noch schneit. Es lässt sich von kalten, steifgliederigen Insekten bestäuben, die über Nacht in den Blütenkelchen Schutz vor der Kälte suchen. Die fleischigen Blätter stinken tatsächlich nach Skunk, sind aber ein schmackhaftes Gemüse, wenn man das Kochwasser zweimal wechselt.

TAGLILIE (Day Lily, *Hemerocallis fulva, H. flava*) Die lachsfarbene Taglilie kommt zwar aus Ostasien, aber sie verwilderte schnell in Amerika und wächst nun vielerorts an den Straßenrändern als Ruderalpflanze. Die Wurzeln, junge Blätter und die Blüten eignen sich hervorragend als Gemüse.

WILDSPARGEL (Wild Asparagus, *Asparagus officinalis*) Guter Boden und passende klimatische Verhältnisse ließen den bekannten Spargel im Mittelwesten verwildern, so dass man ihn dort überall antrifft.

Getränke

ESSIGBAUM, HIRSCHKOLBEN-SUMACH (Staghorn Sumach, *Rhus typhina*) Den inzwischen auch bei uns eingebürgerten amerikanischen Essigbaum lernte ich als Kind in Ohio kennen. Wir steckten die roten Beerenkolben in kaltes Wasser, das sich dann rosa färbte und als *pink lemonade* getrunken wurde. Die Indianer sammelten die Beeren für den Gebrauch als Wintergetränk. Als Heilmittel nutzten sie Abkochungen der Beeren und gerbstoffhaltigen Rinde bei Durchfällen, Geschwüren, Zahnschmerzen. Die im Herbst gesammelten scharlachroten bis orangefarbenen Blätter wurden, zusammen mit Bärentraubenblättern, Tabak und Hartriegelrinde, als *Kinnikinnik* in der Friedenspfeife geraucht.

FIEBERBUSCH (Spice Bush, *Lindera benzoin*) Aus den angenehm aromatisch duftenden Zweigen dieses Lorbeergewächses lässt sich ein gut schmeckender, wärmender Tee brauen. Die Indianer setzten den Tee medizinisch als Schwitzmittel und auch zum Anregen der Periode ein.

INDIANERNESSEL (Scarlet Beebalm, *Monarda didyma*) Die würzige Monardenminze wurde von den amerikanischen Ureinwohnern ebenfalls als schweißtreibender Tee eingesetzt. Man trank den Tee vor der Schwitzhüttenzeremonie oder um eine Grippe „herauszuschwitzen". Inzwischen wird die Pflanze in Europa als Gartenblume gezüchtet.

SASSAFRAS (Sassafras, *Sassafras albidum*) Der Sassafrasbaum gehört, wie der Fieberbusch, zu den Lorbeergewächsen. Eine Abkochung aus der Wurzelrinde galt bei den Indianern wie auch bei den weißen Siedlern als Allheilmittel und „Blutreiniger". Das berühmte *Root Beer,* ein Gesundheitselixier und Softdrink, wurde daraus gebraut. Die Indianer zerrieben die getrockneten Blätter des Baumes und rührten sie als Verdickungsmittel in die Suppen.

Nüsse

HICKORYNUSS (Hickory Nut, *Carya ovata*) Der Wald in Ohio ist mit vielen einheimischen Nussbaumarten gesegnet. Am häufigsten kommt der Schuppenrindenhickory vor. Er wurde von den Siedlern nur selten gefällt, da sein Holz extrem hart ist. Die Nussschalen sind steinhart und schwer zu knacken, aber das Nussfleisch ist vorzüglich. Weiter im Süden wächst die verwandte Pekannuss, die eine viel weichere Schale hat.

BUTTERNUSS (Butternut, *Juglans cinerea*) Diese Verwandte der Walnuss hat eine dicke, schwer zu knackende Schale, ist aber gut im Geschmack.

SCHWARZNUSS (Black Walnut, *Juglans nigra*) Die Nussschale ist schwarz und man braucht einen starken Hammer, um sie zu brechen. Der Geschmack ist hervorragend. *Black Walnut Ice Cream* ist noch immer ein beliebtes Speiseeis. Beide Walnussarten liefern ein begehrtes Möbelholz, so dass der Bestand dieser Bäume vielerorts gefährdet ist.

HIRSCHKOLBEN-SUMACH ODER ESSIGBAUM

Wenn wir Gelegenheit dazu fanden, fuhren wir zum Schwimmen an den Eriesee. Der See ist so groß, dass man das 90 Kilometer entfernte kanadische Ufer nicht sehen kann. Es gibt Sandstrände und die Wellen sind zeitweise so hoch, dass man wirklich meint, man sei am Meer. Umso erstaunter ist man, dass das Wasser nicht salzig, sondern süß schmeckt. Überall gab es Fischerdörfer mit Häfen und Kutter, wo die Netze trockneten und es nach Fisch roch. Es gingen Barsche, Forellen, Weißfische (Felchen), Karpfen, Hechte, Rotaugen, Brassen, Welse, Störe, Salme und andere Süßwasserfische in großen Massen in die Netze. An einem bestimmten Tag im Jahr stiegen riesige Schwärme Eintagsfliegen *(Ephemera)* zum Hochzeitsflug aus dem Wasser – ein Naturwunder und ein Festessen für Fische und Vögel.

Es ist natürlich, dass ab und zu ein toter Fisch am Strand liegt und von Krähen gefressen wird. Wir merkten aber, dass jedes Jahr mehr und mehr tote Fische, Wasserschlangen, Schildkröten oder Wassersalamander den Strand verunreinigten. Auch Möwen, Kormorane und Haubentaucher verendeten. Bald stellte die Gesundheitsbehörde Schilder auf: „Schwimmen auf eigene Verantwortung". Im nächsten Jahr hieß es „Schwimmen verboten". Nun stank der See. Er war zu einer traurigen trüben Brühe geworden. Aus war es mit den Fischerflotten, aus mit Wasserski, Tauchen und Schwimmen. Um Touristen weiterhin anzulocken, wurden Pools und Diskos neben dem See gebaut.

Ein Grund für die Ökokatastrophe war der Ausbau des Sankt-Lorenz-Seeweges. Biotopfremde Organismen waren mit den Ozeandampfern des Atlantiks in den See gelangt, darunter das Neunauge, das an Süßwasserfischen schmarotzt. Aber noch mehr war es die massive Verschmutzung durch die Phosphate und Nitrate der Landwirtschaft, durch das ungeklärte Abwasser der Kommunen, vor allem aber durch die massiven Schadstoffabfälle der Schwerindustrie. Später – ich war damals schon Student – schwamm so viel Öl und brennbares Material auf der Oberfläche des Cuyahoga-Flusses, der durch Cleveland in den Eriesee fließt, dass er an seiner Mündung lichterloh brannte. Ein Löschboot verbrannte und eine Eisenbahnbrücke wurde schwer beschädigt. Solche Erlebnisse stimmten mich nicht gerade fortschrittsgläubig.

HERBST UND WINTER

Im September verwandelt sich die Landschaft. Weite Flächen – die Brachfelder, das Ödland, die Weiden und die breiten Randstreifen der Landstraßen – nehmen verwegene und dennoch harmonisch ineinander übergehende Farben an. Über Meilen erstreckt sich das Goldgelb der verschiedenen Goldruten, das Weiß der Berufskräuter und Wilden Möhren, die violett bis purpurnen Teppiche der Herbstastern. Auf den sich gelbbraun verfärbenden Grasflächen blühen Disteln und Ironweed *(Vernonia noveboracensis)*, im Wald die scharlachrote Lobelie *(Lobelia cardinalis)*, auf feuchten Böden der rosa-violette Wasserdost. All das wird noch übertroffen durch den Laubwald, der förmlich in Flammenfarben auflodert: Die amerikanischen Eichen bedecken sich mit weinroten bis purpurnen Gewändern, die Nussbäume, Tulpenbäume und Ulmen mit blassem oder hellem Gelb, die Ahornbäume mit leuchtendem Gelb, Orange oder Rot. Orange verfärben sich auch die Tupelobäume, die Sumacharten, der Sassafras – es ist *Indian Summer*, ein Naturwunder, wie man es sonst nirgends auf der Welt findet. Es ist das Festkleid der Göttin Natur; bald kommt der eisige Nordwind, entkleidet sie, um ihre Blöße dann mit einer sanften weißen Schneedecke zu bedecken.

Im September fingen auch die Schule und die Arbeit wieder an. Neben dem Austragen der Zeitung half ich nun unseren Nachbarn bei der Obst- und Nussernte, beim Abernten und Umgraben des Gartens. Jeden Tag mussten das anfallende Laub aufgerecht und die Haufen verbrannt werden. Den ganzen Herbst lang lag die Ortschaft in blauen Dunst gehüllt. Nun ratterten die Maiserntemaschinen über die Felder, die Jäger schwärmten aus, die kanadischen Wildgänse flogen nach Süden vorüber.

In den 50er Jahren gab es noch richtige Winter im Mittelwesten. Im November schon, wenn der Wind von der Arktis her bläst, fielen die Temperaturen. Über Nacht froren die Gewässer zu, die Autos sprangen nicht an, die Finger blieben an den Drahtzäunen kleben, wenn man sie berührte. Einmal, als ich im Wald kampierte, überraschte mich ein solcher Temperatursturz. Die Dose mit Tomatensuppe war scheinbar gefroren. Also stellte ich sie ungeöffnet in das Lagerfeuer. Kurz darauf gab es einen Knall: brennende Holzscheite flogen in alle Richtungen und erloschen zischend, die Tomatenbrühe klatschte auf meine Hose und Jacke. Im Nu gefror die Flüssigkeit und meine Kleidung wurde hart und spröde, so dass sie Risse bekam.

Beim ersten Schnee freuten sich die Halbstarken des Dorfes, denn dann konnten sie wie wild mit ihren alten Schrottautos fahren, Gas geben, scharf bremsen, hin- und herrutschen und kreiseln. Tiefer Schnee machte das Zeitungsaustragen schwierig, aber das Schneeschippen brachte noch zusätzliche Verdienstmöglichkeiten.

In der Silvesternacht ging ich nicht wie die anderen zu Neujahrspartys, sondern wanderte auf die bewaldeten Hügel, grub ein Loch in den tiefen Schnee, schaute mir die Sterne an und lobte des Schöpfers Größe.

SCHLITTSCHUHFIEBER

Auch in Deutschland waren die Winter damals noch kälter. In Oldenburg froren jedes Jahr die Wasserwege und Kanäle zu, so dass das Schlittschuhlaufen ein winterliches Volksvergnügen war. Ich liebte das schwerelose Dahingleiten über das blanke Eis so sehr, dass ich meine Schlittschuhe – man konnte sie an die Schuhe anschrau-

Mit Vater am ersten Schultag (in Oldenburg)

Ankunft in New York

Das erste Auto (48er Fleetline)

Im Youth Conservation Corps (Olympic National Park)

Vor einem Ausflug in die Wildnis

Schwer bepackt im Olympic National Park

ben – mit nach Ohio nahm. So wurde das Schlittschuhlaufen auch dort zu einer Lieblingsbeschäftigung. Viele abenteuerliche Meilen legte ich dort auf den Bächen, Flüssen und Seen zurück. Bis dahin kannte noch keiner in Spencer das Vergnügen. Bald jedoch standen Schlittschuhe bei vielen meiner Schulkameraden auf dem Weihnachtswunschzettel und es dauerte nicht lange, da brach unter den Jungen das Eishockeyfieber aus. Wir schnitzten Schläger aus den Ästen des Hickorybaumes, benutzten zerdrückte Blechdosen als Puck und suchten geeignete Weiher und Bachabschnitte fürs Spiel. Manch einer ging baden, wo das Eis zu dünn war. Es gab blutige Verletzungen, lockere Zähne und manchmal auch hitzige Auseinandersetzungen – Hockey lässt eben die Emotionen aufwallen. Als sich einige Eltern Sorgen machten, weil unsere Hockeyspielplätze oft weit weg von der Ortschaft lagen, entschied der Stadtrat ein Hockeystadion zu bauen; dort wären dann erwachsene Aufpasser gegenwärtig, der Platz wäre beleuchtet, die Eisdecke würde nicht einbrechen – kurz, die Sicherheit wäre garantiert. Als das Eisstadion fertig war, ging jedoch kaum jemand hin. Es war einfach zu langweilig.

Bei einem Spiel verpasste mir Bruce, der Grobian und Schläger unserer Klasse, einen heftigen Schlag ans Schienbein. Obwohl er so tat, als sei es aus Versehen geschehen, war es Absicht. Es lag Wut hinter dem Schlag. Im Jahr zuvor hatte ich nämlich endlich den Biologielehrer dazu überredet, mit der ganzen Klasse einen Ausflug in die freie Natur zu machen. Ich hatte ihm erzählt, wie schön es für uns in Oldenburg war, wenn wir Ausflüge in den Wald machten. Für die Schüler, die so etwas nicht kannten, war das die Gelegenheit auszurasten. Sie brachen Äste ab, traten auf die Wildblumen und rissen Pflanzen aus. Am schlimmsten trieb es Bruce. Nachdem er mutwillig einen Ameisenhaufen zertrampelt hatte, platzte der Geduldsfaden des Lehrers: Er verpasste dem Bösewicht eine Tracht Prügel und ließ ihn durchfallen. Das hatte mir Bruce nie verziehen und dann beim Hockeyspielen heimgezahlt.

Im nächsten Frühling schmerzte das Bein sehr. Ich ging zum einzigen Doktor im Dorf. Der hatte für jedes Leiden, von Schnupfen bis Rheuma, ein Wundermittel bereit – die Penicillinspritze. Er gab mir eine Spritze und ließ mich in der nächsten Woche noch mal vorbeischauen. Mir ging es nicht besser. Wieder eine Spritze und wieder eine Woche warten. Beim dritten Mal schrie er mich an: „Mach, dass du rauskommst! Es ist alles in deinem Kopf. Das bildest du dir ein." Seinem psychologischen Scharfsinn zum Trotz tat das Bein noch immer weh. Da radelte ich zu einem anderen Arzt, der 10 Meilen weiter entfernt lebte. Nachdem die Röntgenuntersuchung auf eine Knochenhautentzündung schließen ließ, wurde ich mit den modernsten schulmedizinischen Methoden behandelt: jeden Tag eine Penicillinspritze und dazu radioaktive Bestrahlung.

Kernenergie und Atomkraft waren damals Zauberworte. In den Schulen lernten wir, dass es dank der Atomkraft zur Jahrtausendwende – also jetzt! – keine Energieprobleme mehr geben würde. Uns wurden Cartoons gezeigt, in denen ein freundlich lächelndes Uranmolekül – *„our friend, the friendly atom"* – die Hauptrolle spielte. Bald würde alles atomar sein. Wir Jungen fieberten den neuen Automodellen aus Detroit entgegen, die im Herbst auf den Markt kamen: Bestimmt würden die mit Kernkraftmotoren ausgestattet sein. Wie enttäuscht wir waren, als es dann doch die alten Benzinmotoren waren!

Radioaktive Bestrahlung galt auch in der Medizin als Wundermittel. Einige Ärzte ließen ihre Patienten sogar radioaktive Cocktails als Gesundheitselixiere trinken. Wenn die Diagnose bei Kindern „Thymushypertrophie" hieß, wurde die Thymusdrüse – deren Funktion im Immunsystem man noch nicht verstand – durch Bestrahlung geschrumpft. Ich hatte Glück, nach einem Monat Behandlung war die Knochenhautentzündung abgeklungen. Erst in späteren Jahren merkte ich, dass das Gewebe und die Venen durch diese Behandlung geschwächt waren. Mit Heißwasserflaschen, Umschlägen aus frisch geraspelten Beinwellwurzeln *(Symphytum)* und einer täglich getrunkenen Ackerschachtelhalmabkochung wäre die Entzündung mit weniger Nebenwirkungen ausgeheilt.

Ich lernte noch etwas durch diese Erfahrung, nämlich dass ein Schlag, der mit hasserfüllten Absichten geführt wird, eine andere Qualität hat als ein zufälliger. Er geht tiefer. Voodoo und schwarzmagischer Schadenzauber beruhen auf solchen gezielten negativen emotionellen Energien.

STUDIEREN

Der Wunsch, mehr über die Pflanzen und Tiere zu erfahren und endlich ihre Namen zu lernen, veranlasste mich, mein Geld für ein Studium zu sparen. In einer Stahlfabrik, die Autoachsen für Ford herstellte, kehrte ich Fabrikhallen aus, strich Wände und fuhr Gabelstapler. Am anstrengendsten war es, in die heruntergekühlten Schmiedeöfen zu klettern, um die verkrustete Schlacke von den Wänden zu kratzen. Diese Öfen waren so heiß, dass man es nur ein paar Minuten in ihnen aushielt. Der Schweiß lief nur so aus den Poren. Man trank gallonenweise Wasser und schluckte ganze Hände voll Salzpillen, um nicht ohnmächtig zu werden. Die harte Arbeit war nur für die Jüngsten gedacht, Ältere hätten sofort Kreislaufstörungen bekommen.

Die Arbeiter waren harte Typen, die den Verschluss ihrer Cola-Flaschen – ohne Flaschenöffner – mit dem Daumen aufschnippten, heiße Pin-up-Girls in ihren Wandschränken hängen hatten und wie Poesie fluchen konnten. In diesem Sommer war ich so fertig, dass ich kaum in den Wald oder zum Schwimmen ging, sondern abends erschöpft vor dem Fernseher einschlief.

Mit dem gesparten Geld, einem Job am Abend in einem Sprachlabor und einem kleinen Stipendium besaß ich ausreichend finanzielle Mittel für ein Botanikstudium an der Ohio State University in Columbus, der Hauptstadt Ohios.

Die zehnstöckige Studentenunterkunft war ein Horror: Pro Zimmer waren drei Studenten untergebracht. Nach dem freien Leben auf dem Lande hielt ich das kaum aus. Wenn es nicht gerade regnete, nahm ich meine Decken und schlief auf dem Campusgelände unter den Büschen. Von Botanik, wie ich es mir vorgestellt hatte, war keine Spur. Wir saßen die ganze Zeit im Labor unter dem Neonlicht und arbeiteten mit Reagenzgläsern und Mikroskopen. Die Professoren waren von der DNS- und RNS-Forschung hingerissen. Das Denken war ebenso abstrakt und tot wie die Böden in den Versuchsfeldern, und ebenso freudlos wie die armen Versuchstiere in ihren sterilen Ställen. Ich sehnte mich in die Wälder zurück.

Aufgrund von Eignungstests und geprüfter patriotischer Gesinnung wurde ich für ein geheimes Regierungsprojekt ausgewählt. Es ging darum, die „Grüne Revolution“ in die Dritte Welt zu tragen. Es war Teil der Bemühung der Kennedy-Regierung, die „Rote Revolution“, die nun auch Kuba erfasst hatte und in Südostasien auf dem Vormarsch war, zurückzudrängen. Der „Angriff“ lief auf drei Schienen: Die *Peace Corps* schickten junge Idealisten, um die „Herzen und Hirne“ der Menschen in den unterentwickelten Ländern für die Demokratie zu gewinnen. (Leider funktionierte das oft umgekehrt, viele Peace-Corps-Aktivisten, von dem einfachen Leben der Völker, bei denen sie dienten, fasziniert, stiegen aus dem American Way of Life aus und schlossen sich dann den Hippies an.) Die harten Jungs der *Green Berets* waren beauftragt, widerspenstige Stammeshäuptlinge und Bürgermeister physisch zu liquidieren. Wir dagegen wurden ausgebildet, um ländliche Kooperativen aufzubauen, die den Bauern der Drittwelt das Hybrid-Saatgut für den ertragreichen „Wunderweizen“ oder „Wunderreis“ zugänglich machen sollten. Diese Laborzüchtungen hatten im Vergleich zu den örtlichen Sorten meistens den zehnfachen Ertrag. Damit wollte man weltweit den Hunger beenden. Diese hohen Erträge waren jedoch nur mit dem Einsatz von Bewässerungsanlagen, Herbiziden und Pestiziden möglich. Außerdem waren Landreform und Kredite nötig, um die landwirtschaftliche Umstrukturierung zu ermöglichen. Das Projekt wurde von Ford Motor Company und Standard Oil mitfinanziert.

Die auserwählten Studenten trafen sich jeden Samstag zur Schulung. Wir bekamen Grundkurse in Weltpolitik und Wissenschaft. Wir besuchten geheime Forschungsanlagen. Und wir hatten direkten Zugang zum Dekan der Universität. In den Schulungen lernten wir, dass Amerika die Märkte für Agrarrohstoffe sowie für Saatgut beherrschen soll, damit man etwas in der Hand habe, um internationale Störenfriede und undemokratische Schurkenstaaten zum verträglichen Verhalten zu zwingen. Wir hörten, dass die kleine Familienfarm, die nur ein paar Schweine, eine Hühnerschar und 20 Milchkühe hält und dazu einen Garten und einige Felder bewirtschaftet, ausgedient hatte. An ihre Stelle sollte der spezialisierte, voll automatisierte Agrarbetrieb treten. Der Farmer sollte, wie ein Wissenschaftler, im weißen Labormantel den Stall betreten können und per Knopfdruck alles regulieren. Riesige Hühnerbatterien, Mastbetriebe, die Trennung von Ackerbau und Viehzucht, die Industrialisierung der Nahrungsmittelerzeugung wurden geplant. Die Politik würde die Weichen zur sanften „Enteignung" der Familienfarmen stellen. Wir lernten weiter, dass es notwendig war, um das weltweite Bevölkerungswachstum zu bremsen, die Sexualität von der Fortpflanzung abzukoppeln. Es galt die autonomen, selbstversorgenden Dörfer Indiens für den Welthandel zu öffnen, das wäre aber nur möglich, wenn man in jedem Dorf einen Fernsehanschluss installieren könnte.

Wir besuchten auch einmal einen Jazz-Keller. Wir sollten uns aus freien Stücken überzeugen, wie wirklichkeitsfremd diese Beatniks und Gammler sind. Es gehörte zur freiheitlichen Weltordnung, dass Menschen wie diese ihren Fantasien nachgehen dürfen, solange sie niemandem dabei schaden. Eine auserwählte, wirklichkeitsorientierte Elite – zu der wir gehören sollten – sollte jedoch die Gesellschaft steuern.

Uns wurde immer wieder nahe gelegt, die Welt ohne Emotionen und Gefühlswallungen, dafür sachlich wissenschaftlich zu betrachten – auch im persönlichen, privaten Bereich. Ein Psychologieprofessor erklärte uns, dass wir auch unsere Beziehung zum anderen Geschlecht wissenschaftlich objektivieren sollten. Wenn wir dann heiraten wollten, sollten wir jede Kandidatin auf einer Skala von 1 bis 100 bewerten – Aussehen, Familienhintergrund, IQ, Patriotismus usw. – und dann diejenige nehmen, die unter dem Strich die höchste numerische Bewertung aufweist.

Das Ganze ging mir irgendwie gegen den Strich. Zum Glück war jedem Teilnehmer des geheimen Projekts ein älterer Professor als Freund und Ratgeber zugeteilt. Ich ging zu meinem Ratgeber, einem Botanikprofessor, und versuchte mein Unbehagen zu formulieren. Er sagte, ja, er kenne das aus eigener Erfahrung. Auch er hätte als junger Mann Probleme mit dem rein objektiven wissenschaftlichen Weltbild gehabt, auch ihm hätte die Religion den Kopf verdreht. Es bräuchte Mut, in der sachlichen, entmythologisierten Welt zu leben.

Ich stieg aus. Gesellte mich zu den Künstlern, Poeten und Philosophen. Per Anhalter und mit Güterzügen fuhr ich mit fünf Dollar in der Tasche nach Mexiko, südlich von Mexiko Stadt. Leute fütterten mich mit Maistortillas, Bohnen und Avocados und gaben mir ein Dach über dem Kopf. Die fünf Dollar reichten dann gerade noch, um einen Zug dritter Klasse von Mexiko Stadt nach El Paso, Texas, zu nehmen. Verschwitzt, verdreckt, halb verhungert und an Diarrhöe leidend saß ich da, zwischen den Indianern, die mit Hühnern, mit großen Gemüsekörben, mit Säuglingen an der Brust unterwegs waren. Nach 48 Stunden erreichten wir El Paso. Ich suchte Zuflucht bei der lutherischen Hilfsorganisation, wurde aber abgewiesen, weil ich kein Armeeangehöriger war. Dann fiel ich auf dem Rasen des Stadtparks in Ohnmacht. Ein *Hobo*[II] weckte mich: „Eh, Mann, du kannst hier nicht pennen; die Polizei ist hier zu brutal." Er schleppte mich mit zur Bahnhofsmission. Dort mussten wir erst einmal anderthalb Stunden lang eine Predigt über uns ergehen lassen, dann mussten wir uns duschen und rasieren, bekamen frisch gewaschene Altkleidung zum Anziehen und schließlich ein warmes Essen – einen Eintopf mit Kartoffeln und Bohnen. Nach einigen Tagen war ich wieder fit. Ich wollte aber nicht mit den Hobos in den Güterwagen auf Reisen gehen, sondern hatte mir vorgenommen zurückzukehren und Anthropologie – Menschenkunde – zu studieren. Begegnungen mit den Indianern und der Wunsch zu wissen, wie die Urvölker und Eingeborenenvölker im Einklang mit der Natur lebten, das waren meine Beweggründe.

Um Geld für das weitere Studium zu verdienen, arbeitete ich noch einige Monate als Dachdecker in Nordohio. Zu zweit fuhren wir am Morgen los mit zwei großen Lastwagen, die randvoll mit Leitern, Werkzeugen, Ziegeln, Schieferplatten, Dachpappe und Holzbalken und langen Brettern beladen waren. Wir reparierten die Dächer von Scheunen, die Schieferdächer alter Villen, die Flachdächer der Läden und Geschäfte. Die Arbeit hoch oben in den Lüften tat Körper und Seele gut.

Ich studierte mit Begeisterung Anthropologie und bekam auch gute Noten. Wenn zwischendurch mal Quartalferien waren, fuhr ich per Güterwagen oder per Anhalter durch die Umgebung und lernte so Menschen und Landschaften kennen. Auf dem Campus der Ohio State University gärte es in den 60er Jahren. Den Beatniks folgten die Blumenkinder, den Blumenkindern folgten die Hippies. Beatniks waren ehemalige GIs, die nach dem Weltkrieg von dem *savoir vivre* der französischen Kultur angetan nun Baskenmützen trugen, impressionistische Bilder malten, von Sartre, Camus und dem Existenzialismus redeten und – was damals völlig unamerikanisch war und nur verkrachten Existenzen und Tippelbrüdern zustand – Rotwein tranken. Die Blumenkinder dagegen waren Jugendliche, die mit den ersten Düsenpassagierflugzeugen um die Welt reisten und aus Indien hinduistische Sanftmut, Flöten- und *Sitar*klänge, die vegetarische Lebensweise, Krishnamystik und Ganja-Rauchen mit in den Westen brachten. Nach dem harten, materialistischen Amerika der 50er Jahre, wo der Traum des erfüllten Lebens nicht über das Haus in der Vorstadt und den Zweitwagen hinausging, waren diese bunt gekleideten, mit Blumen behangenen, freundlich lächelnden, musizierenden, langhaarigen Träumer wie der Frühling nach langem Winter. Erst später kamen die Hippies. Da wurde Flower-Power kommerzialisiert, die Gitarre wurde elektrifiziert, die Drogen wurden psychedelischer und schließlich härter, die Gesinnung wurde politischer. Es gab große Demonstrationen, zum Teil sehr gewalttätig.

Nach dem Bakkalaureat wurde ich als Assistent für Soziologie und Anthropologie an die Kent State University gerufen. Da machte ich auch meine erste Feldforschung. Das ganze Jahr lebte ich in einer mitten in einem Eichenwald gelegenen Siedlung von Spiritisten *(Spiritualists)*, die kurz nach dem amerikanischen Bürgerkrieg gegründet wurde. Man hatte mich in das Dorf gelassen, weil angeblich meine „Schwingungen“ positiv waren. Das Medium sagte, ich hätte 14 indianische Geisterkrieger bei mir. Jeden Tag traf man sich zur Séance, um mit den Totengeistern zu kommunizieren. In jeder Lebenslage fragte man sie, was zu tun sei: Soll ich heiraten? Soll ich ein Auto kaufen? Im Weltbild dieser Gruppe – die meisten waren Handwerker – spielten die Verstorbenen die Hauptrolle: Wenn mal zufällig ein Hammer oder ein anderes Werkzeug verloren ging, hatten es die Geister entmaterialisiert. Oder wenn im Frühling Gartenblumen wuchsen, wo niemand sie gesät hatte, dann waren es die Geister, die sie materialisiert hatten.

Nach einigen Monaten wurde ich zum Sheriff des Dorfes ernannt, bekam einen Sheriffstern und eine Schrotflinte, um mögliche Sabotageakte abtrünniger Mitglieder zu verhindern. Die Gruppe war mitten im Spaltungsprozess. Eine Fraktion wollte den kommunalen Landbesitz privatisieren. Die Hilfsgeister der jeweiligen Partei griffen einander an. Schwebende Gegenstände seien materialisiert und auf die jeweils gegnerischen Medien geprallt; mysteriöse Stimmen hätten sich kundgetan.

Die Séancen waren interessant und halfen mir, das Phänomen des Schamanentums besser zu verstehen. Wenn sich die Gruppe traf, kam ein Rosenstrauß in die Vase und auf dem Plattenspieler wurde entspannende Musik – Blue Hawaii, Gospelchöre – gespielt, um die *Spirits*, die Geistwesen, anzulocken. Wenn sich die Rosenknospen – dank des überheizten Zimmers – geöffnet hatten, galt das als sicheres Zeichen, dass die Geister anwesend waren. Das Medium legte eine schwarze Augenbinde an und drehte zwischen seinen Fingern Gegenstände, die einst einem Verstorbenen gehörten, um aus den Schwingungen die jenseitige Botschaft zu vernehmen. Manchmal wurde das Medium auch von den Geistern besessen, so dass sich Stimme und Gesichtsausdruck radikal veränderten. Bei der ersten Séance, an der ich teilnahm, unterbrach das Medium seine Ausführungen, zeigte – seine Augen noch immer verbunden – in meine Richtung und sagte: „Da ist jemand, der zu viel denkt. Das stört. Das nimmt Energie." Nach einigen Monaten hatte ich die Gelegenheit, an einer geheimen Ausbildung für Medien teilzunehmen.

Im Herbst wurden Indianer-Tipis aufgebaut und das *Indian Festival* begangen, in welchem die Geister der Indianer, die einst da lebten, beschworen wurden. Ganz in der Nähe der Siedlung befand sich ein Grabhügel der vorhistorischen Hopewell-Indianer, den die Spiritisten als die Spitze einer altatlantischen Pyramide deuteten.

Die Spiritisten waren hilfreich und freundlich, sie nahmen mich wie ein Familienmitglied auf. Dass ich heimlich über ihr Leben Notizen machte, sie analysierte und schließlich über sie noch eine Magisterarbeit schrieb, stimmt mich heutzutage nachdenklich.

Die Kollegen an der Kent State University waren besorgt um meine Objektivität, wenn ich über meine Forschung berichtete oder Vorträge darüber hielt. Nein, versicherte ich ihnen, ich glaube nicht daran, sondern beschreibe nur, was ich dort beobachte. Da ich die Beobachtungsdaten nicht gleich in irgendwelche hypothetische soziologische, strukturalistische oder psychoanalytische Schemas hineinpresste, sondern das Phänomen als solches stehen ließ, hängte man mir die Bezeichnung *our campus mystic* an. Als Mystiker fühlte ich mich aber überhaupt nicht.

Nach dem Jahr wurde ich zum Militärdienst einberufen. Die Musterung hatte ich, obwohl ich mich als dusselig und krank ausgab, bestanden. „Wieso das?“, fragte ich den Offizier. „Wenn du es zur Musterung schaffst, dann kannst du es auch nach Vietnam schaffen“, lautete die Antwort. Zum Glück musste ich aber nicht nach Vietnam. Das Institut stellte mich als vollamtlichen Dozenten für Soziologie und Anthropologie ein, mit der Begründung, ich könnte an der Universität mehr für die nationale Sicherheit leisten als auf dem Schlachtfeld.

Auf dem Campus ging es inzwischen drunter und drüber: *sit-ins*, Gebäudebesetzungen, Schwarze Panther, Rauschgift konsumierende Hippies, linke Protestler. Meine Studenten ließen mich wissen, dass sie Waffen sammelten und die Revolution bald ausbrechen würde. Bei Gebäudebesetzungen und Massendemonstrationen schickte mich die Fakultät vor. Ich war jung und kannte die Sprache der Studenten. Es gelang mir fast immer, die aufgebrachte Menge zu beruhigen. Trotzdem galt ich bei vielen verängstigten Bürgern der Stadt als linker Aufwiegler. Ich war „Soziologe“, sie verstanden aber nur „Sozialist“ – „Weißt du, das ist wie in Russland, die wollen einem die Häuser und Autos wegnehmen!“ Da viele Studenten bei mir im Haus ein- und ausgingen oder auch wohnten, befürchteten die Bürger, dass es sich dort um eine geheime revolutionäre Zelle handle. Eine Bürgerwehr formierte sich, um uns auszuräuchern. Ein ausgebrannter Vietnamveteran zog bei uns mit seinen halbautomatischen Waffen ein. Ab und zu schoss er in die Luft, damit die anderen wussten, dass wir bewaffnet waren. Einmal nach einer Vorlesung wurde ich von einer Schlägerbande krankenhausreif geschlagen.

Die politischen Unruhen, aber auch das Bedürfnis, mich in der europäischen Ethnologie umzuschauen, veranlassten mich, meine Stelle zu kündigen. Einige Monate nachdem ich die Kent University verlassen hatte explodierte der Campus. Das Gebäude zur Ausbildung von Reserveoffizieren stand in Flammen. Die Nationalgarde bekam angesichts der aufgebrachten, randalierenden Studenten Panik und feuerte. Dabei tötete sie vier Studenten und verwundete zwölf.

Während dieser Zeit verlor ich immer mehr den Kontakt zur Natur und zu meinem inneren Wesen. Ich kam mir wie eingekerkert vor. Es war Zeit sich wieder zu verbinden.

BÄRENSPUREN

Was ist der Mensch ohne Wildtiere?
Wenn die wilden Tiere alle verschwunden sind,
dann wird die Menschenseele an Einsamkeit
zugrunde gehen;
alles, was den Tieren widerfährt,
widerfährt auch den Menschen.

Häuptling Seattle

Die Nationalparkbehörde hatte ein *Youth Conservation Corps* ins Leben gerufen. Jedes Jahr wurden 15 Jugendliche, die sich in außerordentlicher Weise für die Natur eingesetzt hatten, ausgewählt, um im Sommer an besonderen Projekten in den Nationalparks zu arbeiten. Der Lehrer John Stockard, der selber des Schulbetriebs überdrüssig war und sich zum Park Ranger ausbilden ließ, hatte mich für das Projekt vorgeschlagen. Ich wurde akzeptiert, kaufte mir ein Ticket für die fünftägige Reise per Greyhound-Bus von Ohio bis zur Pazifikküste im Staate Washington. Ziel waren der Regenurwald und die Schneegipfel des neu gegründeten Olympic National Parks. Dort sollten wir Wander- und Saumtierpfade in die bisher unerschlossene Wildnis bauen, dazu Rastplätze und Berghütten errichten.

Da saß ich nun im Bus, Tag und Nacht rauschten endlose Meilen vorbei – durch die unendlichen Maisfelder des Mittelwestens, durch die karge Ödnis der Dakotas bis an den Rand der Rocky Mountains. Nach drei Tagen hatte ich genug, stieg aus und reiste per Anhalter im eigenen Tempo weiter. Ich war 16 Jahre alt, alles war aufregend und roch nach Abenteuer. Der erste, der mich mitnahm, hatte ein zahmes Stinktier auf dem Schoß. In Seattle zog es mich in die Slums und deren buntes Treiben. Ein Indianer, den ich für einen Chinesen hielt, fragte, ob ich den Berg da oben besteigen wolle. Welcher Berg? Ich sah nur eine Wolke. Das, was ich für eine Wolke hielt, war der über den Dunst herausragende weiße Schneegipfel des 4395 Meter hohen Mount Rainier. Eine bunt geschminkte Prostituierte, besorgt um das naive Greenhorn, das da in Tiroler Lederhosen herumlief, wollte mich gerade warnen, den Ort zu verlassen, als eine heftige Schießerei begann. Wow! War das aufregend.

In der Nähe von Port Arthur, wo sich die Gruppe in der nächsten Woche treffen sollte, schlug ich im Wald mein Lager auf und ernährte mich vor allem von den vielen Wildbeeren: den *Salmonberries (Rubus spectabilis)*, Heidelbeeren (*Vaccinium* spp.), Preiselbeeren, Bärentrauben *(Arctostaphylos)*, *Thimbleberries (Rubus parviflorus)*, *Blackcaps (Rubus leucodermis)*, Brombeeren *(Rubus vitifolius)*, Taubeeren *(Rubus ursinus)* und vor allem den überall gegenwärtigen Salalbeeren *(Gaultheria shallou)*. Sie stellten auch für die einheimischen Indianer eine wichtige Nahrungsquelle dar. Die Salalbeeren wurden von den Indianern mit Lachsrogen gemischt als Delikatesse gegessen. Aber das wusste ich damals nicht.

Der Urwald versetzte mich in Entzücken: knöcheltief und weich die Moose, riesige Farne und kleine Bäumchen, die noch einmal von flechten-, farn- und moosbehangenen Baumriesen, von Fichten, Zedern, Douglasien und Tannen, überdacht waren. Kein blauer oder wolkengrauer Himmel war zu sehen, sondern nur verschiedene Schattierungen sanften grünen Lichtes. Nebelschwaden zogen durch die Waldeshallen. Es tropfte ständig. Dicke Nacktschnecken, Käfer und Tausendfüßer krochen umher, hier und da flatterten Vögel, gelegentlich sprang ein Reh auf.

Nach einer Woche trafen die anderen ein. Nach einem Essen, das ich wie ein hungriger Wolf verschlang, marschierten wir los. Mit drei Maultieren und einem Pferd, alle schwer bepackt mit Motorsägen, Schaufeln, Werkzeugen und Vorräten, bahnten wir uns unseren Weg an der felsigen Küste entlang. Es gab weder Straßen noch Pfade. Manchmal mussten wir auf Ebbe warten, ehe ein Felsenvorsprung passierbar wurde. Gelegentlich schwebte ein weißköpfiger Seeadler – das US-Wappentier – über unseren Köpfen.

In der ersten Nacht goss es in Strömen. Mein billiger Baumwollschlafsack saugte sich wie ein Schwamm mit Wasser voll, so dass ich am nächsten Tag schwer zu tragen hatte. Die anderen Jungen, meist aus wohlhabenden Familien, hatten neuere, wasserdichte

Schlafsäcke. Auch gute Wanderschuhe hatten sie. Da es hieß, man solle Stiefel mitbringen, hatte ich Flachländer mir schwere Motorradstiefel gekauft.

In der Freizeit, während die anderen angelten, Football spielten oder den Schlick nach Muscheln durchsuchten, die dann zum Abendbrot gegessen wurden, erforschte ich die Gegend. Auf der anderen Seite der Mündung des Quinault-Flusses befand sich ein Indianerdorf. Die aus naturverwitterten Brettern gezimmerten Häuser standen im schalen Wasser auf Stelzen. Netze hingen dort zum Trocknen. Ich schwamm über den eiskalten, von Gletschern gespeisten Fluss und lief vor Kälte schlotternd durch das Dorf. Die Indianer, deren lange schwarze Haare mich beeindruckten, starrten mich wortlos an. Erst später, als ich schon wieder zurückgeschwommen war, kamen zwei weißhaarige Indianer mit ihrem Boot angepaddelt. Der Händler, der jedes Jahr für einige Monate in ihr Dorf kam, sei auch ein Deutscher, sagten sie, nachdem sie gefragt hatten, woher ich komme. Sie seien alle Fischer, lebten von Muscheln und vor allem vom Lachs. Aber die Regierung mache ihnen das Leben durch irrsinnige Auflagen schwer. Viele Junge verlassen das Dorf, ziehen nach Seattle und gehen der indianischen Lebensweise verloren.

Nach einigen Tagen verließen wir die Küste und bahnten mit Macheten, Äxten, Schaufeln und Sägen einen Pfad Richtung Berge, bauten Brücken über reißende Bäche und Notunterkünfte für künftige Wanderer. Schließlich, mitten in der gebirgigen Wildnis, stießen wir auf ein halbfertig gebautes, großes einstöckiges Blockhaus, eine so genannte *Lodge* (Ferienhotel). Ein Millionär hatte, als ihm Insider-Informationen bezüglich der baldigen Gründung eines Nationalparks zukamen, auf künftige Profite spekuliert. Mit Hubschraubern hatte er Arbeiter und Material einfliegen lassen, um im Voraus ein Hotel und einen Verpflegungsladen für Touristen zu errichten. Es war unsere Aufgabe, das illegale Gebäude abzureißen. Die Lodge war aber so schön und so solide gebaut, dass wir uns entschieden, sie als Unterkunft für Wanderer und Reiter weiter auszubauen. Wir teilten unsere Arbeit auf: Einige schnitten Schindeln aus Zedernholz fürs Dach, andere mauerten Feuerstellen, wiederum andere zimmerten Fußböden. Meine Aufgabe war es, eine tiefe Grube für die erwarteten Abfälle zu graben. Nach einer Woche Schwerstarbeit hatte ich ein ungefähr drei mal drei Meter tiefes Loch im steinigen Moränenboden gegraben. Um die Grube zu bedecken zogen wir anschließend mit dem Pferd große Zedernstämme herbei und befestigten sie mit Querbalken. Solide Arbeit! Zur Einweihung warfen wir am Abend die ersten Abfälle und Essensreste durch die Luke in die Grube.

Mitten in der Nacht riss uns heftiges Poltern aus dem Schlaf. Ich schaute aus dem Fenster und sah, wie mehrere Bären mit ihren Pranken die schweren Zedernstämme zur Seite rissen, als wären sie aus Pappe. Dann rutschten sie in die Grube, mampften und schleckten, ehe sie, die Seitenwände einreißend, wieder hinauskrochen. Eindrücklicher konnte man die Kraft der Bären kaum erleben.

In derselben Woche stürzten die Maultiere, die uns Lebensmittel und Post bringen sollten, einige Hundert Meter tief über einen Felsabhang in eine Schlucht. Von nun an wurden wir, einmal in der Woche, mit einem Hubschrauber versorgt, der, mangels Landeplatz, die Vorräte mit Fallschirmen abwarf. Manchmal blieb die Post in den Wipfeln riesiger Bäume hängen, manchmal fielen Brot und Mehl in einen reißenden Gebirgsstrom oder eine Schlucht, in die wir uns abseilen mussten, um zu retten, was zu retten war.

Auf der Rückreise im Herbst besuchte ich John Stockard, der inzwischen als Ranger tätig war. Er lebte hinter den Teton Mountains in einer Blockhütte und hielt sich mit kaltem Dosenfutter am Leben. Auf die Frage, warum er sein Essen nicht aufwärmt, antwortete er lakonisch: „Ob kalt oder warm, der Nährstoffgehalt ist der gleiche." Die Bären in seiner Nähe schienen den Geruch des Essens durch die verschlossenen Dosen riechen zu können. Sie waren einmal in seine Hütte eingebrochen und hatten die Dosen mit ihren Zähnen aufgebissen.

Die Schönheit der Teton Mountains – sie sind inzwischen europäischen Kinobesuchern durch die Marlboro-Werbung bekannt – lässt sich kaum beschreiben: Das azurne Blau des Himmels, die weißen 4000 Meter hohen Gipfel, die sich goldgelb färbenden Espen, die mit grauem Steppenbeifuß *(Sagebrush, Artemisia ludoviciana)* durchsetzten Wiesen, auf denen Wapitis, Maultierhirsche und Gabelböcke grasen, die Niederungen und Flussauen mit riesigen Cotton-

wood-Pappeln und äsenden Elchen. Die Ranches hier waren so groß wie ein ganzer Bezirk in Europa; berittene Cowboys betreuten die Pferde- und Rinderherden.

DIE BÄREN DES YELLOWSTONE

Die Wildnis des amerikanischen Westens, die Begegnung mit Bären und Indianern ließen mich nicht mehr los. Vor allem Wyoming, ein Land flächenmäßig so groß wie die alte Bundesrepublik mit einer Einwohnerzahl von damals 350 000 Einwohnern, hatte es mir angetan. Zwar nahm ich im nächsten Jahr einen Dampfer nach Bremerhaven und radelte vier Monate kreuz und quer durch Westeuropa, aber im übernächsten Sommer zog es mich wieder in den einsamen Westen.

Am selben Tag, als die Schule aus war – es war mein vorletztes Jahr in der High-School – stand ich mit ausgestrecktem Daumen auf dem Highway Richtung Westen. Ich hätte gut in Ohio bleiben und bei den Bauern während der Heuernte oder im Stall etwas verdienen können, aber das Abenteuer lockte. Mein Zeitungsjungengeschäft war wieder verpachtet. Eine um mich besorgte Kundin redete mir ins Gewissen: „Du kannst nicht vor deinen Problemen wegrennen, indem du fortreist." Wer hat hier Probleme?, dachte ich.

Manchmal fuhren die Autos die Nacht durch. So kam man schnell voran. Ansonsten schlief ich auf Friedhöfen – da störten einen keine angetrunkenen Halbstarken – oder auf den Bänken leerstehender Kirchen, unter Büschen in Parks, in abgestellten Autos. Nicht selten spendierten die Fahrer auch ein Essen – vor allem, wenn man lange und geduldig zuhörte, wenn sie einem ihr ganzes Schicksal erzählten.

In West Yellowstone (Idaho) war es besonders kalt, als ich dort ankam. Es kann ja dort zu jeder Jahreszeit schneien. Einen Schlafsack hatte ich nicht mit. Außerdem konnte man Bären begegnen, die nachts in der Ortschaft in den Mülltonnen stöberten. Also suchte ich den Sheriff auf. Vielleicht hätte er für die Nacht eine Pritsche in einer Zelle frei. Wütendes Schäferhundgekläff begrüßte mich beim Polizeirevier, aber weder Sheriff noch sein *Deputy* (Hilfssheriff) waren da. Ich fand sie stockbesoffen in einer Bar. Also musste ich mir was anderes einfallen lassen. Ich ging in ein Großhotel und fragte, ob sie mir gegen etwas Arbeit ein Bett für die Nacht geben könnten.

Man schickte mich in die Hotelküche. Der Küchenchef deutete auf einen riesigen Stapel Geschirr, den es zu waschen galt. Während ich unermüdlich Teller, Tassen und Töpfe schrubbte und spülte, kam eine Serviererin mit mehreren Zitronenpuddingtorten herein. Noch ehe sie die letzte Torte in die Abfalltonne schmiss, schrie ich: „Halt, was machen Sie da!" „Die sind zu alt", erklärte sie. Heißhungrig verschlang ich die gerade noch gerettete letzte Torte – seit zwei Tagen hatte ich kaum etwas gegessen – und wusch weiter ab.

Auf dem Gipfel des Electric Peak

Erster Universitätsabschluss (mit Eltern und Schwester)

Kleiner Garten (Kent State University)

Dozent in Wien

Aber gleich darauf rumpelte es im Magen; die Torte kam als säuerliche Brühe wieder hoch und landete im hohen Bogen im Aufwaschwasser. „Verschwende keine Zeit damit, das Spülwasser zu wechseln!“, herrschte mich der Koch von der Seite an, der nicht gesehen hatte, dass ich mich übergab. „Aber es ist wirklich zu schmutzig“, überzeugte ich ihn.

Kaum hatte ich den Stapel Geschirr bewältigt, musste ich einen ganzen Sack Zwiebeln schälen. Die Augen tränten, ich war übermüdet, das scharfe Messer glitt in den Finger, die Zwiebeln färbten sich rot. Auch das hatte der mürrische Küchenchef nicht gesehen. Es war nun Mitternacht. Schichtwechsel. Der neue Chef fragte mich, bis wann meine Schicht dauere. Als ich ihm klar machte, dass ich das nur für einen Schlafplatz mache, drückte er mir einen Silberdollar in die Hand und schickte mich in einen grell beleuchteten Raum mit Pritschen, auf denen sonst stockbesoffene Kneipengäste, die es nicht mehr nach Hause schafften, ausgelagert wurden. Ein solcher lag neben mir, fuchtelte mit den Armen, grölte und schimpfte wild daher, dass er jemanden umbringen wolle. Ich konnte kein Auge zutun.

Am nächsten Morgen fühlte ich mich wie gerädert. Nicht einmal die Möglichkeit zum Waschen und Rasieren gab es in dem Säuferloch. Und ich musste mich ja an dem Morgen beim Personalchef der Hamilton Stores, jener Kette, die die Restaurants, Tankstellen und Läden im Yellowstone Park betreibt, wegen eines Sommerjobs vorstellen. Zerknittert, hungrig und unrasiert ging ich zu dem vereinbarten Termin. Der Personalchef musterte mich kritisch: „Normalerweise stelle ich Erscheinungen wie Sie nicht ein“, sagte er mit ernster Mine, „ich weiß nicht warum, aber Sie bekommen den Job. Enttäuschen Sie mich nicht!“

So wurde ich Lagerverwalter in Lake, mitten im Yellowstone Park. Auch für Lieferungen war ich zuständig. Ob ich einen mittelschweren Laster fahren könne? Selbstverständlich. Der Chef reichte mir den Schlüssel zum Fahrzeug und ging. Autofahren konnte ich, aber das hier – all die Knöpfe, Schalter und Hebel – stellte sich als unlösbares Rätsel heraus. Ein älterer Mitarbeiter kam und fragte, „Was, immer noch hier?“ Nun ja, ich hätte Schwierigkeiten mit dem

Anlasser. Er ließ achselzuckend den Motor anspringen, und ich fuhr ruckartig los. Bei einem Stoppschild würgte der Motor ab. Nach einer halben Stunde hatte ich ihn wieder in Gang. Die erste Lieferung wäre fast zur Katastrophe geworden: Beim Rückwärtsfahren hing ein Hinterrad schon über einem Abhang. Bald aber war ich ein ordentlicher Trucker.

Der Sommer wurde für mich ein Sommer der Bären. Damals bettelten die Braunbären an jedem Highway, der durch den riesigen Nationalpark führte. Obwohl überall Schilder aufgestellt waren: „Bitte Bären nicht füttern“, kam es immer zu Staus. Besonders wenn eine Bärenmutter mit Welpen, die wie kuschelige Teddybärchen aussahen, um Kekse, halb aufgegessene Hamburger oder Schokoriegel bettelte. Da klickten die Kameras. Einige waghalsige Touristen stiegen aus den Autos, ließen sich, mit einer Dose Bier in der Hand, neben dem Bären fotografieren. Probleme gab es, wenn Touristen die Autofenster herunterkurbelten und die Bären von Hand fütterten. Oft wurden gleich ein paar Finger mit abgebissen. Noch größere Probleme gab es, wenn Touristen zwischen ein Muttertier und ihre Jungen gerieten oder wenn sie sogar ein Junges streicheln wollten. Da waren Schwerverletzte oder gar Tote zu beklagen. Da kamen die Ranger und erschossen den Bären.

Die zottelhaarigen Schleckmäuler brachen auch gerne in Campingplätze ein, plünderten Mülltonnen, rissen Zelte auf, um an die begehrten Leckerbissen zu kommen. Die Ranger versuchten die notorischen Räuber mittels Fallen, die aus großen Metallröhren bestanden, aus dem Verkehr zu ziehen. Die so gefangenen Petze wurden markiert, mehrere hundert Meilen entfernt ins menschenleere Gebirge gefahren und dort wieder freigelassen. Meistens dauerte es nicht lange, da erschienen sie wieder in ihrem vertrauten Territorium. „Manchmal sind sie schneller wieder da als wir“, scherzte einer der Ranger. Wenn ein markierter Bär ein zweites Mal erwischt wurde, hatte er sein Leben verwirkt. Die Parkranger schossen ihn tot. Allein in dem Sommer wurden deswegen 40 Braunbären in Yellowstone getötet; das übertrifft bei weitem die natürliche Fortpflanzungsrate dieser Tiere.

Die Kekse, das Weißbrot und die anderen Gaumenkitzel, deretwegen die Bären die Straßen belagern und ihre Einbrecherkünste verüben, sind aber auch aus einem anderen Grund für diese Tiere lebensbedrohlich. Mit einer Diät aus Zucker und Junk-Food setzen sie nicht genug Speck an, um die langen eisigen Winter der nördlichen Rocky Mountains zu überleben. Es kommt vor, dass sie dann nicht wieder aus dem Winterschlaf erwachen.

An freien Tagen oder an verlängerten Wochenenden wanderte ich kreuz und quer durch die wunderbare Wildnis. Im Hinterland trifft man keine Touristen mehr und hat das Gefühl, man sei der einzige Mensch in der Schöpfung. Tausende von Geysiren, nach Schwefel riechende Schlammvulkane und hohe, bunt gefärbte Sinterterrassen, zu denen keine Wanderwege oder Fahrpisten führen, kann man dort entdecken. In einem mit brodelnd heißem Wasser gefüllten Loch kochte ein Elch, der zu nahe an den Rand gekommen und hineingerutscht war. Man trifft auf versteinerte Baumstämme, auf Felsen aus natürlichem schwarzem Glas – schwarze Obsidianklingen aus dem Yellowstone-Gebiet wurden sogar bei prähistorischen Indianern in Ohio gefunden –, auf Basaltsäulen und andere geologische Wunder. Der Madison River fließt dampfend durch die Wildnis. Der Fluss ist so heiß wie ein japanisches Bad. Auch wenn es schneit kann man sich nackt ausziehen und in den natürlichen Whirlpools und unter den Wasserfällen planschen. Eine Eintrittskarte braucht man nicht dafür. Wegen dieser bizarren geologischen Phänomene war das Yellowstone-Gebiet für die Shoshone-Indianer tabu, es galt als Ort der Trolle und Dämonen; der erste Weiße, ein Waldläufer namens Joe Meek, der dieses Phänomen 1829 entdeckte und davon berichtete, wurde prompt als „Lügner" gebrandmarkt.

Zur Brunftzeit im Herbst hört man das röhrende Gebrüll der mit unseren Rothirschen verwandten Wapiti-Hirsche. In den Sümpfen und Auwäldern bauen Biber ihre Burgen und Dämme; Elche mampfen gemütlich ihre Sumpfpflanzen. Möwen und Pelikane bevölkern den fischreichen Yellowstone-See. Auf der offenen Steppe knabbern die Gabelböcke – die Amerikaner nennen sie „Antilopen" – an dem bitter schmeckenden *Sagebrush* oder Steppenbeifuß. Ab und zu sieht man eine Büffelherde. Und immer wieder stößt man auf Bären: Bären beim Beerenfressen, Bären beim Fischen, Bären beim Buddeln, Bären, die durch die Landschaft brummeln. Man kommt ihnen nicht zu nahe, man beobachtet sie besser aus respektvoller Distanz.

Als ich eines Morgens im August aus den Federn schlüpfte und zum Fenster hinausschaute, schneite es. Unmittelbar vor dem Fenster hüpften und sprangen zwei kleine tollpatschige Bärenjunge hin und her; sie versuchten die fallenden Schneeflocken zu erhaschen. Die Mutter schaute ihnen, ab und zu grunzend, zu. Ja, man hatte sich an die Petze gewöhnt, so etwa, wie sich ein Stadtbewohner an die Gegenwart von Eichhörnchen oder Amseln gewöhnt. Ich glaube, ich hatte mich zu sehr an sie gewöhnt. Eines Tages kam eine Lieferung mit Steaks und Hackfleisch für den Gastbetrieb. Die ausgeleerten Kartons lagen, etwa 30 Meter entfernt, auf dem Parkplatz hinter dem Gebäude. Als ich sie aufstapeln und verbrennen wollte, sah ich, wie ein Braunbär in ihnen schnüffelte und das angetrocknete Blut und die wenigen Hackfleischreste genüsslich ableckte. Mit einem lauten „He, weg da!“ versuchte ich ihn zu verjagen, so wie man streunende Hunde verscheucht. Er hielt inne, fixierte mich mit seinem Blick, stieß einen zornigen Grunzlaut aus, schlug mit seiner Tatze eine der Kisten mit einem derartig harten Schlag, dass sie weit über den Platz flog, dann raste er auf mich los. Ich drehte auf der Stelle und rannte, mit einem gehörigen Schuss Adrenalin im Blut, so schnell wie möglich. Aber auch wenn ich der schnellste Langstreckenläufer in der Schule war, Bären, auch wenn sie noch so plump und gemütlich aussehen, können weit schneller als jeder Mensch laufen. Ich schaffte es gerade noch zur Hintertür, zum Kücheneingang. Schon spürte ich den wütenden Bären an den Fersen. In dem Augenblick, als mich sein Tatzenschlag niederstrecken sollte, riss die alte Köchin die Tür auf, eine mit Ammoniak gefüllte Wasserpistole in der Hand. Ein genau gezielter Strahl der ätzenden Flüssigkeit traf die Nase des Angreifers. Er ließ sofort ab, rannte einige Schritte, setzte sich hin und rieb seine arg beleidigte Schnauze. Die geistesgegenwärtige Köchin hatte immer die Wasserpistole am Hintereingang bereitliegen. Es war nichts Ungewöhnliches, dass Bären, angezogen von den verlockenden Küchendüften, dort herumschnüffelten.

In Zukunft würde ich mit Bären ein wenig achtungsvoller umgehen. Wenn ich abends, bei meinen Wanderungen in der unwegsamen Wildnis, mein Lager aufschlug, spannte ich vorsichtshalber eine Leine zwischen zwei Bäume und hängte meinen Rucksack daran, außer Reichweite der Tiere. Auf keinen Fall hätte ich die Essensvorräte neben mir liegen lassen oder gar den damit gefüllten Rucksack als Kopfkissen benutzt. Einige Wochen zuvor hatte das ein Camper getan. Der Bär, seiner eigenen Kraft nicht bewusst, schubste einfach den Kopf des Schläfers mit dem Schlag seiner Tatze zur Seite, um an die Leckerbissen zu gelangen, und brach ihm dabei das Genick. Es kam auch vor, dass die Bären mit ihren scharfen Krallen die Zeltwände aufrissen und sich über die Vorräte hermachten. Auch dabei kamen Leute zu Schaden. Ich schlief jedoch nie im Zelt, schon aus dem Grund, dass die Plane einen vom Anblick des herrlichen Sternenhimmels abhielt. Wenn es regnete, schlüpfte ich einfach unter einen leichten Poncho. Außerdem bedeutete das Mitnehmen einer Zeltplane zu viel Schlepperei.

Auf einer Wanderung zum Electric Peak tappten während der Nacht tatsächlich Bären um mein Lager herum. Da legte ich mehr Holz aufs Feuer und war froh, dass ich meine Vorräte hoch zwischen den Bäumen verstaut hatte. Electric Peak, ein 3660 Meter hoher Berg in der Nordwestecke Wyomings, wurde nach den elektrischen Phänomenen, den zuckenden Lichterscheinungen, die seinen Gipfel umspielen, benannt. Der Anstieg von der nächstgelegenen befahrbaren Straße aus dauert mindestens zwei Tage. Im Sommer trifft man dort oben unterhalb der Schnee- und Eisbänke auf eine in den prächtigsten Farben erblühende Tundra. Auf dem Zauberteppich, mit Blumen, die nur drei bis vier Zentimeter groß werden, grasten schneeweiße Schneeziegen. Wie holde Einhörner aus der Sage kamen sie mir vor, und da sie die Menschen noch nicht richtig kannten, waren sie gar nicht so scheu. Der Blick vom Gipfel verliert sich in endlosen Bergzügen und bewaldeten Tälern mit Flüssen, die wie silberne Schlangen aussehen. Nirgends ein einziges Zeichen menschlichen Wirkens! Der Abstieg dauerte weniger lang, da man Hunderte von Metern die Schneehänge mit Hilfe eines starken Steckens hinunterrutschen konnte. *Glacading* nennt man die Rutschtechnik, die ich beim Bergsteigen im Olympic National Park gelernt hatte. Als ich völlig erschöpft, aber glückstrahlend wieder an der Arbeitsstelle ankam, sagte ein Freund, der dort im Restaurant bediente, er wolle auch mal mit. Leider stürzte er bei dem Ausflug ab. Verletzt und blutend trat er den Rückzug an. Er hätte es wohl kaum geschafft, wäre uns nicht eine lustige Gruppe Bier trinkender Indianer zufällig auf der abgelegensten Forststraße begegnet, die uns in ihrem zerbeulten Geländewagen mitnahm.

POW-WOW

Durch die Gegend, in der wir die Indianer zufällig antrafen, bin ich einige Jahre später wieder gewandert. Inzwischen war ich schon Student und nach dem ersten Jahr ziemlich ausgebrannt. Im Yellowstone, wo ich so viel ekstatische Naturnähe, so viel Gottesnähe empfand, konnte ich wieder Kraft schöpfen. Diesmal war ich Hamburgerkoch und Salatchef in einer Touristenfalle in Mammoth Hot Springs, Montana.

Tag für Tag ließ ich die überteuerten Hackfleischbuletten für die hungrigen Touristen auf dem Grill brutzeln und bereitete die „Chef's Special"-Salatplatte. Die Salate waren meistens nicht frisch und die Soße fad, so dass es kein Wunder war, als ein halb fertig gegessener Teller zurückkam. „Wenn das die Salatplatte des Chefs ist, dann braucht ihr einen neuen Chef", hatte der enttäuschte Gast auf die Papierserviette gekritzelt.

Wie immer zog es mich an den freien Tagen hinaus in die Wildnis. Einmal ritt ich mit den Söhnen eines Ranchers in die hohen Rockys. Da es viele Grizzlybären in der Gegend gab, hatten wir Schrotflinten griffbereit im Halfter am Sattel. Ein alter Cowboy, der auf der Ranch arbeitete, stieß einmal unverhofft, als er gerade einen Felsen umritt, auf einen solchen Bären. Mit einem einzigen Tatzenschlag an den Kopf tötete er das Pferd. Der Alte konnte gerade noch sein Schießeisen ziehen. Zum Glück sahen wir Bären nur aus sicherer Entfernung. Wir zelteten eine Woche an einem Gletschersee, angelten Forellen und ließen es uns gut gehen.

Mehrere Cheyenne-Indianer arbeiteten während der Saison im Park. In dem Hotelkomplex und in den dazugehörigen Bungalows waren junge Indianerinnen als Zimmermädchen angestellt. Eine von ihnen schaute mir immer zu. Einmal pustete sie die Schutzhüllen, in denen die einzelnen Strohhalme hygienisch verpackt waren, in meine Richtung: Darauf war ein rotes Herz und das Wort *Sweetheart* gedruckt. Ja, sie mochte mich, mochte meinen Namen. Nicht nur klingt „Wolf" wie ein Indianername, sondern er ist das heilige Tier des Stammes. Bei jedem Vollmond trafen sich diese Indianer zum Pow-Wow, einer Zeremonie, bei der heilige Lieder gesungen und Angelegenheiten besprochen werden. Die junge Indianerin fragte mich, ob ich mal mitkommen wolle. Wir fuhren ins Gebirge, weit weg und vor den neugierigen Augen der Weißen versteckt. Es waren schon andere Indianer da, beschäftigt mit den Vorbereitungen. Ich half mit, trockene Äste der Gelbkiefern zu sammeln und mit einem Mustang zum Lagerfeuer zu transportieren.

Nach Sonnenuntergang waren mehrere Duzend Indianer anwesend, es wurde gesungen und getrommelt; der Häuptling – es war der Vater der jungen Frau – hielt eine Ansprache, die ich nicht verstand, und verteilte an bestimmte Leute Decken als Geschenk. Es kam mir alles sehr würdevoll vor. Doch dann plötzlich holten die Indianer Wodkaflaschen – nicht Whiskey – hervor und kippten hurtig das Feuerwasser hinunter. Die Freundin, die neben mir saß, reichte mir die Flasche und ermutigte mich, die Hälfte davon in einem Zug zu trinken, worauf sie den Rest ebenfalls mit einem Zug leerte. Das, was wir als „normale" Wirklichkeit kennen, nahm im Handumdrehen neue Dimensionen an. Die Indianer trinken anders als die Weißen, sie trinken, um sich in die Welt der Geister zu katapultieren. Was folgte, war das wildeste Fest, das ich je erlebt hatte. Zuerst zitterte ich vor Aufregung, das Indianermädchen lachte, aber dann waren meine Bedenken verflogen.

In den frühen Morgenstunden brachen die noch längst nicht nüchternen Indianer zur Rückfahrt auf. Es zwängten sich so viele wie möglich in die Autos und Pick-up-Trucks. Laut jauchzend und juxend rasten sie, hin und her schleudernd, die staubige Piste entlang Richtung Tal. Wie ich später hörte, gab es nach jedem Pow-Wow Unfälle, gelegentlich auch Tote. Für die Indianer ist der Tod nicht einschüchternd, jeder hat seine Zeit, zu der er sterben muss, da kann man nichts machen. Ich fuhr, obwohl selber noch stockbesoffen, eines der Autos, einen Kombi. Er war mit ungefähr zehn Indianern voll gestopft. Mein Sweetheart saß dicht an mich gedrückt. Ich war überzeugt, dass ich als Europäer mit dem Alkohol besser zurechtkam als die Indianer, schließlich hatte ich eine tausendjährige Alkoholkultur hinter mir. Als ich die kurvenreiche Bergstraße hinabfuhr, war es, als würde ich neben mir sitzen und mir Anweisungen geben. Auf der Asphaltstraße war zum Glück ein weißer Streifen in der Mitte, an den ich mich halten konnte.

In den Staaten des Westens gab es damals noch richtige Cowboys, die monatelang im Sattel bei den Rindern auf der Sommerweide verbrachten. Deswegen gab es in Montana, Wyoming und Colorado noch echte Silberdollarmünzen. Diese zerkrümelten nicht, lösten sich nicht auf wie Papiergeld, wenn sie monatelang und bei jedem Wetter in den Jeanstaschen mit herumgetragen wurden. Diese Cowboys konnten bei strömendem Regen, mit einer Hand, in ihren Jackentaschen ihre Zigaretten drehen. Sie waren harte Kerle. Sie kannten keine Romantik, was die Indianer betrifft. Für sie waren das diebische, dem Trinken verfallene Wilde. Da ist es kein Wunder, dass der berittene Cowboy, der uns entdeckte, als ich mit der Indianerin und ihrer gleichaltrigen Cousine freudig in einem Bergbach planschte, uns mit feindseligen Blicken strafte.

Gelegentlich gingen wir nach Gardiner, wo sie Verwandte hatte – eine Tante, der sie immer zu gehorchen hatte. Ich verstand damals noch nichts von der matrilinearen Verwandtschaftsstruktur dieses Stammes, verstand auch nicht ihre „abergläubischen“ Vorstellungen, etwa ihre Angst vor den Eulen, wenn diese nachts schrien. Da rannte sie kopfüber ins Haus, denn Eulen – so glauben die Indianer – verkünden den Tod.

Eines Abends gingen wir in ein Wirtshaus in Gardiner. Die Stimmung war gut, ich zog meine Mundharmonika hervor und spielte alte Weisen: „Home on the Range“, „Red River Valley”, „Buffalo Girls”. Da auch viele alte Deutschamerikaner und Skandinavier anwesend waren, spielte ich die Lieder, die bei den Einwanderern vor hundert Jahren schon beliebte Gassenhauer waren, etwa: „Du, du liegst mir am Herzen“ oder „Du kannst nicht treu sein“. Sie sangen mit und spendierten ein Bier nach dem anderen. Gegen zwei Uhr schickte der Wirt die heitere Gesellschaft nach Hause. Ein Cowboy, ein Hüne mit wettergegerbtem Gesicht, wollte gerade eintreten. „Hier ist Schluss, hier kriegst du nichts mehr zu trinken“, sagte ich ihm und schob ihn nicht unfreundlich zur Tür hinaus. Er schob den Cowboyhut auf dem Kopf zurecht und fluchte, die Zähne fest zusammengebissen: „Komm schon, ich lass dir den ersten Schlag, dann zermalme ich dich.“

„Hau nur zu, ich überlass dir den ersten Schlag“, antwortete ich übermütig, noch vom Abend des Gesangs beflügelt. Die Indianerin schrie kreischend um Hilfe.

„Hau nur zu, beeindrucke deine dreckige Squaw!“, knurrte er. So ging es eine Weile hin und her. Der Sheriff hatte – zum Glück – ihr Geschrei gehört. Gerade in dem Augenblick, als der Cowboy ernst machen wollte, erschien er und schickte uns auf getrennte Wege.

BLICK IN DIE BÄRENAUGEN

Es wurde Abend, der ganze Himmel verfärbte sich in ein leuchtendes Meer aus Rot, Orange und Gelb, Farben, die man in dieser Intensität nur in den Rocky Mountains findet. Die Coyoten stimmten ihren hohen Heulgesang an, ein geisterhafter Gesang, der durch das Echo verstärkt durch die Schluchten und von den Felswänden hallte. Zwei Tage war ich schon durch die trockenen, mit Steppenbeifuß bewachsenen Weiten und durch die grünen mit Pappeln und Espen bewachsenen Täler der Wildnis Montanas gelaufen. Nun war es Zeit, einen Schlafplatz zu suchen. Vor mir lag ein *Butte*, eine Anhöhe, auf der eine einsame knorrige Ponderosa-Kiefer wuchs. „Das ist der geeignete Schlafplatz. Da hat man auch einen guten Rundblick“, dachte ich. Ehe ich hochstieg, näherte sich eine kleine Herde Gabelböcke. Das Leittier der Herde kam so nahe, dass ich es hätte berühren können. Es sog mit seinen Nüstern meinen Körpergeruch auf. Ewig lang sog es die Luft in sich hinein, so dass ich langsam nervös wurde: Was will das Tier? Plötzlich – es klang wie ein Schuss oder wenigstens wie ein heftiges Niesen – pustete es die eingesogene Luft wieder heraus, so dass ich bis in die Knochen erschrak. Dann sprangen die Antilopen flink davon.

Oft schlüpft der Hüter eines Ortes, der *Genius loci*, oder eine Naturgottheit oder ein anderer Geist in Tiere hinein, um aus ihren Augen und mit ihren Sinnen etwas zu erfahren oder zu erkunden – Schamanen verstehen das, die Indianer verstehen das. Aber ich wusste damals noch nichts davon, wusste nicht, dass sich so die Begegnung mit einer Gottheit ankündigte. Der mit Coyotengesang vibrierende Himmel nahm derweil immer tiefere Rottöne an, die nach und nach ins Purpurne übergingen. Ich erkletterte den *Butte*. Als ich gerade oben über die Kuppe kam, standen mir plötzlich drei riesige Grizzlybären gegenüber. Auf den Hinterbeinen stehend, ihre Arme ausgebreitet, die Tatzen mit den langen Krallen schlagbereit, standen sie nicht mehr als zwei Meter entfernt vor mir. Ich war so überrascht und erstaunt, dass keine andere Gefühlsregung – etwa Angst – aufkommen konnte. Instinktiv schaute ich dem vordersten, dem mir am nächsten stehenden Tier, in die Augen. Ein helles Licht schoss daraus hervor, so hell wie die Sonne. Ich muss in Trance gefallen sein. Aus der Zeit, in die Ewigkeit. Nach dieser Ewigkeit brachte mich ein kurzes Grunzen wieder zurück. Der vor mir stehende Koloss beugte seinen Körper zur Erde und lief auf allen Vieren dicht an mir vorbei. Die anderen zwei folgten.

Als ich wieder bei Besinnung war, wurde mir klar, dass es sich um eine Grizzlybärin mit ihren zwei fast erwachsenen Jungen gehandelt hatte. Sie waren auf dem Weg zum „Abendbrot" in die Müllhalde der nicht allzu weit entfernten Ortschaft Livingston. Hätte ich Angst gehabt, hätte ich geschrieen oder versucht wegzurennen, dann hätten sie mich mit ihren mächtigen Tatzen niedergestreckt. Bären sind höchst sensibel. Wenn ein Mensch Angst hat, spüren sie das sofort. Sie bekommen dann selber Angst und verteidigen sich, indem sie angreifen. Ich hatte ihnen aber keinen Anlass gegeben so zu reagieren. Ich hatte nur das Göttliche in ihrer Seele sehen können.

Später bestätigte mein Freund, der alte Cheyenne-Medizinmann Bill Tallbull, diese Einsicht. Als er noch ein Kind war, erzählte er, seien die Frauen und Kinder im Herbst Beeren sammeln gegangen. Die Beeren wurden getrocknet und in Schmalz geknetet, um Pemmikan, eine Kraftnahrung für den Winter, herzustellen. Oft hätten sie im selben Beerengestrüpp, manchmal sogar am selben Busch gepflückt wie der Bär. Es gab keine Probleme, solange man dem kraftvollen „Breitschädel" respektvoll begegnete und keine Angst hatte.

BÄREN UND KRÄUTER-HEILKUNDE

*Wenn man den Bären in der freien Natur genau beobachtet, sieht man sofort, dass man es mit einem meisterhaften Kräuterkenner zu tun hat. Mit seiner großen Nase, die mindestens so gut riechen kann wie die der besten Spürhunde, nimmt er die Eigenschaften der Kräuter, Rinden und Wurzeln wahr. Unsere keltisch-germanisch-slawischen Vorfahren schauten zu, wie der Bär, vom Winterschlaf erwacht, sich an frischen grünen Frühjahrskräutern labte: saftiges junges Gras, wilde Zwiebeln, sich gerade entrollende Farnwedel, junge Brennnesseln, Bärwurz (*Ligusticum oder Meum*), Kresse, Bärlauch, Bachehrenpreis, Sauerampfer, Löwenzahn – alles Pflanzen, die den Darm reinigen, die Schlacken aus dem Blut treiben und die Drüsentätigkeit anregen. Sie machten es dem Bären nach und erhoben die „Grüne Neune", die grünen Frühlingssalate und Suppen, zur Kultspeise.*

Zuerst aber sucht der „Breitschädel" die Nieswurz (Helleborus)*, die stark purgierend wirkt und den Kreislauf wieder in Schwung bringt. Auch Weidenrinde und Weidenknospen kaut er. Diese enthalten Salizylsäure, ein natürliches Aspirin, welches überschüssige Harnsäure aus dem Blut und Gewebe treibt und den Bär von Rückenschmerzen und Rheuma befreit, welche von dem langen unterkühlten Liegen herrühren. Löwenzahnblätter frisst er gerne, denn sie sind harntreibend und steigern den Gallenfluss. Spitzwegerich und Huflattich nimmt er zu sich, um sich von winterlichen Katarrhen und Lungenverschleimung zu befreien. Sicherlich hat der berühmte Grizzlybärforscher und Wildniskenner T.E. Seton Recht, wenn er behauptet, dass ein Bär mehr von*

Pflanzen und Wurzeln versteht als ein ganzes Kollegium von studierten Botanikern.

Bei den zirkumpolaren Naturvölkern, den Sibiriern und nordamerikanischen Indianern, ist es vor allem der „Bärengeist", der dem Heiler und Schamanen die stärksten Heilpflanzen offenbart. Ein Dakota erklärte: „Der Bär, der weder vor anderen Tieren noch vor den Menschen Angst hat, ist zwar übellaunig, aber er ist das einzige Tier, das freundlich zu uns war und uns die beste Medizin gezeigt hat. Er ist das einzige Tier, welches im Traum erscheint und uns die Kräuter zeigt, die den Menschen heilen können." Die logenartigen Heilerzünfte der Ojibwa-Indianer, die Midewiwin, die ihr geheimes Kräuterwissen von Generation zu Generation weitergeben, folgen dem „Pfad des Bären". Nur die stärkste Kräutermedizin, nicht die alltäglichen Mittel, gelten als „Bärenmedizin". Die Wurzeln einer solchen „Bärenmedizinpflanze" wurden in fünf bis sechs Zentimeter lange Stücke geschnitten und aufgefädelt, so dass sie wie ein typisches Bärenkrallenhalsband aussahen. „Der Bär ist Häuptling der Pflanzenkunde", so ein Midewiwin-Medizinmann, „da kein anderes Tier solche guten Krallen hat, um Wurzeln auszugraben. Es ist selbstverständlich, dass derjenige, der von einem Bären träumt, ein begabter Pflanzenheilkundiger wird." Auch die Autoren der Antike, wie Plinius, Ambrosius und andere, bezeichneten den Bär, ebenso wie den Hirsch, als Arzt unter den Tieren.

Man könnte sagen, dass man heilpflanzenkundig wird, wenn man sich mit dem Bären in der Seele, mit seinen tiefsten Instinkten, wieder verbinden kann. Dazu braucht man – mehr noch als ein Botanikstudium – vor allem offene, klare Sinne, wie ein Bär.

Die Algonkien und auch die verwandten Cheyenne erzählen folgende Geschichte vom Bär als Lehrer der Pflanzenkunde: Ein alter Mann, krank, stinkend, mit Geschwüren übersät, erschien eines Tages im Dorf. Niemand wollte ihn aufnehmen oder ihm etwas zu essen geben. Man hatte Angst, er könne die Kinder anstecken. Eine arme Frau, die nur wenige Verwandte hatte und in einem kleinen Wigwam am Dorfrand lebte, hatte Erbarmen und nahm ihn auf. Mit all den ihr bekannten Mitteln versuchte sie ihn zu heilen, aber nichts half. Eines Morgens erzählte der Alte, der Große Geist hätte ihm im Traum eine

Pflanze gezeigt, die ihn heilen würde. Die Frau holte die Pflanze aus dem Wald und sie half tatsächlich. Gerade als der Alte die Hütte verlassen und weitergehen wollte, bekam er einen Fieberanfall und wurde abermals krank. Wieder halfen die Mittel, die die Frau kannte, nicht. Nach einiger Zeit verkündete der Alte, er hätte wieder einen Traum geschenkt bekommen. Wieder hätte der Große Geist ihm die richtige Heilpflanze gezeigt. Wieder holte die Frau das angegebene Kraut, wieder wurde er gesund. Als er sich abermals verabschieden wollte, zitterte er

INDIANISCHER BÄRENSCHAMANE

und musste plötzlich erbrechen. Wieder war er krank, wieder erträumte er die Heilpflanze. So ging es ein ganzes Jahr lang. Dann – endlich – war er wirklich gesund. Beim Abschied verriet er ihr: „Der Große Geist hat mir gesagt, es sei jemand in diesem Dorf, dem ich beibringen soll, wie man Kranke heilt. Ich wurde zu dir gesandt, um dich zu lehren. Das habe ich getan." Dann legte er seinen Mantel um und ging hinaus ins Licht. Die Frau schaute ihm verwundert nach. Am Waldrand, ehe er verschwand, verwandelte sich der alte Mann plötzlich in einen Bären. Es war der Bärengeist gewesen, der die Frau zur Kräuterheilerin berief.

Das Erlebnis mit den Bären erwies sich für mich als ein Schlüssel zum Verständnis der Märchen, Sagen und Überlieferungen aus dem alteuropäischen Kulturkreis. In der keltischen Mythologie, wie sie zum Teil verschlüsselt in den Märchen der Gebrüder Grimm zum Ausdruck kommt, ist der Bär ein Sonnentier, voller Licht. Es ist unseren naturnahen Vorfahren nicht entgangen, dass der Bär in seinem Lebensrhythmus ganz und gar dem Jahresrhythmus der Sonne folgt. Im Herbst, wenn die Tage immer kürzer werden und die Sonne in die Tiefe hinabsteigt, geht der Bär auch in die Tiefe. Er geht in seine Höhle, um Winterschlaf zu halten. Für die alten Völker ging er dann in das unterirdische Lichtreich der Frau Holle, jener paläolithischen Urmutter, welche die Seelen der Toten, die schlafenden Samen und die ungeborenen Menschen und Tiere hütet. Im Frühling, bei den Kelten zu Lichtmess, erscheint die Göttin in der Gestalt einer reinen weißen Jungfrau. Auch der Bär kommt dann wieder aus seiner Höhle – verjüngt oder mit Jungen.

Die alten Bauern schauten einst, ob zum Fest der Weißen Jungfrau – der Brigit, der „Hellleuchtenden", derjenigen, die das Eis zum Schmelzen und das Lebensgrün wiederbringt –, ob da der Bär zum Vorschein kommt. Ist es sehr hell an diesem Tag, so dass er blinzeln muss, geht er für sechs Wochen wieder zurück in seinen Bau. Dann verzögert sich der Frühlingsanfang. Das alte Fest, später als Mariä Lichtmess unter „kirchlichen Fittichen" weitergefeiert, wurde in Bauernregeln niedergeschrieben: „Ist es zu Lichtmess schön und warm, so muss der Bär noch sechs Wochen in seiner Höhle bleiben." (aus der Schweiz)

Als es kaum noch Bären gab, übernahm in der Alten Welt der Dachs diese Rolle. Selbst in Amerika findet das Fest weiterhin Beachtung, hier hat das Murmeltier die Rolle des Bären übernommen. Daher heißt das Fest *Groundhog Day* – Waldmurmeltiertag. Noch immer schaut der Farmer am zweiten Februar, ob die Murmeltiere oder Dachse aus ihren Löchern herauskommen.

Wenn der Bär wieder aus seinem Winterschlaf erwacht ist, ist auch die grüne Vegetation wieder da. Deshalb wurde der Bär mit der erstarkenden, in die höheren Tierkreiszeichen steigenden Sonne identifiziert. Er ist der „Vegetationsdämon", wie ihn die Volkskundler nennen. Er ist der Sonnengott, der – wie der junge in Bärenfell gehüllte Berserker – sein Lichtwesen noch nicht voll erstrahlen lässt. Erst im Mai – zum Maienfest –, wenn er sich mit der Vegetationsgöttin vermählt, dann legt er seinen rauen Zottelpelz endgültig ab.

Das Märchen von Schneeweißchen und Rosenrot ist eine Erinnerung an die Naturmythen unserer Vorfahren. In ihm kommt der Bär zu Winteranfang zu den drei Frauen – der alten Holle und ihren Weißdorntöchtern – und bittet um Unterschlupf. Als ihm im Frühling beim Hinaustreten der Pelz an der Türangel hängen bleibt und etwas aufreißt, blitzt goldenes Licht hervor. Der Bär, der wilde Gemahl der Göttin, ist ein Lichtwesen. Möge er auch bald wieder in unseren Breiten zu Hause sein!

DER GARTEN AN DER RHONE

Gärten bekommt man wie Kinder:
Beides sind Früchte der Liebe.

Max Mezger, „Das nieverlorene Paradies"

Es sollte nur ein kurzer Aufenthalt in Europa werden, ein *year abroad*. So etwas ist ausgezeichnet für eine akademische Karriere in den USA. Vielleicht könnte ich in der Zeit noch schnell ein *European PhD* erwerben. Also bewarb ich mich für eine Universitätsstelle, ein so genanntes *post-graduate*-Studium, in Wien.

Mit meiner damaligen Frau Faye bestieg ich zur Jahreswende 1969/70 ein Propellerflugzeug der Icelandic Airlines in New York. Wären wir uns bewusst gewesen, dass es ein Flug in eine neue Lebensphase werden würde, dann hätte ich wohl auf die Zeichen geachtet: Halbwegs über dem Atlantik knallte die Windschutzscheibe des Cockpits heraus. Wegen des Luftdruckverlustes in der Kabine mussten wir dicht über den schäumenden Wellen fliegend wieder zurück nach New York. Beim zweiten Anlauf gerieten wir in einen so heftigen Sturm, dass die geplante Zwischenlandung in Reykjavik durch eine Notlandung auf dem Shannon Airport, Irland, ersetzt wurde. Am dritten Tag erst erreichten wir das europäische Festland.

Wien im Winter: Grau und unfreundlich. *Raunzen*[12] und Nörgeln. Von wegen Wiener Charme, der im Sommer zwei Jahre zuvor unsere Herzen erobert hatte. Eine auf naive Amerikaner spezialisierte Wohnungsvermittlung, die „Blutsauger GmbH", vermittelte uns das notwendige Dach über dem Kopf.

Die erste Fahrt zum imperialen Universitätsgebäude in der überfüllten Tram war für uns eine Zumutung: dicht aneinander gedrängte, drückende, schiebende und nach Knoblauch riechende Menschen, die die persönliche, territoriale Integrität verletzen. Theo-

Mit Moritz im Garten (Genf)

Blockhütte – Unser Zuhause in Wyoming

Thanksgiving day (Oregon)

Lame Deer, Cheyenne-Reservat (Montana)

Der heilige See der Cheyenne (Wyoming)

retisch wusste ich, dass jede Kultur eine andere Auffassung von der sozial korrekten körperlichen Distanz anderen gegenüber hat. Amerikaner bevorzugen eine Armlänge zwischen sich und ihrem Nachbarn. Das ist auch einer der Gründe, warum sich die europäischen Automodelle so schlecht auf dem US-Markt durchsetzen: Man muss den ausgestreckten Arm auf der Lehne ruhen lassen können, ohne dabei den Sitznachbarn zu berühren.

Die Tür zum Institut für Völkerkunde war verschlossen – in Amerika gibt es so etwas nicht, da ist immer offen. Also klingeln. Nach einigen Minuten öffnete ein in Livree Gekleideter mit untertänigem: „Sie wünschen?" Er führte mich in ein fast saalgroßes Zimmer. Eine Dame, die Hand zum Handkuss erhoben, schwebte mir entgegen. Es war die Gräfin von Hohenwart, Sekretärin des Instituts und „Hüterin des Grals" der Wiener Schule der Ethnologie; der Livrierte war ihr persönlicher Diener. Noch nicht eingeweiht in die kulturell vorgegebenen Begrüßungsformen ergriff ich wie ein amerikanischer Handelsreisender ihre makellos manikürte Hand und schüttelte sie freundlich. Beim türkischen Kaffee – der mir übrigens auch neu war – erklärte sie auf unmissverständliche Weise, dass es mir am Institut gut gehen würde, wenn ich bereit wäre mit ihr zu kooperieren. Ein Professor, offenbar einer ihrer Günstlinge, den sie zur Runde mit eingeladen hatte, sondierte: „So, wie ich vernehme, sind Sie Schamanenexperte. Sie haben sich mit dem Spiritismus befasst und sind im Gegensatz zu Hans Findeisen sicherlich auch der Auffassung, dass dieses Phänomen gar nichts mit Schamanentum zu tun hat."

Als ich ihm antwortete, merkte ich zu meinem Entsetzen, dass mir weite Teile des deutschen Wortschatzes fehlten. Kein Wunder, schließlich war ich als Fünftklässler mit meinen Eltern ausgewandert und hatte seither fast nur englisch gesprochen. Also stotterte ich verlegen vor mich hin und ärgerte mich, dass ich nicht ausdrücken konnte, was ich sagen wollte. Nach dem Gespräch wurde ich dem Institutsleiter, einem Experten in Totempfählen, vorgestellt. Er war ein einsamer älterer Herr mit gravierendem Sprachfehler, ein lieber Mensch, der keine Bedrohung für irgendjemanden darstellte und wohl deshalb zum Leiter gewählt worden war.

Das kulturelle Leben der Donaumetropole, mit seinem Hang zum Schrägen und Morbiden, faszinierte mich als Soziologe, besonders das Sandler- [13] und Ganovenmilieu. Der ganz andere Blickwinkel der Wiener Ethnohistorischen Schule, die mitteleuropäische Spitzfindigkeit, gab mir eine neue Perspektive. Meine Frau Faye studierte derweil an der Kunstakademie.

Nebenher hatte ich einen Lehrauftrag am Institute for International Studies im Palais Kinski. Im Innenhof des Palais erklangen die Bee Gees und Beach Boys und es roch nach Hamburgern und *French Fries*, Pommes frites. Meine Aufgabe war es, als Ethnologe den verängstigten und kulturgeschockten amerikanischen Studenten, die hier ein Studienjahr verbrachten, die Kultur und Umgangsweise der Wiener nahe zu bringen – sie zum Beispiel über den Wiener Schmäh aufzuklären; ihnen zu erklären, dass die Wiener nicht aggressiv sind, wenn sie im Redeeifer einem zu nahe rücken, und dass es nur Knoblauch ist, der da als übler Geruch ihrem Rachen entströmt und nicht irgendeine ansteckende Krankheit.

Auch in Wien wanderte ich viel – abends durch die winkeligen Gassen und moderigen Gemäuer der Altstadtviertel, den Geistern vergangener Epochen nachspürend; tagsüber im wilden Schwemmland der noch nicht überbauten Donauauen oder im Wienerwald. Dort in den sanften, bewaldeten Hügeln hört man förmlich die Melodien, die einst Beethoven inspirierten, dort weht die Pastorale noch immer durch Buchen und Birken. An einer Stelle, wo fünf Wege aufeinander treffen, fand ich ein Schild. Darauf stand in Frakturschrift ein Spruch zu lesen, der mich bis heute begleitet:

Der Wald war heilig schon den Heiden,
warum muss er unter Christen leiden!

Einst gab es Heilpflanzenkundige, so genannte Dürrkräutler, die im Wienerwald Wurzeln, Rinden und Kräuter sammelten und sie in der Donaustadt auf dem Naschmarkt verkauften. Und noch immer gab es dort Kräuterläden und Kräuterstände, deren Inhaber altes Heilwissen, die Erfahrung vieler Generationen, vermittelten. Für jedes Gebrechen und Leiden wussten sie einen Kräutertee oder eine Heilsalbe. Ich erkannte, dass es sich dabei um eine Volksheilkunde handelt, die genauso interessant ist wie die Pflanzenheilkunde der Tibetaner, der afrikanischen *Ngangas*, der indianischen Medizinleute oder irgendwelcher anderer indigener Heiler. Diese Heilkunde, die mit einheimischen Kräutern therapiert, ist zwar durch die Heilkunde der klassischen Antike und der Klostermedizin angereichert worden, aber ihre Wurzeln sind germanisch, slawisch und keltisch. All das faszinierte mich, denn im weißen Amerika war die Kräuterheilkunde so gut wie erloschen.

Als ich den Professoren eine Dissertation zum Thema „Kräutertradition im Wienerwald" vorschlug, zogen sie die Augenbrauen in die Höhe. „Hören sie, Herr Storl, das ist höchstens ein Thema für die Kollegen in der Volkskunde. Wir sind aber Ethnologen und unsere Studienobjekte sind die schriftlosen, außereuropäischen Ethnien und nicht die modernen Kulturvölker."

Nun gut, auch wenn es an einer amerikanischen Universität ein legitimes Forschungsprojekt gewesen wäre, musste ich ein anderes Thema suchen. Eine geplante Feldforschung in Ifni, einer ehemaligen spanischen Enklave an der südmarokkanischen Atlantikküste, zwecks Untersuchung spanischer Kultureinflüsse fiel ins Wasser. Faye, die ich in Tanger treffen sollte, war für fast zwei Monate verschwunden. Interpol schaltete sich ein. Hätte ja sein können, sie wäre in die Hände des Weißen Sklavenhandels gefallen. Aber nein, sie hatte sich lediglich Zeit genommen. So blieben wir in Südspanien. Dort erreichte uns der Brief von Gary, einem amerikanischen Freund: „Wir arbeiten in einem wahnsinnigen Dorf in der Nähe von Genf. Wolf, du musst es sehen, es geschehen hier Dinge, die ich nicht erklären kann. Macht doch einen Abstecher, wenn ihr euch auf der Rückreise nach Wien befindet."

Nun, wir wollten uns nicht die Zeit nehmen für einen Abstecher nach Genf. Das Herbstsemester hatte gerade angefangen, es war höchste Zeit, wieder in Wien zu sein. Gary fing uns jedoch am Flughafen Kloten (Zürich) ab, als wir in den Zug umsteigen wollten. Er ließ uns keine Wahl. Mit einer klapperigen Ente fuhr er uns in eine Dorfsiedlung an der Rhone bei Genf. Als wir bei Sonnenaufgang dort ankamen, nahm mich Gary als Erstes in den Garten und zeigte auf eine Kugel, die an der Dachrinne des Gartenhauses hing. „Schau mal! Weißt du was das ist? Es ist eine Hirschblase mit Schafgarbe drin. Du bist doch Ethnologe, ist das ein Voodoo-Fetisch?" Dann zeigte er mir einige Hefte mit ungewöhnlichen Titeln wie „Die Arbeit der Engel an dem Ätherleib während der Nacht".

Die Dorfgemeinschaft im Rhonetal war eine Camphill-Siedlung für geistig Behinderte. Sie war auf zehn Haushalte aufgeteilt, mit jeweils sechs oder sieben Behinderten, einigen Mitarbeitern – vor allem idealistische Jugendliche – und einem „Hauselternpaar". Dazu kamen Bäckerei, Holzwerkstatt, Metallwerkstatt, eine Batikwerkstatt, die Garys Frau leitete, und noch weitere *Ateliers*, ein großer Gemüsegarten und ein 30 Hektar großer Bauernhof mit Kühen, Schweinen, Hühnern, Schafen und einem Pferd. Die Idee war, dass die Behinderten in familiären Verhältnissen leben und dass sie, ohne Konkurrenzdruck, den ihnen angemessenen Arbeiten nachgehen können.

Gleich am nächsten Tag mussten wir abreisen. Das ungewöhnliche Dorf, insbesondere die mit Schafgarbenkraut gestopfte Hirschblase, ließen mich nicht los. Ich träumte sogar nachts davon. Vielleicht sollte das mein Dissertationsthema werden? Als Soziologe an der Kent State University hatte ich mich ja schon mit utopistischen Gemeinschaften beschäftigt, hatte sogar meine *Masters Thesis* über eine solche Gemeinschaft geschrieben. Also fassten wir den Entschluss, dort hinzugehen und zu forschen. „Ich würde gerne als Gärtner arbeiten", schrieb ich, „und mich in die anthroposophische Lehre, die der Gemeinschaft zugrunde liegt, vertiefen." Im nächsten Jahr verabschiedeten wir uns von Wien. Ich ließ mich zugleich an der Universität Bern einschreiben, wo ich dann meine Dissertation abschließen wollte. Unsere Ersparnisse, die wir aus Amerika mitgebracht hatten, gingen uns sowieso aus. Als wir in Genf an einem heißen Junitag ankamen, hatten wir gerade noch genug, um am Bahnhof ein kühles Bier zu trinken. Da man uns nicht abholen und wir uns kein Taxi leisten konnten, stapften wir schwitzend durch Wiesen und Eichenhaine, bis wir dann, nach mehreren Stunden, das Dorf unten im Rhonetal liegen sahen. Ein magischer Moment. Die Sommerbrise strich über die reifenden Kornfelder. Dann holten wir tief Luft und tauchten in ein neues Leben ein.

DIE SCHAFGARBE (ACHILLEA MILLEFOLIUM)

Garbenkraut, Rollike, Tausendblatt, Soldatenkraut, Jungfernkraut, Margaretenkraut, Neunkraft, Venus Augenbrauen und Bauchwehkraut sind weitere Namen dieser Heilpflanze.

In Teilen Bayerns heißt sie „Zangbluma", da sie mit in den „Zang" oder Heilkräuterbüschel kommt, der am 15. August zu Mariä Himmelfahrt in den Kirchen feierlich geweiht wird. Bei dem Kräuterbüschel handelt es sich um die besten und kräftigsten Heilpflanzen, welche die Frauen – deren Aufgabe es einst war, für die Gesundheit in Haus und Stall zu sorgen – für den Jahresbedarf sammelten. Auch wenn der gegenwärtige Medizinapparat das Wissen der heilkundigen Frauen inzwischen verdrängt hat, so ändert das nichts an der Heilkraft der geweihten Kräuter.

Meine Schwiegermutter, eine gestandene Rancherin aus Wyoming, führte mir wieder einmal vor Augen, dass die Schafgarbe eine Alleskönnerin unter den Heilpflanzen ist. Doch sie hatte das erst lernen müssen. Lange Zeit glaubte sie nur an Spritzen und Pillen. Kräuter waren für sie, wie für die meisten Amerikaner, „Indianermedizin", unwirksam, wenn nicht gar gefährlich. Beim Camping-Ausflug glitt ihr das Messer aus und schlitzte ihre Handfläche auf. Die Wunde blutete stark und sollte genäht werden. Da aber weder Arzt noch Notfallklinik erreichbar waren, blieb ihr nichts anderes übrig, als es mit der Indianermedizin zu versuchen. Eine Auflage zerstampfter Schafgarbenblüten stillte bald die Blutung. Am nächsten Tag war die tiefe Schnittwunde schon geschlossen. Sie hatte sich nicht entzündet, kein Antibiotikum war nötig!

Dieses „Wunder" veränderte ihr Leben. Sie wurde zur örtlichen „Kräuterhexe". Mit anderen Frauen gründete sie eine „Herbal Society", mit dazugehöriger Vereinszeitschrift. Immer mehr Heilbedürftige und Ratsuchende kamen zu ihr. Da sie kaum ein anderes Kraut kannte, verschrieb sie immer wieder das Wundermittel Schafgarbe. Damit lag sie auch nicht falsch, denn der im Hochsommer blühende Korbblütler ist praktisch ein Allheilmittel: Das blühende Kraut – als Tee, Umschlag oder Tinktur – wirkt krampflösend, zusammenziehend, leicht schweiß-

treibend, entgiftend, blutstillend, entzündungshemmend, verdauungsfördernd, menstruationsregulierend, leicht blutdrucksenkend, antibakteriell und antiviral.

Die Pflanze ist ein regelrechter Arzt:

1. Als Frauenkraut hilft sie – zusammen mit Frauenmantel – innerlich und als Sitzbad bei Regelblutungsbeschwerden, bei Krämpfen und Verspannungen des Unterleibs; als Sitzbad bei Weißfluss (Leukorrhoe). „Schafgarbe im Leib, tut wohl jedem Weib“, so der alte Spruch zu dem Kraut, welches die Germanen einst der Freya weihten und dessen filigrane Blätter im Mittelalter „Augenbrauen der Venus“ genannt wurden.
2. Der Name Soldatenkraut deutet, wie auch die lateinische Bezeichnung achillea (von Achilles, dem trojanischen Krieger), an, dass es sich um ein blutstillendes, wundheilendes Kraut handelt. Umschläge und Bäder sind bei Schnittwunden, Schürfungen, entzündeten Brustwarzen oder auch Schuppenflechte angesagt. Die Pflanze hilft auch bei inneren Blutungen und Hämorrhoiden.
3. Schafgarbe hat eine antivirale Wirkung. Die Cheyenne trinken den heißen Tee bei Erkältungen, Fieber und Grippe. Eine unterstützende Wirkung ist auch bei Masern, Blattern und Windpocken zu erwarten.
4. Die Bitterstoffe und Flavonoide machen die Schafgarbe zum Verdauungstonikum. Der Tee ist angesagt bei Magengeschwüren, Gastritis, Magen-Darm-Krämpfen, Kolitis.
5. Der Tee hilft bei Leber- und Gallenstörungen.
6. Ganz generell ist der Tee als stärkendes Gesundheitstonikum zu verstehen.

Ethnobotaniker berichten, dass die Schafgarbe bei weitem das am meisten gebrauchte Heilmittel der nordamerikanischen Indianer ist, danach folgen mit Abstand der Kalmus oder Magenwurz (Acorus calamus) und der Steppenbeifuß. Besonders stark wirkt die in den Bergen an sonnigen Hängen wachsende Schafgarbe. Ich sammle meine Schafgarbe am liebsten im Wallis, wo auch der bekannte Schweizer Kräuterpfarrer Johann Künzle seine Heilkräuter holte.

Die Schafgarbe, welche die „Schwefelkraft des Himmels herunterholt“ (Rudolf Steiner), diente schon lange als Orakelpflanze. Die Losstäbchen des chinesischen I-Ging bestehen aus Schafgarbenstängeln. Und in Europa legten sich die Mädchen die Blüten unter das Kissen, damit ihr Herzallerliebster ihnen im Traum erscheine.

DIE WIEDERKEHR DER SINNE

Der Garten, das Wenden der Komposte, das Säen, Hacken, Bewässern, Ernten, die witzige Art der behinderten Mitarbeiter, nahm mich gleich gefangen. Jeden Morgen half ich im Stall beim Füttern und Einstreuen. Bald lernte ich das Melken von Hand. Es gibt nichts Schöneres, als als Erstes am Morgen den Melkschemel anzubinden, den Kopf gegen eine warme Kuh zu legen und zuzuhören, wie die Milch in den Eimer zischt. Für die Kuh ist man das Kalb und sie schickt einem mit der Milch zugleich ein mächtiges Quantum Liebe.

Am Abend machte ich meine ethnographischen Aufzeichnungen: Wer spricht mit wem und mit welcher Häufigkeit – das so genannte „Moreno Diagramm“, zur Ermittlung verborgener gesellschaftlicher Machtstrukturen –, die Organisation von Zeit und Raum, die Interaktionen zwischen Mitarbeitern und behinderten *Villageois*[14]. In den ersten Wochen schrieb ich sehr fleißig, aber dann immer weniger und zuletzt gar nicht. Es waren nicht nur die frische Luft und die schweißtreibende Arbeit, die meinen Forschungsdrang erlahmen ließen, sondern auf einmal entdeckte ich einen verschütteten Aspekt meines Wesens wieder: Die Freude, die einen erfüllt, wenn man die Natur mit Leib, Seele und Geist erlebt und nicht nur mit dem kalten Intellekt. Es war, als ob man mich in eine Zellophan-Hülle aus aberwitzigen Begriffen und Worten gewickelt hätte; die Natur bestand letztlich nur noch aus Fachterminologien, Ziffern und Graphiken. Nun aber verspürte ich endlich wieder die unmittelbare Berührung der Natur. Ich spürte sie wie eine Liebkosung der Seele. Ich wurde wieder wild wie ein Tier, das seinem Käfig entronnen war. Die Haare wuchsen lang, der Bart auch. Als ich sie mir noch einmal schneiden ließ, kam es mir vor, als hätte ich meine Antennen, die mich mit dem Ätherischen verbinden, verloren. Seither lasse ich die Haare so wachsen, wie sie mir der liebe Gott gegeben hat. Ich lief barfuß und spürte, dass die Erde lebt und pulsiert, dass Energien zwischen ihr und dem Menschenleib ausgetauscht werden. Meine Arme wurden stark, die Hände bekamen Schwielen. Bald merkte ich, dass der Garten mit mir redet. Manchmal kam es nachts, wie eine Stimme: „Geh, bewässere diese Beete“, oder bei der Arbeit: „Leg die Hacke weg und mache dieses oder jenes.“

Jeden Mittwoch fuhr ich nach Bern, um am Seminar des Instituts für Ethnologie teilzunehmen. Es war immer dasselbe: ein *Paper* wurde gelesen, der Inhalt heftig und strittig debattiert, um sich dann anschließend, zusammen mit dem Professor und den Mitstudierenden, in der nächstgelegenen Kneipe, der „Pyrénée“, voll laufen zu lassen. Wenn ich dann gegen drei Uhr morgens zurückkam, brannte meistens noch Licht in unserem Zimmer. Gerald, ein junger Mitarbeiter aus Schottland, las Faye Tolkiens „Herr der Ringe“ vor. Erst später merkte ich, dass sich da etwas anbahnte, merkte, wie sie mir gegenüber auf einmal sehr kritisch war, merkte, wie selbstzufrieden dieser Gerald wurde. Ich schlug ihm eine blutige Nase; am nächsten Tag waren beide fort.

Ich war zutiefst zerrüttet. Weg war sie, die Gefährtin, die ich bis auf den Monat genau vor sieben Jahren durch den Wurf einer Münze gewonnen hatte. Sie hatte wahrscheinlich gesehen, dass mit mir kein Staat mehr zu machen war.

Vor sieben Jahren kamen sie und eine Freundin in die verrauchte, überfüllte Studentenkneipe. Ich wollte die beiden an unseren Tisch laden, aber Georg, der Lady-Killer, meinte: „Lass sie; es sind keine weiteren Sitzplätze frei. Erst wenn sie zurückkommen, laden wir sie ein, sich bei uns hinzusetzen.“ Sie setzten sich tatsächlich zu uns. Wir tranken, redeten und verabredeten uns für die nächste Woche. Georg und ich warfen eine Vierteldollarmünze, um zu sehen, wer mit welcher ausgeht. Auf diese Weise gewann ich Faye. Oder sie gewann mich. Sie klammerte sich an mir fest. Ein Hillbilly-Mädchen aus einer in der Stadt gestrandeten und dort in die Brüche gegangenen Familie. Der Vater ein Alkoholiker, den kleine grüne

Außerirdische besuchten. Viele bekannte Country-Musiker, darunter auch Johnny Cash, übernachteten an Wochenenden im Haus der Mutter und feierten dort wilde Partys mit *Moonshine* (illegal gebrauter hochprozentiger Schnaps) und *Bennies* (Amphetamine). Als sie 13 Jahre alt war, hielt jemand ein Klappmesser an ihre Kehle und vergewaltigte sie.

Ja, wir hatten gute Zeiten zusammen, waren Hippies in bunten Klamotten. Mal gingen wir aus, ich als Priester und sie als Prostituierte verkleidet. Die Leute hatten ihren Spaß daran. Sie zog bei mir ein, zog mit zur Kent State University, als ich Assistent wurde – und dann Dozent. Ab da hatten wir genug Geld. Sie konnte sich jede Woche ein Kleid und ein Paar italienische Modeschuhe kaufen, und wir konnten uns eine Reise auf einem Luxusdampfer nach Europa leisten. Nun aber war sie weg, etwa so wie eine Ratte, die das sinkende Schiff verlässt.

Mit mir war wirklich kein Staat mehr zu machen. Ich ging immer seltener zur Universität und offensichtlich betrieb ich keine ernsthafte Feldforschung mehr. Zu verdienen gab es nichts in dem Dorf. Es war ein Dorf von kommunalistischen Idealisten. Jeder arbeitete, so viel er konnte, und nahm aus der Gemeinschaftskasse, der „Hutschachtel", nur, was er brauchte. Essen und das Dach über dem Kopf kosteten nichts. Was braucht man sonst? Mehr als 30 Franken im Monat nahm ich mir nie heraus.

Nachdem sie gegangen war, verwilderte ich noch mehr. Ich lebte nur noch im Garten. Gelegentlich streifte ich entlang der Rhone. Ich hörte auf zu lesen. Zum Seminar für Ethnologie fuhr ich überhaupt nicht mehr. Disco, Kino, Konzerte oder Theater hatten keinen Reiz mehr für mich. Die alten Gospelsongs, die ich vor mich hin summte, passten zu meiner Stimmung. Die tiefe Frömmigkeit der Schwarzen, die ihrer afrikanischen Heimat entrissen und in die Sklaverei verdammt worden waren, hatte diese bewegenden Lieder geschaffen, um das Leid überhaupt ertragen zu können. Eines dieser Songs rührte mich besonders:

Jesus came – and what did he do?
He picked me up, and turned me around,
And set me down on solid ground.

Ja, genau so kam es mir vor. Als ob ich von einem hohen Ross gefallen wäre. Immer weiter war ich einen Weg in Richtung einer einseitigen, seelenlosen, gottlosen Wissenschaft gegangen, einen Weg der Arroganz und der Selbstsucht. Und nun kam der Heiland, er hob mich auf, drehte mich um und setzte meine Füße wieder auf die sanfte, heilende Erde. Oft sind Frauen für den Mann Seelenführerinnen, die ihn bis zu einer Schicksalsschwelle begleiten. Hier war ich an eine Schwelle gelangt, die Faye nicht mit mir überschreiten konnte.

DIE INNENSEITE DER NATUR

Wer es nicht kennt, weiß nicht, wie viel Arbeit ein zwei Hektar großer Gemüsegarten macht. Von Sonnenaufgang bis Sonnenuntergang hat man unentwegt zu tun.

Wenn das Wetter schön war, saß ich am Abend nach getaner Arbeit auf der Gartenhausbank und schaute über die Beete. Da erschien einmal ein Gartenzwerg mit schwarzen Stiefeln und einer roten Zipfelmütze. Er lief direkt auf mich zu. Wie kann es sein, dass er genauso groß ist wie ich?, dachte ich verblüfft. Dann merkte ich, dass der Weg, den er lief, gar keiner war, sondern die Reihe im Beet zwischen den Karotten. Ich war also auf die Größe eines Zwerges geschrumpft. In meiner Erschöpfung muss ich wieder einmal in die „Zwischenwelt" gerutscht sein.

Gelegentlich kamen alte Freunde aus Bern oder Genf zu Besuch. Als Erstes zeigte ich ihnen den wunderbaren Garten, in dem ich jetzt lebte und wirkte. Um nicht die Stimmung durch nutzloses Geschwätz zu stören, führte ich sie wortlos durch Gemüsezeilen und Obstwiesen, zeigte auf Käfer und Schmetterlinge, auf seltene Wildpflanzen, ließ sie die frische lebendige Komposterde schnuppern, ließ sie dieses oder jenes Salatblatt, Radieschen oder eine frische Tomate kosten, zeigte ihnen die lustig grunzenden Ferkel im Gehege. Dann, als sie sich mit einem: „Nun ja, schön, dass es dir hier gefällt, aber wir könnten es vor lauter langer Weile nicht aushalten" verabschiedeten, merkte ich mit Bedauern, dass sie nichts gesehen hatten.

Die Gartenarbeit wurde immer wunderbarer. Es war eigentlich gar keine Arbeit. Das rhythmische Hacken war eine schamanische Meditation, wie das eintönige Trommeln oder Rasseln, das den merkurialen, vorwitzigen Intellekt aushungert und zum Schweigen

bringt, so dass man das tiefer liegende Wesenhafte wahrzunehmen beginnt. Das Bewusstsein löst sich vom Alltag. Unter dessen Oberfläche schwimmen, wie lauter bunte Fische, bezaubernde lebendige Bilder. Manchmal reicht man in die Tiefen hinab und zieht einen silbernen oder goldenen Fisch hervor und betrachtet ihn bewundernd. Es sind Fische der Weisheit, Fische der Einsicht. Es sind Wahrnehmungen der Innenseite der Natur, in der wir leben. Meditierende wurden oft als Angler oder Fischer dargestellt. Etwa der Fischerkönig in der Gralslegende. Auch die Jünger Jesu waren einst Fischer.

Wenn das Bewusstsein derart vertieft wird, dann fangen die Tiere an zu sprechen. Täglich zog ein Bussard, der sein Nest auf einer hohen Kiefer an der Rhone hatte, ganz niedrig über dem Garten seine Kreise. Er kam nicht wegen Mäusen, sondern er grüßte, er spürte die intensive Energie des Gartens.

Im Herbst, wenn es kühler wurde, saß ich gern abends am Ofen im Gartenhaus und starrte, meinen Kater auf dem Schoß, in die Glut. Der Kater schnurrte und als ich in seine Welt einstieg, merkte ich, dass er auf Astralreise war. Ich reiste mit. Die Reise führte direkt in den Ofen, in eine Höhle voller funkelnder Rubine und Edelsteine, voller ständig sich wandelnder Feuergeister, die wie Feuersalamander aussahen.

Jeden Donnerstagabend, am Tag des weisen Götterkönigs Jupiter, versammelten sich sämtliche Mitarbeiter zum Dorfrat, zum *Conseil du Village*. Man saß in der Runde und besprach die anstehenden Probleme; eigentlich sollte so lange diskutiert werden bis Einstimmigkeit erzielt werden konnte. Müde von der Arbeit gab ich mir kaum Mühe, dem Palaver zu folgen. Beim langen Sitzen entdeckte ich jedoch, dass man sogar mit den Fliegen reden kann. Mit meinen Gedanken konnte ich sie herbeirufen, um auf der Fingerspitze Platz zu nehmen, und konnte mit den Fingern der anderen Hand sogar ihre Flügel streicheln. Diese Fähigkeit habe ich bis zum heutigen Tag behalten. Wenn sich eine Hornisse, Wespe oder ein Schmetterling ins Zimmer verfliegt, kann ich sie mit Gedanken wieder durch das Fenster hinauslotsen. Soll mir niemand sagen, man kann nicht mit den Tieren reden!

Zu dem Pferd Moritz, das wir zum Eggen und zum Wagenziehen benutzten, entwickelte ich eine besonders innige Beziehung. Sonntags unternahm ich regelmäßig lange Reittouren mit ihm. Bei Vollmond ritten wir durch die helle Nacht über die Felder. So sehr waren wir aufeinander eingestimmt, so sehr war ich im Einklang mit ihm und dem eigenen Körper, dass ich wie auf einem Surfbrett auf seinem Rücken stehend reiten konnte.

Moritz hatte typischen Pferdehumor. Mit Lust warf er jene ab, die nicht ganz bei der Sache waren. Für Intellektuelle, deren Gedanken nicht mit dem Hier und Jetzt verbunden waren, hatte er nichts übrig. Entweder raste er los und streifte den Reiter an einem niedrigen Ast ab, oder er hielt plötzlich mitten im Galopp an und warf den Kopf nach unten, so dass der unachtsame Reiter Hals über Kopf nach vorne purzelte. Einige Knochenbrüche und eine Gehirnerschütterung hatte Moritz auf dem Gewissen.

Eines Tages hörte das Ohr meiner Seele, wie er nach mir rief. Ich ging in den Stall. Da stand er und blickte mich tief betrübt an. „Was ist, mein lieber Moritz?", fragte ich und schob ihm eine Rübe zwischen die Zähne. Als er hineinbiss, blickte er mir tief ins Herz und dann flog seine Seele zur grünen Wiese der Frau Holle.

In den warmen mondhellen Sommer- und Herbstnächten verweilten die Gärtner länger im Garten als sonst. Ein Lagerfeuer wurde angezündet. Andere Mitarbeiter und Freunde kamen hinzu. Mit Hilfe einiger Flaschen Côte du Rhône, Gitarren, Trommeln oder einer Mundharmonika entfaltete sich der Zauber der Vollmondnacht. Man fing an zu tanzen, zuerst zögerlich, dann immer wilder – Tänze, die man in keiner Tanzschule lernen konnte. Paare hielten einander fest, drehten Kreise und wirbelten in Ekstase herum; andere stampften mit den Füßen auf den Boden, als wollten sie den Erdgeistern eine Botschaft zutrommeln. Erst die ersten Streifen der Morgenröte und der Hahnenschrei ließen die Ekstase abklingen. Müde war keiner, im Gegenteil, diese Feste luden uns mit Energie auf.

Dem Priester der Christengemeinschaft war das wilde Treiben nicht entgangen. Selber wagte er nicht zu kommen, er schickte Spitzel. Es kam ihm so vor, als erhebe das totgeglaubte Heidentum wieder sein dämonisches Haupt. „Seit dem Mysterium von Golgatha sind solche atavistisch-orgiastischen Feste nicht mehr zeitgemäß“, belehrte er mich. „Man muss solchen luziferischen Versuchungen widerstehen.“ Auch gegen den Wein, den wir tranken, wetterte er. „Alkohol dämpft die Bewusstseinsseele, die sich in der gegenwärtigen geistigen Entwicklung der Menschheit entfalten will. Alkohol gehört einer längst vergangenen Epoche der Kulturentwicklung an und wirft uns zurück in das Tierische. Die Rebe sollte längst ausgestorben sein, nur das Pfropfen auf amerikanischen Wildwein hat ihr das Überleben ermöglicht.“

Diese Warnungen nützten nicht viel, denn immer wieder wurden wir in den Vollmondnächten vom Zauber der Natur ergriffen. Später wurde mir bewusst, dass es die Elementarwesen und Naturgeister selber waren, die uns mitrissen und be*geist*erten. Tagtäglich arbeiteten diese ätherischen Wesenheiten mit uns, gaben uns Inspirationen und Hinweise, ohne dass wir es wussten. Deswegen war es ja auch so ein schöner fruchtbarer Garten und Bauernhof geworden. Und in diesen besonderen Nächten schlüpften sie – die ja selber keine physischen Körper haben – in uns hinein, feierten, tanzten und liebten durch uns. Wären wir ein fremder Stamm gewesen und ein Völkerkundler hätte uns beobachtet, dann hätte er wahrscheinlich vermerkt: Ein typisches Fruchtbarkeitsfest, ein *rite du intensification*, wie es die Naturvölker schon seit der Neusteinzeit feiern.

Der Gedanke, dass wir mit den Naturgeistern zusammen die Fruchtbarkeit der Erde herbeitanzten, lag dem besorgten Priester fern. Für ihn war es ein Hexensabbat. Überhaupt hatte er es schwer mit uns. Als er beispielsweise die Schweine aus dem Dorf verbannen wollte – sie seien ja, wie es in der Bibel heißt, „unreine“ Tiere – wehrten wir uns. Nicht nur erfreute uns ihre ansteckende Lebenslust, sondern sie lieferten guten kalihaltigen Mist, der sich – wenn richtig kompostiert – besonders gut zur Düngung von Kartoffeln und anderem Wurzelgemüse eignet. Unsere kleinen grunzenden Freunde wären der Verbannung anheim gefallen, hätte ich nicht ein Zitat in Rudolf Steiners „Landwirtschaftlichem Kurs“ gefunden: „Ach, die Schweine, die fetten, sind ja so himmlische Tiere.“

Wir pflanzten Hecken aus Eberesche, Faulbaum, Schlehe, Weißdorn, Wildrosen, Sanddorn, Hasel und anderen einheimischen Hölzern. Diese dienten als Nist- und Futterplätze für Igel und Vögel, als Windschutz, um das Kleinklima zu verbessern, als geeignete Stellen für die Bienenkörbe; hier konnten Reisig fürs Feuer, Laubfutter fürs Vieh und auch Nüsse, Beeren, Wildfrüchte und Heilkräuter gesammelt werden. Auch damit war der Priester nicht zufrieden. Die Natur sei unfertig, belehrte er uns. Die Aufgabe des Christenmenschen sei es, sie zu veredeln, und wenn man schon pflanzt, dann sollten es vor allem die guten Gewächse sein, die in der Bibel erwähnt werden oder auf dem Boden wachsen, wo einst die heiligen Apostel wandelten. Er selber legte eine ganze Baumschule mit Mandelbäumchen, Oleander, Lorbeer, Johannisbrot und Walnuss neben seinem Haus an; dazu kamen mediterrane Kräuter wie die Weinraute, Keuschlamm, Lavendel, Salbei oder Rosmarin. Das ging auch einige Jahre ganz gut, bis dann die kalten satanischen Winde bliesen und die „guten" – leider aber biotopfremden – Pflanzen dahinrafften. Für mich war das wieder einmal ein Beispiel für die Überheblichkeit des zivilisierten Menschen, der sich nicht der Weisheit der Natur anpassen will, sondern seine abstrakten Ideen der Natur aufzwingen will. Schon damals kam mir der Spruch des weisen Laotse in den Sinn:

Unheil aber droht dem, der das Leben
fördern will mit Gewalt.
Nicht gewaltig, sondern gewalttätig
nenn ich den Geist,
der zwingen will die Kräfte des Lebens.

DER GÄRTNERMEISTER

Manfred Stauffer war der Gärtnermeister in dem großen Gemüsegarten. Seine Frau Hilde nannte ihn manchmal Gandhi: „... denn er ist dünn, braun gebrannt, hat nur wenig Haare auf dem Kopf, trägt eine runde Brille, läuft fast nackt herum, isst kein Fleisch, trinkt keinen Alkohol und meditiert viel."

Zuallererst fiel es mir schwer, mit ihm zusammenzuarbeiten. Er schien mir zu autoritär und ein wenig verrückt. Aber das Problem lag vor allem bei mir, ich war nämlich etwas zu eingebildet. Gleich in meiner ersten Woche im Garten befielen schwarze Blattläuse die Stangenbohnen. Als pragmatischer Amerikaner kochte ich einen Teil meines teuren englischen Pfeifentabaks zu einer giftigen Brühe und wollte die Schädlinge damit besprühen. Der Gärtnermeister befahl mir innezuhalten.

„Wieso?“, fragte ich irritiert. „Da sind Schädlinge, und der Tabak ist doch ein biologisches Insektizid!“

„Nein!“, sagte er. Dann hockte er sich auf den Boden, murmelte etwas vor sich hin, kratzte sich am Kopf. Der ist wirklich wahnsinnig, dachte ich bei mir. Dann erklärte er, dass er überlege, warum die Läuse überhaupt da sind.

„Was gibt's da zu überlegen?“, sagte ich. Ich hatte schließlich Biologiefächer, auch eine Vorlesung über Insekten an der Ohio State University belegt. „Wenn wir sie nicht gleich vernichten“, belehrte ich ihn, „dann werden sie sich über den ganzen Garten ausbreiten.“

„Wir machen nichts. In ein paar Tagen werden die Blattläuse verschwunden sein.“ Er erklärte mir, dass die so genannten Schädlinge Symptome von schlechter Düngung, falscher Fruchtfolge oder ungünstigen Wettereinflüssen seien. Um die Ursachen zu erkennen, müsse man die Erscheinung genau beobachten und aus dem Beobachteten die richtigen Schlüsse ziehen. Und nicht einfach blind reagieren.

Er gab den Bohnen etwas Brennnesseljauche zur Stärkung und ich war verblüfft, dass die Blattläuse kurz darauf tatsächlich verschwanden.

Um die Wühlmäuse zu entmutigen, welche die Karotten, Pastinaken, Kartoffeln und die Wurzeln der Obstbäume annagten, stellte der seltsame Gärtner Fallen auf. Die gefangenen Mäuse häutete er und sammelte ihre Pelze – seine Frau schmorte die Mäusekadaver in der Pfanne und gab sie den Katzen als Leckerbissen zu fressen. Wenn sich die Venus im Skorpion befand, verbrannte er die Pelze zu Asche und streute dann den „Wühlmauspfeffer“ über die Beete. Das würde, so sagte er, den Nagern die Kraft zur Fortpflanzung nehmen.

Mit dem 95-jährigen Arthur Hermes

Der Bauernhof im Emmental

Mit Ganga in Varanasi

Mit Ganga am Indischen Ozean

Um mich in ein gutes Licht zu stellen, ergriff ich einmal während der Mittagspause die Sense und mähte munter das Unkraut zwischen den Gemüsebeeten. Anstelle des erwarteten Lobs schrie mich der Gärtner an. Wüsste ich nicht, dass dies Schafgarbe ist, die durch ihr bloßes Dasein die astrale Atmosphäre eines Gartens verbessere? Der bittere Tee, den wir täglich zu den Mahlzeiten tranken, bestand ebenfalls aus Schafgarbe: Nicht nur im Gartenbiotop, sondern auch im menschlichen Leib sollte er, wie die Gärtnerfrau sagte, den Ätherleib mit dem Astralleib verbinden. Was aber um Himmels Willen war ein „Astralleib", was war ein „Ätherleib"?

Als es mal wieder regnete, merkte ich, dass die Dachrinne am Gartenhaus an einer Stelle tropfte. Prompt holte ich die Leiter und reparierte sie. Beim nächsten Regen tropfte sie wieder. Nanu, ich hatte sie doch gerade geflickt? Am Abend schimpfte Manfred vor sich hin: „Wer fummelt denn da immer an der Dachrinne herum?"

„Nun ja", gestand ich, „die hatte einen Knick und tropfte."

„Das ist es ja gerade. Sie soll tropfen. Da liegt ein mit Eichenrinde gestopfter Schafschädel begraben. Der soll nass bleiben. Es ist ein biodynamisches Präparat!"

Mit den biodynamischen Präparaten, die wir herstellten, konnte ich anfangs ebenfalls nicht viel anfangen. Archaisches, prälogisches, kindhaftes Wunschdenken, was sollte es anderes sein, wenn man Bergkristalle zerstampft, in Kuhhörner stopft und ein halbes Jahr lang in der Erde vergräbt, um dann eine erbsengroße Menge des Präparats eine Stunde lang rhythmisch in Regenwasser zu verrühren und die Brühe anschließend am frühen Morgen auf die reifenden Getreidefelder oder Obstbäume zu verspritzen? Auch Kuhmist wurde in Kuhhörner gestopft und vergraben. Kamillenblüten wurden gesammelt, in Kuhdärme gestopft und vergraben. Löwenzahnblüten kamen in Rindergekröse. Ich machte diese und ähnliche „sinnlose" magische Handhabungen einfach mit. Schließlich war die Methode der „teilnehmenden Beobachtung" Teil meiner ethnographischen Ausbildung. Zudem machte es Spaß, Brennnessel, Kamille, Schafgarbe, Baldrianblüten oder Schachtelhalm zu sammeln, zu vergären oder, in verschiedene Tierorgane gehüllt, zu vergraben. Wenn man dann die Präparate in den Kompost hineinpflanzte, kam man sich dabei vor wie ein Zauberer oder Alchemist. Wie ein Priester, der Weihwasser sprengt, fühlte man sich, während man den homöopathisch dosierten, in Regenwasser verrührten Baldriansaft als „Saturnhülle" mit einem Besen über die Kompostmiete verteilte.

Allmählich merkte ich, dass mehr als Verrücktheit dahinter steckte. Wenn man mit dem Besen aus Birkenreisig stundenlang das Quarzpulver oder ein Kügelchen verrotteten Mists, das man einem Kuhhorn entnommen hat, in einer Regentonne verrührt, verändert sich auch das Bewusstsein. Es ist dann auch egal, ob es der durch das kreiselnde Wasser hervorgerufenen Selbsthypnose zuzuschreiben ist, dass man beim Versprühen der Hornpräparate den Erdboden ganz anders sieht und erlebt, dass die Sinne feiner wahrnehmen können, dass man fast die Regenwürmer flüstern hört oder die Heinzelmännchen peripherisch vorbeihuschen sieht. Zudem, der Garten gedieh prächtig.

Langsam lernte ich meinen Lehrmeister verstehen und respektieren. Manfred und seine Frau Hilde wurden so etwas wie Eltern für mich. Ich aß meine Mahlzeiten mit an ihrem Tisch. Manfred, der uns am Abend oft aus Goethes Faust vorlas, verband mich wieder mit dem Geist der deutschen Kultur und ich merkte, dass meine Träume und Gedanken nicht mehr nur auf einer englischen Sprachschiene liefen. Der Versuch, mir die Lehre Rudolf Steiners nahe zu bringen, scheiterte jedoch vorläufig an meiner starken naturwissenschaftlichen Prägung.

Manfred war vor allem Kompostmeister. Nach einigen Monaten war er froh, mir die Führung des Gartens zu übergeben. Er konzentrierte sich dann nur noch auf Präparat- und Kompostherstellung [15]. Er machte Sonderkomposte aus Schweinemist für das Wurzelgemüse, Geflügeljauchen für Blumen und Obst, Taubenmistjauche für den Spargel, Beinwelljauchen, Brennnesseljauchen, um die Widerstandskraft der Pflanzen zu erhöhen, Schachtelhalmjauchen, Grassodenkomposte. Seine Kompostmieten hatte er direkt neben dem Haus vor dem Fenster aufgestellt, so dass er vom Essenstisch aus die Komposte beobachten und riechen konnte. Er vertiefte sich meditativ so sehr in diese Kreationen, dass er ganz abwesend war. Seine leicht gerötete Nase bewegte er wie ein schnupperndes Tier.

Ab und zu hörte man ihn „Stickstoffprozess“, „Schwefelprozess“, „Methan“ und dergleichen murmeln. Für seine Frau Hilde war das manchmal peinlich, wenn jemand zu Besuch war. Sie war es, die mit den Besuchern reden musste. Und wenn sie Manfred etwas fragen musste, dauerte es oft eine Ewigkeit, ehe er aus der Astralreise auftauchte, um nach einem kurzen „Ja, Hilde“ wieder in die Welt des Moders, der Stoffzersetzung und des Neuaufbaus zu versinken. Manchmal ging ich mit ihm auf diese Reise und so lernte ich, dass die richtige Kompostpflege der goldene Schlüssel zur Gartenfruchtbarkeit ist. Es ist keine Arbeit, die man so nebenbei macht, sondern sie sollte in jedem biologischen Garten eine zentrale Rolle spielen.

Der Garten hatte mich voll im Griff. Dennoch meldete sich eines Tages Ende August Wotan, der Wanderer, in meiner Seele, mich ergriff die Reiselust. Mit dem lang gewachsenen Arthur, einem holländischen Gärtner, ging es per Anhalter durch Frankreich, nach England und Schottland, wo wir andere Camphillgemeinschaften besuchten, dann mit dem Schiff nach Bergen in Norwegen. Im biederen Norwegen, das die ganze Hippie-Revolution verschlafen hatte, nahm uns jedoch niemand mit. Kein Auto hielt. Man konnte es den Norwegern nicht verübeln, so wie wir aussahen: Arthur mit seiner ungebändigten Struwwelpetermähne und ich wie ein Neandertaler. Meine einzige Oberkörperbekleidung war der speckige Pullover mit abgerissenen Ärmeln, den ich schon seit Monaten beim Melken und anderen Schwitzarbeiten trug und nie gewaschen hatte. Also wanderten wir zu Fuß quer durch das Nordland und schliefen nachts in den frei stehenden Heuschobern. Als wir dann in Ostnorwegen ins Gebirge kamen, fing es an zu schneien. Ein Lastwagen hielt. Wie wir in die Führerkabine klettern wollten, deutete der Fahrer wortlos hinten auf die leere Ladefläche. Wir kamen vor Kälte fast um, Artur heulte vor Schmerz. Dann trennten wir uns, Arthur fuhr nach Holland und ich nahm das Schiff nach Warnemünde. In Leipzig verließ ich abends, nach interessanten Gesprächen mit Jugendlichen aus Kuba, Vietnam und anderen sozialistischen Staaten, die Jugendherberge und verbrachte die Nacht bei jungen Leuten in einer Lagerhalle in einem gottverlassenen Hinterhof. Sie hörten amerikanische Musik und lästerten gegen alles in ihrem „Scheiß-Staat". Die Reise durch den Arbeiter- und Bauernstaat muss die Stasi alarmiert haben, denn als ich meine Verwandten im nächsten Jahr besuchen wollte, verzögerte sich das Visum. Mein Onkel, ein bekannter DDR-Sportler und Parteigenosse, brachte es in Ordnung: Nein, der wild aussehende, bärtige Neffe ist weder Umstürzler noch Drogensüchtiger, sondern nur ein Spinner.

An meinem Geburtstag kam ich in das Dorf an der Rhone zurück. Als Erstes besuchte ich meine Freundin, die Tochter eines Basler Chemiekonzernchefs, die ich vermutlich geehelicht hätte, wäre da nicht eine andere junge Frau gewesen.

„Ich komme aus Wyoming", sagte diese. „Wyoming" muss das Schlüsselwort gewesen sein zur Verabredung in diesem Leben. Es war kein Kennenlernen, sondern eher ein Wiedererkennen. Beim Gärtnern wurde immer auf die Stellung des Mondes und der Planeten geachtet, um im Einklang mit dem Kosmos unsere Gemüse zu pflanzen und zu säen. Es fiel mir immer schwer, den Fixsternhimmel, durch den sich Mond und Wandelsterne bewegen, genau zu bestimmen. In dem Moment, als die Frau aus Wyoming in meinem Leben erschien, ordnete sich der Kosmos für mich. Wie durch ein Wunder erkannte ich auf einmal die Sternbilder.

Dass die junge Frau bei mir einzog, erfreute nicht alle in der frommen Siedlung. Ein *Conseil d' urgence* wurde einberufen. Wenn ich sie nicht sofort wegschicke, müsse ich das Dorf verlassen. Ich bestand darauf zu bleiben, denn ich wollte von Manfred Stauffer das Gärtnerhandwerk richtig lernen. Es kam zu einem Kompromiss, wir mussten das Dorf verlassen, aber ich konnte jeden Tag, gegen mageren Lohn, im Garten weiterarbeiten. Denn obwohl es Winter war, gab es immer viel zu tun: Gemüse richten für den Markt, Komposte wenden, Saatbeete für Jungpflanzen herrichten, Reparaturen, Melken und Misten.

Wir packten unsere wenigen Sachen und zogen durch den winterlich nebelig-feuchten Wald die Rhone entlang, bis wir eine geeignete Höhle in dem krümeligen Moränengestein fanden. Diese legten wir mit Stroh aus und errichteten eine Feuerstelle. Unser neues Zuhause war jedoch recht muffig. Es tropfte von der Decke, so dass wir immer wieder die Schlafsäcke, auf der Suche nach einem trockenen Schlafplatz, zurechtrücken mussten. Nachts machten sich die Ratten zu schaffen. Sie waren die Ersten hier gewesen und es freute sie gar nicht, dass da plötzlich Menschen eingezogen waren. Nicht allzu weit entfernt lag die Genfer Müllhalde – deswegen die Ratten. Wenn der Wind drehte, roch es höchst unangenehm. Aber es gab auch Schönes: Wie ein gutes Zeichen erblühte uns im Februar eine Schlüsselblume, ein Schlüssel des Himmels, vor dem Eingang. Die Blume wurde einst von Seiltänzern getragen, im Glauben, dass sie schwindelfrei macht. Wir konnten sie gebrauchen, unser Leben glich einem Seiltanz. Zwei Monate hielten wir es in der feuchten Höhle aus, ehe wir in die Stadt zogen, wo meine Freundin als Babysitter arbeitete und ich jeden Morgen mit einem Kleinmotorrad zu dem Garten fuhr.

Im nächsten Sommer zogen wir in den Jura auf den Einödhof des Bauernphilosophen und Mystikers Arthur Hermes. Wir hatten ihn kennen gelernt, als er einmal die Dorfgemeinschaft besucht hatte. Eines Tages erschien dort der Assistent des Ethnologievorstandes in Bern. Er hatte sich alle Mühe gegeben mich zu finden. Der Professor wolle wissen, wo ich stecke. Zweieinhalb Jahre hätte ich mich nicht sehen lassen. Ich solle unbedingt zurückkommen und die angefangene Dissertation fertig schreiben. Er bot mir sogar eines der begehrten Fulbright-Stipendien für amerikanische Austauschstudenten an.

Wir zogen in die Nähe von Bern. Ganz hatte ich das Gärtnern nicht aufgegeben, sondern ich gestaltete einen Selbstversorger-Gemüsegarten für ein Behindertenheim. Ansonsten schrieb und studierte ich fleißig. In den Augen des Professors hatte ich die Sünde des Völkerkundlers begangen und mich mit den Gegenständen meiner Untersuchung identifiziert. Ich sollte lesen, lesen und noch mehr lesen, alles, was an neusten theoretischen Abhandlungen vorhanden war, um in mir die universitäre Gesinnung wieder zum Leben zu erwecken. Das gelang auch. Bald bestand ich die Doktorprüfung mit *Magna cum laude* und war, zusammen mit meiner Gefährtin, auf dem Weg nach Amerika. Nach fünf Jahren Abwesenheit waren wir wieder *home for Christmas*.

OREGON UND DAS HEULEN DES COYOTEN

Die Coyoten, vor Anbruch der Dämmerung
weben heilende Lieder
Traumnetze – Geist-Körbe
Milchstraßenmusik

Gary Snyder, „Manzanita“

Mit dem *European PhD* in der Tasche ging es im Winter 1974 wieder in die Staaten, per Anhalter nach Ohio und dann mit einem alten VW-Käfer nach Oregon. Der bewaldete Staat an der Westküste wurde, als Ronnie Reagans „Reaktionäre“ an die Macht kamen, zum Zufluchtsort für Blumenkinder, Hippies, Künstler, Idealisten und Weltverbesserer. Alte Freunde und Bekannte aus der Studienzeit hatten sich dort zusammengetan. Eine alternative Landkommune, zusammen mit einer alternativen Hochschule, wollten sie gründen. Ich sollte mein Wissen über biodynamische Landwirtschaft mit einbringen. Einige Hektar Waldland waren schon gekauft.

Nach den ersten Meilen der langen Reise explodierte der Motor. Krach und aus! Die Reparatur schluckte praktisch den Rest des Geldes, das wir von dem großzügigen Fulbright-Stipendium übrig hatten.

Nachdem wir im Schneesturm die Kaskadenkette überquert hatten, ging es abwärts. Das Klima wurde milder. Eine vollkommen ungewohnte Baumvegetation war es, die sich uns da, behangen mit langen Bartflechten, silbergrau im Vollmondlicht zeigte.

Aus der geplanten alternativen Kommune wurde nichts. Noch ehe sie konkrete Formen annehmen konnte, war sie an den gesellschaftlichen und ökonomischen Realitäten zerschellt. Ja, Hippiezeiten waren endgültig vorbei. Bob Dylan hatte das Signal gegeben: *The times are achangin'*. Ehemalige Freunde gingen ihre eigenen Wege. Big Al, der dicke polnische Biker aus Cleveland, und Gary, der slowenische Künstler, zerstritten sich. Das Gericht musste entscheiden, wer was und wie viel jeder bezahlt hatte und wem das Land nun gehörte. Wir waren blank. Da blieb uns nichts anderes übrig als in Garys Waldhütte, im Estrich, unser Lager aufzuschlagen. Auf Anfrage schrieben die alten Kollegen aus der Kent State University: „Ja, Wolf, wir würden dir gerne eine Stelle als Anthropologe anbieten, aber das geht leider nicht, die neue Regierung in Washington hat die Gelder für die Universitäten drastisch gekürzt. Wir müssen sogar entlassen." Auch anderswo waren die Antworten auf meine Bewerbungsschreiben nicht gerade ermutigend: „Sorry, wir brauchen niemanden", oder: „Sie sind leider für die Position überqualifiziert." Also meldeten wir uns für *food stamps* an – das sind Scheine, mit denen Mittellose an die von der Regierung eingelagerten landwirtschaftlichen Überschussprodukte, an Mehl, Butter und Käse, kommen konnten, damit sie nicht verhungerten oder kriminell wurden.

Das Glück verließ uns nicht. An dem nahe gelegenen College in Grants Pass brauchten sie dringend einen Anthropologen und Soziologen. Der Vorgänger hatte, infolge eines Erleuchtungserlebnisses, ohne Vorwarnung die Stelle einfach verlassen. Dem Ruf Jesu folgend sei er zu Fuß, ein hölzernes Kreuz tragend, nach Kalifornien gewandert. Seither hat man nichts mehr von ihm gehört. Zwar lägen über 200 Anträge vor, aber da ich schon da sei, würden sie mich – vorläufig mit minimalem Gehalt – einstellen. So wurde ich, wie durch ein Wunder, plötzlich der Anthropologe des Colleges und konnte meinen Lehrplan und die zu kaufende Bibliotheksliteratur selber bestimmen.

EINE NEUE ART ZU GÄRTNERN

In diesen Jahren zogen Hunderttausende Kalifornier nach Oregon. Wohnungen waren so knapp, dass viele Studenten in Zelten, Bauwagen oder selbstgebauten Hütten in den noch intakten Urwäldern lebten. Die Hälfte der Neuzuwanderer waren „Ökoflüchtlinge“, die dem südkalifornischen Smog, der zunehmenden Wasserknappheit, der unaufhaltsamen Verstädterung entfliehen wollten. Aber auch bei der Wohnungsfindung waren die Götter uns gnädig. Gerade neben dem Campus war ein winziges Häuschen – ein umgebauter Hühnerstall – frei. Die Wände waren aus Sperrholz. Im Sommer ging das noch, aber im regenreichen, feuchten Winter Oregons, da wurde es kalt, da überzog eine Schicht grauer Schimmel die Wände und die Bücher im Regal vergammelten. Als Heizung diente eine umgebaute Öltonne, deren Rohr einfach durch die dünne Wand führte. Beim Heizen wurden die Tonne und das Rohr so heiß, dass sie rot glühten. Sobald das Feuer ausgebrannt war, wurde es wieder kalt im Zimmer.

Die Besitzer, die aus der südkalifornischen Wüste kamen, wohnten in ihrem luxuriösen, großräumigen Wohnmobil nebenan. In jedem ihrer Zimmer, in der Küche, im Klo und über dem Bett, lief ein eingeschalteter Fernseher. „Wir wollen ja nicht den Kontakt zur Wirklichkeit verlieren“, erklärten sie. Verwundert nahmen sie zur Kenntnis, dass wir keinen Fernseher hatten. Der Mann, Leonard, stellte uns einen angeschlossenen und eingeschalteten TV-Apparat direkt vors Zimmerfenster. Sie wollten uns die Flimmerkiste schenken. Es schockierte sie, dass wir kein Interesse daran hatten.

Auf dem Grundstück befanden sich Reste des Urwaldes, der einst die ganze Gegend bedeckte: riesige Engelwood-Fichten, Douglastannen, Weißtannen, verschiedene Lebensbaumarten *(Thuja)*, Kiefern, Eichen, Erdbeerbäume *(Arbutus menziesii)*, auch Madrone genannt, der mit ihm verwandte Manzanita-Busch *(Arctostaphylos manzanita)*, der Kalifornische Berglorbeer *(Umbellularia californica)* und gelegentlich eine Mahonie *(Mahonia aquifolium)*, das immergrüne Sauerdorngewächs, das inzwischen in Europa die Ziergärten erobert hat. Ein Teil des Grundstücks war eine brachliegende, gerodete Fläche, die Leonard vergeblich in einen weitläufigen englischen Rasen hatte umwandeln wollen.

Ob ich einen Garten auf dieser freien Fläche anlegen dürfe, fragte ich. Ja, dagegen hätte er nichts einzuwenden. Den Mutterboden dort habe er mit einer Raupe weggebaggert und auf einen Haufen geschoben.

„Warum das?“, fragte ich.

„Nun, da wucherten zu viele verdammte Unkräuter, sah nicht gut aus“, sagte Leonard, der sichtlich mit der Tat zufrieden war.

Mit Schaufel, Schubkarre und viel Schweiß brachte ich die gute Erde wieder auf die Beete. Bald keimten die ersten Sämereien: Radieschen, Senfgrün und Gartenmelde. Sobald wir das frische Blattgrün ernten konnten, kamen sie auch auf den Esstisch. Noch konnten wir uns kaum etwas leisten, also gab es jeden Tag Melde, Senf und dazu Wildgemüse. Das war leider ein äußerst einseitiges Menü, das dazu führte, dass unsere Zähne glasartig wurden, besonders die Melde ist ein Kalkräuber. Dazu kamen, ebenfalls ernährungsbedingt, Nierensteine. Erfahrung am eigenen Leib soll jedoch die beste Erfahrung sein.

Von einer Pferdefarm bestellte ich eine ganze LKW-Ladung Mist, den ich sofort in fachgerechte Kompostmieten aufsetzte. Leonard konnte es nicht fassen. *Shit!* Scheiße auf seinem Grundstück! Wie eklig! Ich versuchte ihn zu beruhigen. Nein, es würde nicht stinken. Nein, es würde nicht die Umgebung mit Bakterien verseuchen. Resigniert paffte er an seiner Marlboro.

Der Garten gedieh prächtig. Schließlich hatte ich das Handwerk und die Kunst des Gemüsegärtnerns beim Gärtnermeister Stauffer richtig gelernt. Mischbeete mit vielerlei Sorten Gemüse und Blumen machten den Garten zur Augenweide. Als Dank, dass wir ihn anlegen durften, füllten wir einen Korb mit einer Auswahl der größten und prächtigsten Gemüse, um sie Leonard und seiner Frau Mary Jane zu schenken. Mary Jane winkte ab: Nein, sie wolle dies Gemüse nicht. Sie essen nur Gemüse aus Büchsen, die seien ja viel hygienischer.

Der Garten lag an der Straße, die zum Campus führt, daher zeigten viele Studenten ein reges Interesse. *Organic gardening* war zu der Zeit *in* und das, was ich da machte, schien eine ganz besondere Art des Biogärtnerns zu sein. Selbstverständlich war ich bereit, das Wissen, das ich in der Schweiz über biologisch-dynamische Landwirtschaft gelernt hatte, weiterzuvermitteln. Also opferte ich meine

Samstage und gab einen inoffiziellen aber intensiven Kurs in biologischem Gartenbau. Der Kurs, der jedes Semester neu ausgeschrieben wurde, war sehr beliebt – ich musste die Teilnehmerzahl auf 60 pro Semester begrenzen.

Zusätzlich gab es noch eine Studiengruppe, in der wir Rudolf Steiners landwirtschaftlichen Kurs durchnahmen, um die Hintergründe der Biodynamik kennen zu lernen. Mit echter amerikanischer Begeisterung wurde über die Spiritualität der Erde, über Elementarwesen, Ätherleiber, Astralleiber und in Kuhhörnern vergrabene alchemistische Heilpräparate für den Boden diskutiert. Ein älterer kalifornischer Herr, der wie Einstein aussah, kaufte sich gleich einen ganzen Bauernhof, den er mit der neuen Methode bewirtschaften wollte.

Einstein und seine drei Söhne wollten die Methode noch weiterentwickeln. Fortschritt war angesagt. Ganze Felder wurden spiralförmig angelegt. In der Mitte der Spiralen befanden sich Liebesnester, in denen tantrische Sexualrituale zur Erzeugung ätherischer Energien durchgeführt werden konnten. Nach einem Jahr erschien Einstein nicht mehr im Studienkreis. Ich fragte einen seiner Söhne, als ich ihn zufällig in der Stadt traf, warum sie nicht mehr kämen. „Wir haben nun endlich die endgültige Wahrheit gefunden. Ein indischer Guru lehrt sie uns. Wir essen nur noch rohe Getreidekörner“, gab er mit dem Lächeln eines Erleuchteten zur Antwort. Ein Friedensaktivist, der die Runde verließ, um in einer Raketenfabrik zu arbeiten, sagte noch: „Es ist, wie Buddha sagt, sowieso alles Illusion. Außerdem sind wir alle revolutionär und rauchen Dope.“

Immer wieder fragten die Studenten, ob es Literatur zu der von mir gelehrten Gartenbaumethode gäbe. Da musste ich immer erklären: „Nein, es gibt nichts; das alles beruht auf dem, was mir Gärtner und Bauern hier und da erzählt haben, was ich in der Praxis selber erfahren habe, und auf Beiträgen, die in obskuren Gärtnerzeitschriften erschienen sind.“

„Könnten Sie uns dann wenigstens die Vorlesungsnotizen zugänglich machen?“, lautete dann die nächste Frage. Ja, das konnte ich. Aus den Notizen wurde dann das inzwischen zum amerikanischen Gartenklassiker gewordene Buch „Culture and Horticulture“, das wir zum Herstellungspreis an die Studenten abgaben. Ein befreundeter Kollege an der Fakultät sagte mir, nachdem er es gelesen hatte: „Gutes Buch, aber hoffentlich liest es keiner.“

„Wieso?“, fragte ich besorgt.

„Nun ja, dann wäre es aus mit deiner wissenschaftlichen Seriosität, dann würden alle wissen, dass du an Heinzelmännchen glaubst.“

Das Buch machte zuerst Karriere als Raubkopie, als *Underground-Bestseller*, in Kalifornien. Wenn man durch die Staaten an der Westküste und später auch durch den Osten fuhr, konnte man immer wieder sehen, dass dort nach der beschriebenen Methode gearbeitet wurde. Auch die Studenten verbreiteten die Methode. Einer brachte sie nach Schottland, England und Irland. Ein pensionierter amerikanischer Luftwaffengeneral benutzte das Wissen, um eine innovative Baumschule zu gründen. Anstatt Rekruten stehen nun junge Bäumchen und Gemüsepflanzen vor ihm stramm in Reih und Glied. Ein ehemaliges Blumenkind baut nun unter Plastik mehrere Hektar biologisch-dynamisches Marihuana an. Ein unschuldiges Blumenkind ist er aber längst nicht mehr, er ist zum schwer bewaffneten Gangster geworden, der seine Erntehelfer nicht mit Geld, sondern mit Kokain bezahlt und seine Profite dadurch wäscht, dass er zum Schein ein Orient-Import-Geschäft betreibt.

Im Herbst begann Leonard die Bäume auf seinem aus mehreren Hektar bestehenden Grundstück zu fällen. Seine Frau Mary Jane hatte gesagt, es gebe so viele gottverdammte Bäume, es würde sie krank machen. Als ich die Motorsägen rattern hörte, dachte ich, da wird wenigstens etwas Holz für unseren Öltonnenofen abfallen. Aber nein, er schob die Stämme mit einem schweren Bulldozer auf einen riesigen Haufen, goss mehrere Kanister Benzin darüber und zündete das Ganze an. Genüsslich an seiner Zigarette paffend betrachtete er, mit sichtbarer Genugtuung, von sicherer Entfernung aus das Feuer. Es brannte Tag und Nacht. Wenigstens konnte ich die Asche als Dünger für meinen Garten nutzen. Im nächsten Jahr fragte er verblüfft: „Da waren doch immer so viele verdammte Rehe hier auf dem Grundstück. Wo sind die denn alle hin?“

LITTLE BEAR

Als Anthropologe war ich auch für die Studenten indianischen Ursprungs zuständig. Offiziell war ich *Faculty Advisor for Native American Students.* Es gab mehrere indianische Restvölker in Oregon. Einige, wie die Modoc, waren schon weitgehend integriert. Eine Indianerin – soweit ich mich erinnern kann, gehörte sie den Yakima an – erzählte, dass sich der Stammesrat vor einigen Jahren entschieden hatte, keine Indianer mehr zu sein, sondern normale Amerikaner zu werden. Von einem Tag auf den anderen gaben sie sämtliche Bräuche und auch ihre Sprache auf. Und nun, sagte sie, seien sie weder Weiße noch echte Indianer. Viele dieser jungen, von ihren Wurzeln abgeschnittenen Indianer interessierten sich für die panindianische Bewegung AIM (American Indian Movement), für das „Indianersein" an sich. Auch wenn es nicht ihre eigene Tradition war, stellten sie Tipis auf, trugen bei den Pow-Wows Adlerfedern, machten Schwitzhütten und wurden politisch aktiv.

Die zahlenmäßig größte Gruppe waren die Klamath, ehemals ein Volk von Jägern, Fischern und Sammlern. Da das ihnen zugewiesene Reservat wertvolle Waldbestände enthielt und da Oregon auf Einnahmen aus der Forstindustrie angewiesen war, begann die Regierung in den 60er Jahren damit, das Stammesreservat aufzulösen und zu privatisieren. Es hieß, die Eingeborenen sollten nicht länger abgekapselt in ihrer Subkultur verharren, sondern sie sollten die Möglichkeit bekommen, sich an der modernen, demokratischen Gesellschaft zu beteiligen. Sie sollten, wie jeder andere Amerikaner auch, Land privat besitzen und dieses auch verkaufen können. Jedem Indianer, der unterschrieb, auf den kommunalen Besitz zu verzichten, zahlte die Regierung eine großzügige Entschädigung von mehreren Tausend Dollar. Nicht alle konnten mit dem vielen Geld umgehen: Einige kauften sich teure neue Autos, fuhren sie bald zu Schrott und benutzten sie eventuell noch als Hühnerstall. In der Stadt Medford machte sich ein betrunkener Klamath-Indianer einen Riesenspaß daraus, die 100-Dollar-Scheine, die er in seinen Stetson-Hut gestopft hatte, während des mittäglichen *Lunch Break* unter die

Passanten zu verstreuen. All die proper gekleideten Angestellten, die Sekretärinnen und die Geschäftsleute in ihren teuren Anzügen krochen grapschend und einander rempelnd auf allen Vieren hinter den flatternden Geldscheinen her. Der Sheriff, den ich gut kannte, verprügelte und verhaftete den Indianer. Diesem aber war es den Spaß wert gewesen, die von sich selbst so überzeugten Weißen der Lächerlichkeit preiszugeben. Andere Klamath gingen mit ihrem Geld vernünftiger um. Eine Familie kaufte sich einen Waschsalon, eine andere schickte ihren Sohn aufs College zum Studieren.

So kam es, dass Charles Little Bear in meinem Einführungskurs für Ethnologie auftauchte. Ich erzählte über die paläolithischen Urindianer, über die Gesellschaftsstruktur der Irokesen und Ähnliches. Schweigend hörte er zu. Eines Tages meldete er sich nach der Vorlesung: „Ich habe mit dem Ältestenrat gesprochen. Sie sagen, was du sagst, ist gut. Ich darf weiter zuhören." Gegen Ende des Semesters erschien er vor der Vorlesung in meinem Büro. Er trug Adlerfedern im Hut, Ketten mit Türkis und Horn am Hals und ein Gewehr in der Hand. Mit ruhiger Stimme sagte er: „Du immer reden! Jetzt rede ich!" Meine Knie wurden schwach. Ich wusste, zu was diese Indianer fähig waren. Einige Monate zuvor hatte man zwei afroamerikanische Leutnants der Air Force am Straßenrand tot aufgefunden. Man hatte sie skalpiert, ihnen die Kopfhaut abgezogen, aus Rache dafür, dass sie sich an Indianermädchen vergriffen hatten. Little Bear las meine Gedanken und beruhigte mich: „Keine Sorge, Gewehr nicht geladen."

Ich ließ ihn vor den anderen Studenten reden. Er erzählte vom Leben im Reservat, vom Jagen für die Älteren im Stamm. Typische Indianergeschichten. Wenige Worte, lange Pausen. Die Indianer sind keine Quassler, keine Vielredner, keine belesenen Intellektuellen. Für sie sind gesprochene Worte bloß Andeutungen, Anregungen für innere Bilder. Bei den weißen Zuhörern kamen aber keine Bilder auf. Was der junge Indianer erzählte, war für sie dürftig und zusammenhanglos.

Um meine Würde zu retten, ließ ich die Studenten aufschreiben, wie die Ausführungen auf sie gewirkt hätten. Eine Studentin: „Ich konnte aus lauter Angst kein Wort verstehen." Die Frau eines

Regierungsbeamten: „Wie ist es möglich, dass ein primitiver Analphabet hier zu Wort kommen kann?“ Der Campus-Trotzkist: „Es lebe der Klassenkampf der unterdrückten Völker!“ Ein Psilocybin-Freak schrieb nichts, sondern kniete ergeben vor dem Indianer nieder.

STEPPENWOLFGEHEUL

Nicht weit von Grants Pass entfernt liegt Ashland. Es ist eine Gartenstadt, mitten in einer karstigen, steppenartigen Landschaft, mit gepflegten Parks und heilenden Lithiumquellen, eine Kulturstadt mit Museen, exotischen Restaurants, Kunstgalerien und einem angesehenen College – eine Stadt für Snobs. Der Mittelpunkt des kulturellen Lebens Ashlands ist das Shakespeare Festival. Hier, mitten in Oregon, hat man die offene Bühne, genau wie sie in Stratford in England steht, bis in alle Einzelheiten nachgebaut. Ein sorgfältig gepflegter, saftig grüner englischer Rasen, auf dem in bunte elisabethanische Trachten gekleidete Musiker Flöten und Lauten erklingen lassen, und Fachwerkhäuser im Tudorstil umgeben das Heiligtum. Jedes Werk des großen Dramatikers wird hier in voller Länge gespielt. Das Klima – im Sommer regnet es nie – kommt dem Anliegen zugute.

Es gehörte selbstverständlich zum guten Ton, gelegentlich einem Shakespeare-Drama beizuwohnen und sich im Zauber des alten Englands zu verlieren. Eines Tages besuchten wir das Drama „Macbeth“. Die profunden Dialoge zogen die Zuschauer völlig in ihren Bann. Und dann, plötzlich, in einer dramatisch ausgedehnten Pause zwischen den Sätzen, hob das singende, hochstimmige Geheul eines Steppenwolfes an. Der Bann war gebrochen. Der Zauber verflog. Auf einmal war man nicht mehr weit weg, in einer anderen Zeit, auf einem anderen Kontinent. Auf einmal war man hier, mitten in Oregon, im knochentrockenen Sommer, unter tiefblauem Himmel. Der Coyote, der göttliche Schelm, die Stimme des Landes, hatte uns wachgerüttelt, aus den europäischen Träumen geweckt und uns in das Hier und Jetzt zurückgebracht.

DER STEPPENWOLF ODER HEULWOLF (*CANIS LATRANS*)

Wie ein Geisterchor, wie Stimmen aus einer anderen Welt, so klingt es, wenn in der Abenddämmerung die hohen, lang ausgedehnten Heulkaskaden der Coyoten den Mond begrüßen. Manch einer hat bei dem Heulkonzert Gänsehaut bekommen oder ist gar in die Entrückung gefallen. Für die Indianer ist der Coyote, wie auch der Wolf, ein spirit animal, *ein Geistertier, ein heiliges Tier, voller Medizin- und Zauberkraft. Manch ein Medizinmann hat den Steppenwolf zum Lehrer oder Verbündeten. So auch mein Freund, der Cheyenne-Medizinmann Bill Tallbull. Als er als junger Mann vier Tage in der Wildnis der Big Horns allein – ohne Wasser und ohne Feuer – fastete, setzte sich ein Coyote zu ihm. Ein Wissenschaftler, der die Szene von außen betrachtet, hätte wohl nur einen vor sich hin dösenden Indianer gesehen, dem sich vorsichtig ein neugieriger Coyote nähert und ihn beschnuppert. Im inneren Raum jedoch redete Tallbull mit seinem spirituellen Meister, der ihm in Coyotengestalt erschien, ihn zum Medizinmann machte und ihn zeitlebens führte und bei Gefahr durch sein Heulen warnte.*

*Das magische Tier, dessen Namen (*Coyotl *= „Präriewolf“) wir den Azteken verdanken, wurde von allen Indianern verehrt. Zwar erscheint er als Narr, der alles falsch macht, in indianischen Kindermärchen oder in den Lagerfeuergeschichten als amouröser Schelm mit langem Penis. Er ist aber auch „Kulturbringer“: Er schenkte den Menschen das erste Saatgut. Er überlistete die Feuergeister des Südens, stahl ihnen, wie Prometheus, die kostbare Glut und brachte sie den Menschen. Er ist der Schamane unter den Tieren, die Trickser-Gottheit, der Verwandlungskünstler, der Demiurg, der dieses oder jenes erschafft. Die Shoshone erkennen ihn als Stammesvater an.*

Im Gegensatz zu dem Wolf, der bei den Indianern als edel und weise gilt, ist der Coyote – wie Meister Reineke, unser Fuchs, in der europäischen Sage – vor allem ein kluger und listiger Überlebenskünstler. Während der Wolf in den Staaten fast ausgerottet wurde, hat der Coyote all die Giftköder, Fallen, Kugeln und die staatlich subventionierten Ausrottungsprogramme nicht nur überlebt, sondern seinen Lebens-

raum sogar noch erweitert. Er streift sogar durch Amerikas Städte, wo man ihn meistens mit streunenden, verwilderten Schäferhunden verwechselt. Er frisst alles: Hasen, Mäuse, Ratten, Aas; er stöbert in Abfalltonnen, pflückt sich Himbeeren, Erdbeeren und anderes Beerenobst in den Vorgärten, holt sich Fische und Flusskrebse, verschmäht auch nicht Schafe oder Kälber.

In keinem anderen Tier verkörpert sich der Geist des Landes so sehr wie im Coyoten. Das hat der „Künstler-Schamane" Joseph Beuys klar erkannt, als er 1974 nach Amerika eingeladen wurde. Eingehüllt in eine Filzdecke, einen Hirtenstab in der Hand, ließ sich Beuys drei Tage und drei Nächte lang in ein Zimmer mit einem Coyoten einsperren. Das zuerst scheue Wildtier fasste allmählich Vertrauen zu dem Menschen: Mit dem Satz „I like America and America likes me" charakterisierte Beuys diese Begegnung. Ja, es war ihm gelungen, wie kaum einem anderen, sich mit dem Geist des Kontinents zu verbinden. Ohne sich sonst in New York umzuschauen oder mit anderen zu reden, ließ sich der Künstler zum Flughafen fahren und flog nach Deutschland zurück.

Gelegentlich fuhren wir an Wochenenden die 500 Meilen Pacific Highway hinunter nach San Francisco. Manchmal nahmen wir unsere Schlafsäcke und übernachteten unter den mächtigen *Redwoods*, den Mammutbäumen, oder am Meeresstrand. „Frisco" war eine pulsierende Kulturmetropole – Golden Gate, China Town, die lateinamerikanischen Viertel, die Gefängnisinsel Alcatraz, die Buchhandlung „City Lights Books", wo die Dichter der Beatgeneration ihre Werke veröffentlichten, die seilgezogene Straßenbahn *(Cable Cars)*, der Campus von Berkeley und, nach Mitternacht, der Castro-District, die Welthauptstadt der Schwulen, mit ihren frechen Moden, provokativen Theatern und kreativen Restaurantmenüs.

Der alte Hafen, Fisherman's Wharf, war inzwischen eine Hauptattraktion für die Touristenmassen. Überall standen wandernde Sänger und Künstler, die auf Beifall und, vor allem, eine Spende hofften: *Folksingers*, Balladensänger und jede Menge Bob-Dylan-Klone mit Gitarre und Mundharmonika, Jongleure, Straßenakrobaten und Feuerschlucker, afroamerikanische Trommler, zu deren

Rochus, der Pestheilige

Rochuskapelle auf unserem Berg

Rhythmen mit Vorliebe verklemmte Touristinnen aus dem Mittelwesten tanzten.

Abseits, am Rande des Treibens sah ich einmal zwei langhaarige Indianer sitzen, einen jungen und einen alten. Sie schienen hungrig zu sein.

San Francisco ist ein Magnet für viele Indianer, die ihrem schwierigen Los in den trostlosen Reservaten entfliehen wollen. Auch die junge Cheyenne-Frau, die ich vor Jahren in Yellowstone kennen gelernt hatte, wollte weg aus dem Reservat, diesem ländlichen Konzentrationslager, wollte mit mir nach San Francisco durchbrennen, ein neues, freies Leben anfangen. Manchmal haben sie Glück, finden ein Auskommen, aber meistens verelenden sie, verfallen dem Alkohol.

Die beiden sahen aufmerksam zu, wie die vorbeischlendernden Touristen den Straßenmusikanten Münzen in die bereitliegenden Mützen warfen. Sie schienen zu denken: Wenn die das können, dann können wir es auch. Der alte Weißhaarige hatte eine indianische Rahmentrommel bei sich – er benutzte sie wahrscheinlich sonst, um seine Hilfsgeister herbeizurufen. Er legte seinen Cowboyhut umgekehrt auf den Boden und begann die Trommel im langsamen Rhythmus zu schlagen. Ich hörte aufmerksam zu – schließlich war ich Ethnologe. Es dauerte nicht lange, da fing der Jüngere an zu singen. Es war eher ein Heulen, das Heulen eines Coyoten.

Das monotone Trommeln und Heulen ließ mich in Trance fallen. Auf einmal war es wirklich ein Steppenwolf, der da heulte. Ich sah, dass das Land, welches Amerika genannt wird, ganz leer ist. Wir waren ganz alleine da, die beiden Indianer und ich. All die Touristen, die Sänger und Straßenmusikanten, die afroamerikanischen Trommler, die Japaner mit den Kameras, die Ghettojungen mit plärrendem Transistorradio auf der Schulter, die Schwulenpärchen, die Luftballon- und Eisverkäufer, sie alle waren weit weg. Sie waren nicht mit dem Erdboden verbunden, nicht wie die Indianer, nicht wie ich es war. Sie träumten noch europäische, afrikanische, asiatische Träume. Sie träumten noch nicht die Träume der Schildkröteninsel (Nordamerika). Hollywoodfilme, Schulen, Romane, Shakespeare-Festivals, Kreppsohlen, Sonnenbrillen, Asphalt, Zement, englischer Rasen und vieles mehr lenkten oder schirmten sie ab. Sie waren nicht da. Noch nicht. Sie träumten von Flügen ins All, von der Besiedelung des Mars; sie feierten Mondlandungen, dabei wussten sie noch nicht einmal, wie man auf der Erde lebt. Sie gaben ihren Kindern Micky Maus, Donald Duck, Batman und andere Fantasiefiguren, aber die Götter, die *Maheo*, dieses Landes, dieser Wälder, Berge und Flüsse kannten sie noch nicht. Sie nehmen nur, aber geben nichts an die Mutter Erde zurück, nicht einmal ihre Toten; diese legen sie in wasserdichte, luftdichte Särge – garantiert 1000 Jahre hermetisch versiegelt, versicherte mir mal ein Sargverkäufer. Ob sie je ankommen? Ob sie je Wurzeln schlagen? Oder verpuffen sie einfach in virtuellen Welten?

Keiner sah die Indianer, die da die Trommel schlugen und das Coyotenlied sangen. Doch da kam ein Mann mit einem etwa fünfjährigen Jungen an der Hand daher.

„Daddy! Daddy, schau mal, Indianer. Echte Indianer." Er zeigte aufgeregt mit dem Finger auf die beiden.

Der Mann zückte seine Kamera, drückte ab, als ob er damit die ungewöhnliche Erscheinung neutralisieren könne, und zog den Jungen weiter: „So, nun komm jetzt endlich!"

Kurz darauf hörten die Indianer auf zu singen. Der Coyote verstummte. Die Vision der Weite und der Leere des Kontinents löste sich auf. Die Indianer schauten in ihren Hut. Er war leer. Niemand hatte eine Münze – nicht einmal einen *Nickel* oder einen *Dime* – hineingeworfen. Da war nichts für einen Schluck Whisky oder Billigwein, der einen die Sorgen vergessen ließ.

DEVELOPMENT

Das Rogue-River-Tal im südwestlichen Oregon war einst eine Parklandschaft aus grünen Wiesen und Eichenhainen, die an den Berghängen und Hügeln in einen Mischwald aus Koniferen, Erdbeerbäumen (Madronen), Manzanita, Lorbeer und anderen Bäumen überging. Im Spätsommer wird es trocken: Die Grasflächen färben sich braungelb, der Wald knistert vor lauter Trockenheit. Im Spätherbst setzt die Regenzeit ein, der Wald wird grün, dicke Moose und lange graugrüne Bartflechten schwellen an, unzählige Pilze sprießen aus der nun verrottenden Waldstreu. Dieses Arkadien war einst ein Bärenbiotop. Die Rogue-Indianer, die das Land mit den Bären teilten, waren ein einfaches Volk, das fast dasselbe aß wie die Bären: Eicheln, Beeren, Wurzeln und Fische.

DIE ROGUE-INDIANER

Die Gegend am Rogue River war einst von kleinen Gruppen der Takilma-Indianer bewohnt. „Ta kel ma" bedeutete in ihrer Sprache „Die, die am Fluss wohnen". Da sie klug waren und die weißen Eindringlinge oft überlisteten, nannten die französischen Trapper sie „Les Coquins", die Schurken. Die Goldsucher, die beim kalifornischen Goldrausch wie Heuschrecken in das Land einfielen und die meisten dieser Ureinwohner umbrachten, nannten sie verächtlich „Rogues", was ebenfalls Schurken bedeutet. Eigentlich waren sie jedoch einfache Wildbeuter, die in der Natur den Großen Geist, der manchmal die Gestalt eines Bären annahm, verehrten; der Urschamane wurde in der Gestalt eines schelmischen Coyoten verehrt. Stammesversammlungen fanden alle 28 Tage, bei jedem Vollmond, statt.

Das Land war so reich an Wild und Sammelpflanzen, dass sie nicht nomadisierend umherzogen, wie etwa die Shoshone. An dem Ort, wo sich heutzutage die Stadt Grants Pass befindet, standen einst ihre festen, viereckigen, mit duftenden Gräsern und Kräutern ausgelegten Wohnhütten, in deren Mitte sich jeweils eine Feuerstelle befand. Als zusätzliche Beleuchtung dienten Lämpchen mit dem Öl von ausgepressten Aalen. Unter der Decke hingen im Winter randvoll gefüllte Netze und Körbe mit getrockneten geräucherten Fischen, vor allem Lachs und Regenbogenforellen, gedörrtem Fleisch, Eicheln, Eichelmehl und getrockneten Beeren und Nüssen. In frühen Berichten heißt es, dass immer ein Topf mit Eichelmus und Rehfleisch am Herd bereitstand, so dass der wiederkehrende Jäger oder der hungrige Gast sich zu jeder Zeit etwas zu essen nehmen konnte. Gekocht wurde in Ledertöpfen oder engmaschig geflochtenen Körben. Nachdem diese mit Wasser und Zutaten gefüllt waren, sorgten glühend heiße Steine, die man in den Topf legte, für die zum Garen nötige Hitze.

Neben reichlich Fisch und Wildbret – Reh, Hirsch, Stachelschwein, Gabelböcke – aßen die Rogue-Indianer vor allem die im Herbst gesammelten Eicheln verschiedener Eichenarten. Die Ureinwohner Oregons und Kaliforniens bauten keinen Mais als Hauptnahrungsmittel an, denn es war viel einfacher und weniger aufwändig, sich mit den nahrhaften Eicheln zu versorgen. Die im Herbst gesammelten Eicheln wurden getrocknet, geschält und gemahlen und dann in einem wasserdurchlässigen Korb im fließenden Wasser so lange ausgelaugt, bis das Mehl keine Bitterstoffe und Gerbstoffe mehr enthielt und gut schmeckte. Auch verschiedene getrocknete Beeren ergänzten den Eichelmehl-Fleisch-Eintopf. Am beliebtesten waren die lachsroten, mehlig trockenen Beeren der Manzanita (aus dem Spanischen, „kleiner Apfel") und die des Erdbeerbaumes (Madrone), aber auch getrocknete Salal (Gaultheria shallon)*, Brombeeren, Felsenbirne* (Amelanchier alnifolia)*, Heidel-*

ROGUE-INDIANER,
UREINWOHNER SÜDOREGONS

beerarten, Himbeeren, Preiselbeeren, Hagebutten (Rosa woodsii)*, wilde Stachelbeeren und Johannisbeeren. Die Eicheln der im Rogue-River-Tal häufig wachsenden Weißeiche* (Quercus garryana) *waren beliebter als die der kalifornischen Schwarzeiche* (Quercus kelloggii)*, da sie weniger Bitterstoffe und Gerbsäure enthalten. Haselnüsse und Chinquapin* (Castanea chysoiphylla)*, eine an der Nordwestküste heimische Kastanienart, wurden ebenfalls für den Wintervorrat gesammelt.*

Die Kerne der Zuckerkiefer (Pinus lambertiana) *waren als Leckerbissen so begehrt, dass die Frauen weite Wege zurücklegten, um sie zu suchen, und auch Eichhörnchennester plünderten, um sie zu ergattern. Geröstete Heuschrecken galten ebenfalls als Delikatesse. Nagetiere und Echsen waren jedoch verpönt.*

Das Festtagsessen bestand aus gekochten Camas-Wurzeln (Camassia leichtlinii)*. Die Knollen dieser mit den Hyazinthen verwandten Art wurden in Ahornblätter gewickelt und in Erdlöchern auf heißen Steinen gegart. Sie sollen wie Süßkartoffeln schmecken.*

Das Frühlingsfest begann, wenn die Salme (Lachse) in großen Schwärmen flussaufwärts zu ihren Laichplätzen schwammen. Sie wurden mit Harpunen aus dem Fluss geholt. Das war auch die Zeit, in der die Indianer eine „Blutreinigung" mit dem frischen Frühlingsgrün durchführten.

Das beliebteste Erfrischungsgetränk bestand aus zerstampften, in Wasser eingeweichten Manzanita-Beeren. Als eine Art Allheilmittel – bei Magenschmerzen, Zahnweh, Erkältungen, zur „Blutverbesserung" – wurde die duftende Bergminze (Satureja douglasii)*, welche die Spanier Yerba Buena nannten, getrunken.*

Die meisten Eichen sind dem Fortschritt und Siedlerfleiß zum Opfer gefallen, die Rogue-Indianer gelten als ausgestorben. Die Bären haben sich in die höheren Berge zurückgezogen, aber immer noch wird ihnen zugesetzt: Jedes Jahr zog unsere Nachbarin aus, um einen Bären zu schießen, dessen Fleisch sie in Bratwürste verwandelte und das Jahr über in der Gefriertruhe aufbewahrte. Bewässerungskanäle durchziehen nun das Land, so dass auch im trockenen Sommer Luzernefelder wachsen und die Rinderweiden grün bleiben. Eine mächtige Holzindustrie, die auch das papier- und holzhungrige Japan mit versorgt und so das Außenhandelsdefizit verringern hilft, frisst sich immer weiter in die Hügel und Berge hinein. *Development* nannte man die fortschreitende Waldzerstörung.

Südoregon war damals, als wir dort lebten, eine unausgegorene, mehrfach in sich gespaltene Gesellschaft voller Tücken. Mehrfach entwurzelte Menschen lebten dort; nicht nur hatten sie, wie die meisten Amerikaner, ihre europäischen Wurzeln verloren, sondern auch jene, welche die Siedler in den Oststaaten und im Mittelwesten geschlagen hatten. Es standen sich zwei Lager gegenüber: Auf der einen Seite Umweltfreunde, die aber oft ein politisiertes, ideologisiertes Naturverständnis hatten, ohne wirkliche Naturliebe. Auf der anderen, durch ökonomische Zwänge bestimmt, die Holzfäller, welche die Verwüstung des Naturparadieses vorantrieben. Wie immer befanden wir uns irgendwo in der Mitte zwischen den Fronten. Mit keinem Lager konnten wir uns identifizieren.

Auf der einen Seite gab es das bunt gemischte Völkchen der Aussteiger, der aus den Großstädten geflüchteten „Freaks", der Sammler psychedelischer Pilze mit bizarren Ideen im Kopf, der bewaffneten Marihuanaanbauer, die meistens Vietnam-Veteranen waren, der Biobauern und Kommunarden, die von alternativen Lebensformen träumten, der Öko-Aktivisten, die von einer unabhängigen Republik „Ökotopia" schwärmten. Jeder hatte irgendein Rezept zur endgültigen Weltverbesserung in der Jeanstasche parat. Eine größere Gemeinschaft im Dorf Takilma lebte zusammen mit ihren Pflanzen unter dem Glasdach eines riesigen Gewächshauses. Sie waren überzeugt, dass Pflanzendevas ihnen nachts im Traum Botschaften zukommen ließen. Seitdem zwei der in dem Bergdorf Takilma lebenden Hippies am Straßenrand geköpft aufgefunden wurden, trug jeder in dem Ort eine Schusswaffe bei sich – offen sichtbar, wie es das Gesetz aus Pionierzeiten noch heute erlaubt. In einer großen biologischen Landkommune bei Wolf Creek beackerten und hackten barbrüstige Lesben ihre Gemüsefelder, unter Aufsicht einer kurz geschorenen, grauhaarigen, hageren Alten. Bei Vollmond tanzten sie die ganze Nacht, schwule Männer trommelten dazu. In der Stadt Grants Pass gab es jede Menge Versuche mit alternativen Lifestyles: vegetarische Essstuben, experimentelle Tanzstudios und Kinos, Meditationsgruppen, New-Age-Sekten, Heiler. Viele der Aussteiger und Lebenskünstler, auch mittellose Studenten des Colleges, lebten in selbst gebauten Hütten, Baumhäusern oder Zelten im Nationalforst.

Diesen Leuten standen die Farmer und vor allem die *Logger*, die Arbeiter in der Holzindustrie, gegenüber. Keine Drogen und Pilze hier, sondern Whisky und Bier. Kein Hippie-Gitarren-Geplärre, sondern harte *Country and Western Music*. Keine abartigen indischen Gurus oder Psilocybin-inspirierten UFO-Sekten, sondern fundamentales Christentum, keine Faulenzerei, sondern harte Arbeit. Keine experimentelle Sexualität, sondern Familie, so wie es in der Bibel steht. Keine Entmündigung durch „sozialistische" Bevormundung, sondern das Recht, die Freiheit mit den eigenen Waffen – schussbereit in der Fahrkabine des Pick-ups – zu verteidigen. Keine Schongebiete für irgendein seltenes Blümchen oder für räuberische Coyoten, sondern Fortschritt der Zivilisation mit Gewehr, Kettensäge und Bulldozer.

Die staatliche Forstverwaltung ließ die riesigen Wälder mit dem verdünnten Herbizid *Agent Orange*, das aus dem Vietnamkrieg übrig geblieben war, besprühen. Das sollte die „Konkurrenzvegetation", die breitblättrigen Pflanzen, die den Tannen angeblich zu viele Nährstoffe wegnehmen, eliminieren. Die Hütten und Baumhäuser der Hippiefamilien sowie ihre Marihuanafelder wurden gleich mit besprüht. Als es zu Protesten kam, fackelten die Forstangestellten die Häuschen ab. Die Naturschützer konnten wenigstens ein Wiederaufforstungsprogramm durchsetzen. Arbeitslose Hippies zogen mit jungen Bäumchen in die von den Raupen und Kettensägen verwüstete Landschaft. Da es aber im Sommer nicht regnet, gingen die gepflanzten Bäumchen alle ein. So kam es, dass die Hippies zwar noch zur Arbeit erschienen, in die entwaldeten Gebirge fuhren, dort aber nichts weiter taten – da es sowieso sinnlos war – als ihre Joints zu rauchen, um dann am Spätnachmittag wieder zurückzufahren. Die Wiederaufforstung fand nur in den Berichten nach Washington statt.

Die Naturzerstörung war allgegenwärtig. Jeden Tag sah ich auf dem Highway, auf dem Weg zum College, überfahrene Tiere: Skunks,

Waschbären, Rehe, Beutelratten, Eichhörnchen. Manchmal hörte man verletzte Tiere die Nacht hindurch schreien, bis der Tod sie in den frühen Morgenstunden erlöste. Die meisten wurden absichtlich überfahren. Es galt als Vergnügen, die auf der Straße laufenden Tiere mit dem Auto zu jagen. Es gab aber auch junge Idealisten, die sich ihrer erbarmten: Damit ihr Tod nicht vollkommen unnütz war, haben sie das Fleisch frisch überfahrener Tiere gegessen und so weit wie möglich ihre Pelze und Häute verarbeitet.

Naturzerstörung ist schwer zu ertragen. Wir sind ja nur im Kopf, in unseren Vorstellungen, von der uns umgebenden Natur getrennt. In Wirklichkeit fließen die ätherischen Energien, die von dem Wald und den Bergen ausgehen, durch uns hindurch. Wir merken es nur nicht, da wir uns ständig mit abstrakten Gedanken und Bildern ablenken. Wenn es in der Natur harmonisch zugeht, dann hat das auch eine harmonisierende Wirkung auf den Menschen, dann kommen ihm gute Träume und inspirierte Gedanken. Wo aber die Natur von Chaos und Zerstörung heimgesucht wird, da wird auch der Mensch aggressiv oder depressiv.

Die Aggression war unter den Umständen nie weit entfernt. Die Dozentin für kreativen Tanz wurde niedergeschossen, als sie vom College zu ihrem abgelegenen Anwesen zurückfuhr und ausstieg. Ihr kleiner Sohn konnte sich gerade noch unter einem Wagen verkriechen. Die Tankstelle, an der ich immer auftankte, war eines Tages geschlossen. Ein Biker hatte die Tankwartin erschlagen und dann das Blut aus ihrer Schlagader gesaugt. Als er gefasst wurde, sagte er, die Tat hätte ihm Leid getan, deshalb habe er, in der Hoffnung, sie würde in ihm weiterleben, ihr Blut getrunken. Eine Reihe schwarzmagische Anschläge fanden nachts auf weidende Kühe statt: Euter und Geschlechtsteile wurden abgetrennt. Wenn die Natur, wenn der Wald und seine Tiere geschändet werden, dann – so sagten es mir die Indianer – werden die Naturgeister wütend, dann springen sie in die Menschen und machen sie verrückt und selbstzerstörerisch. Die Erde ist ein riesiger Bär, sagte mir einer der Klamath-Indianer, irgendwann wird er genug haben und die Städte, die ihn wie Zecken belästigen, mit seinen Klauen einfach abkratzen.

Wie überall wanderte ich auch in Oregon viel. Beim Zu-Fuß-Gehen lernt man ein Land am besten kennen. Kreuz und quer ging ich. Eines Tages sprach mich einer meiner Studenten an. Er hätte mir das Leben gerettet, ließ er mich wissen. Ich sei nämlich entlang des Bewässerungskanals bei ihrem Grundstück gelaufen und sein Vater habe die Flinte geholt, um den „Hurensohn, der da auf unserem Grundstück herumspaziert" abzuknallen. „Was will der überhaupt? Hier ist *no trespassing*, kein Zutritt erlaubt!" Ehe er abdrückte, habe der Student gerade noch rufen können: „Der ist harmlos, das ist der verrückte europäische Professor!"

Einmal kam während meiner Vorlesung die Sekretärin aufgeregt in den Saal hereingestürzt. „Entschuldigen Sie! Ein Notfall. Der Chefarzt vom Krankenhaus ist am Telefon." Als ich dann den Hörer in der Hand hielt, schilderte der Arzt sein Anliegen. „Wir haben hier einen kleinen Jungen, der hat rote Beeren gegessen. Wir haben ihn sofort mit Sirene und Blaulicht in die Notfallklinik gebracht und seinen Magen ausgepumpt. Vielleicht können sie uns weiterhelfen, sie sind doch pflanzenkundig." Die Beeren, die er beschrieb, waren mir mehr als bekannt. Es waren die süßen, mehligen Manzanita-Früchte, die einst eine wichtige Rolle in der Ernährung der Rogue-Indianer spielten. Den erschrockenen Eltern fiel ein Stein vom Herzen. Ich aber dachte an den traumatisierten Jungen. Wie wird er je das gesunde, vertrauensvolle, entspannte Verhältnis zur Natur – das unser Geburtsrecht ist – wieder erlangen können? Eine Gesellschaft, die sich von der Erde und der Natur absondert, geht dem Wahnsinn und der eigenen Zerstörung entgegen. Das wussten die Naturvölker.

Nach dem zweiten Jahr war meine Anstellung voll amtlich. Wir hatten es geschafft, hatten endlich gutes Einkommen und Versicherung. Nun konnten wir unsere Zähne sanieren lassen. Leider aber war der Zahnarzt wahnsinnig. Er versicherte mir, er hasse Karies, er würde jeden braunen Fleck wegbohren. Und das tat er auch. Als ich, vollgepumpt mit Schmerzbetäubungsmittel, auf dem Stuhl saß, sah er mit seiner Schutzmaske wie ein Außerirdischer aus und seine Assistentin wie eine alte Hexe. Sie bohrten und plombierten mit Amalgam, wo es gar nicht nötig war. Hätten wir keine Versicherung gehabt, wären wir gesundheitlich besser dran gewesen.

Trotz der neuen Sicherheiten wollten wir weg. Wir meldeten uns für ein Projekt der Clinica Bernhorst, die in Guatemala den Indios das biologische Gärtnern beibringen wollte. Diese Indianer waren von den besten Böden, auf denen sich nun Kaffeeplantagen befanden, vertrieben worden und bauten nun auf den kargen Böden in den Hügeln ihren Mais und Bohnen an. Für das Projekt brauchte ich nur noch die Unterschrift des Leiters der lateinamerikanischen Studien der University of California. Also fuhr ich in meinem VW-Käfer im Winter die acht Stunden hinunter nach Palo Alto. Leider hatte der ein Loch oberhalb vom Gaspedal, so das es ständig eisig auf das Knie zog. Die Unterschrift bekam ich nicht, er wolle das Projekt lieber seinem Assistenten anvertrauen. Mit einem schmerzenden steifen Knie, das sich weder durch Salben noch durch heiße Bäder kurieren ließ, kam ich wieder zu Hause an. Im Frühling schlug ich das Knie mit frischen Brennnesseltrieben. Das Knie wurde rot, eine wallende Hitze durchglühte es. Im Nu waren Schmerzen und Steifheit verflogen. Wieder hatte ich einen pflanzlichen Verbündeten gefunden. Wieder einmal hatten mich die Pflanzen nicht enttäuscht und wieder einmal erfuhr ich, dass man selbst sein bester Arzt ist.

Eines Tages stand ich am Bewässerungskanal – auf dem Highway daneben lagen wieder platt gefahrene Tiere. Der Himmel spiegelte sich blau im Wasser, ein reines Blau, wie im Mittelmeer. Eine tiefe Sehnsucht befiel mich. Ob ich das schöne Mittelmeer je wiedersehe? Eine Gottheit muss mich angehört haben. Schon im nächsten Jahr badeten wir an der Küste Dalmatiens, ehe wir uns in eine Feldforschung stürzten – im schweizerischen Emmental.

BAUER IM EMMENTAL

Und darum sei der Bauernstand
uns aller Ehren wert!
Denn kurz und gut, wo ist das Land,
das nicht der Bauer nährt?

Christian F. Weiße, „Der Bauer ist ein Ehrenmann"

Wer wissen will, wie es im Schweizer Emmental ist, der sollte Jeremias Gotthelf lesen, etwa „Ueli der Knecht." Auch wenn die Werke Gotthelfs aus dem 19. Jahrhundert stammen, an dem Charakter und der Lebenseinstellung hatte sich, als wir im Herbst 1978 dort ankamen, kaum etwas geändert: Eine gestandene alte Bauernkultur inmitten einer anmutigen grünen Hügellandschaft, durchsetzt mit moosigen Wäldern. Auf saftigen Weiden grasten Simmentaler Fleckvieh oder das robuste Schweizer Braunvieh. Sie hatten Glocken um den Hals, so dass es auf Hügeln und in Tälern im Sommer bimmelte und läutete wie in den Klöstern Tibets. Keiner Kuh wurden die Hörner abgeätzt oder abgesägt – stolz sind sie, erhaben wie Königinnen bewegten sie sich. Keine hatte eine Nummer, alle hatten ihren Namen, alle wurden geliebt, von Menschen, die seit Gedenken freie, selbstständige Bauern waren.

Die alten, zum Teil noch mit Schindeldächern gedeckten, aus Holzbalken gezimmerten Emmentaler Bauernhäuser sind groß, geräumig. Wie zu Zeiten der Alemannen oder gar der Kelten leben Mensch und Tier – Kühe, Pferde, gelegentlich Schafe und das Hausschwein – unter einem Dach. Nur eine Wand trennt sie. Der Hofhund, der *Bari*, der wie ein kleiner Bär aussieht, gehört mit zu jedem Hof. Die Menschen nehmen selbstverständlich die sonnige Südseite für sich in Anspruch. Dort befinden sich die Küche, der Herd und Kachelofen – das Herz des Hauses – und die gute Stube; darüber die ungeheizten Schlafzimmer. Über dem Stall befinden sich Bühne und Heuschober. Zum Hof gehört noch der Getreidespeicher, eine Blockhütte auf Pfosten, die mit runden Steinplatten gegen hungrige Nager abgesichert ist. Die Bauart ist urgermanisch, man findet ähnliche aus Holzstämmen gezimmerte Speicher in Skandinavien. Auf die Bauform des Blockhauses griffen die nordeuropäischen Siedler zurück, als sie das amerikanische Waldland besiedelten. Zum Hof gehört auch das Altenteil, das *Stöckli*, wo der *Ätti* und das *Muetti* [16] sich nach dem *Chrampfe* [17], dem Leben voller harter Arbeit, ausruhen und auf die Ewigkeit vorbereiten. Auch ein solider Hühnerstall ist da und ein sauber gepflegter Gemüse- und Blumengarten, in dem alles prächtig wächst, dank der Mistkompostdüngung und des Achtens auf Mond und Sternzeichen. Hühner und Kleinvieh, Gemüsegarten, Haushalt – Kochen, Getreide mahlen und Brot backen, Kräuter dürren und Krankenpflege, Wäsche waschen, Stricken, Nähen, Socken stopfen –, all das gehört traditionell zum Arbeitsbereich der Frauen im Haus, der Großmutter, der Bäuerin und der Töchter. Die Männer und Jungen kümmern sich um die Arbeit draußen, um Vieh und Weiden, um das Schafscheren, um das Eggen und Pflügen mit den Pferden oder an steileren Hängen mit Schlepper und Seilwinde. Sie bringen die Milch zur Käserei, wo geplaudert und Neuigkeiten ausgetauscht werden.

Im November, wenn es anfängt zu schneien und zu gefrieren, wird Holz im Wald geschlagen. Weil nun kein Saft mehr durch die Bäume fließt, hält sich das Holz. Und wenn dazu der Mond noch *nidsigent*, also in die niederen Tierkreiszeichen absteigend ist, dann kann sich das Holz Jahrhunderte halten. Manche Bauernhäuser sind 300 Jahre alt, kein Holzwurm macht sich an ihnen zu schaffen.

Am Füttern, Melken und Misten beteiligen sich alle Hofbewohner. Der Mist wird nicht bloß auf einen Haufen geschmissen, sondern sorgfältigst aufgeschichtet, so dass er ein geflochtenes Muster bekommt. Das Holz wird unter dem ausladenden Dach, bis auf den Millimeter genau, kunstvoll aufgebeigt, ebenso die *Wädle*, die präzise geschnittenen Reisigbündel. Die Bäuerin flicht im Herbst die Zwiebeln zu kunstvollen Girlanden und hängt sie auf den Balkon. So ist alles sauber und ordentlich, das können dann alle sehen, besonders die Nachbarn, wenn sie am Sonntag auf dem Weg zur Kirche oder beim Spaziergang vorbeilaufen.

CHRAMPFE

In diese Welt, wo jeder Bauernhof ein kleines selbstständiges Königreich ist, stiegen wir ein. Ich hatte mich in Oregon vom College beurlauben lassen, um eine Feldforschung bei traditionellen mitteleuropäischen Bauern durchzuführen. Es war kurz nach dem ersten Ölschock, nach der Ölkrise, als die Araber die Öllieferungen drosselten und damit drohten, den Ölhahn noch weiter zuzudrehen. Auf einmal war der unterschiedliche Umgang mit den Energiequellen in den verschiedenen Kulturen Thema in der Kulturanthropologie und Sozioökonomie. Schockiert stellte man fest, dass die allseits bewunderte, riesige Überschüsse produzierende, hoch industrialisierte amerikanische Landwirtschaft 15-mal so viel Energie (in Kilokalorien gemessen) verbraucht wie sie erzeugt. Maschinen, Pestizide, Kunstdünger und Transport sind alle von fossiler, nicht erneuerbarer Energie abhängig. Allein der Nahrungsmitteltransport beansprucht mehr Kalorienmengen als die so verfrachteten Lebensmittel enthalten. In China dagegen, wo die Landwirtschaft eher eine Art Intensivgartenbau ist, wo mit geringstem Energieaufwand, mit gekonnter Kompostierung, mit Beachtung von Fruchtfolgen, Zwischenkulturen, korrekten pflanzensoziologischen Zusammenstellungen und dergleichen gearbeitet wird, werden für jede investierte Kalorie zwei bis drei gewonnen. Kulturökologie, also der Umgang der Menschen mit der Natur, die Interaktion der Jäger und Sammler, der brandrodenden Pflanzer sowie der verschiedenen bäuerlichen Kulturen mit der natürlichen Umwelt, war mein Thema. Ich wollte wissen, wie es mit der *energy ratio*, der Energiebilanz, in der traditionellen europäischen Bauernkultur aussah.

Im September kamen wir auf dem Hof im tiefsten Emmental an. Hier wurde noch mit Pferden gearbeitet, von Hand gemolken und mit einem einfachen Balkenmäher und mit der Sense das Gras fürs Futter geschnitten. Der hofeigene *Muni* (Stier) war mit auf der

Weide und deckte die Kühe. Fast die gesamte Nahrung, die gegessen wurde, wurde auch auf dem Hof erzeugt: das Korn für den Frühstücksbrei, das Mehl fürs tägliche Brot und für den Sonntagszopf, das Gemüse – vor allem Kohl, Möhren und Rote Beete –, die Erdäpfel (Kartoffeln), das Beeren- und Baumobst, der Honig und die verschiedenen Marmeladen, eingeweckte Früchte, das Trockenobst und Apfelschnitz, die Dürrbohnen, die Teekräuter, der Apfelmost. Eier stammten von den eigenen Hühnern; Milch, Butter und Käse von den eigenen Kühen, die wiederum nur Futter fraßen, das vom eigenen Hof stammte. Felder und Wiesen wurden nur mit dem eigenen, gut verrotteten Mist gedüngt, oder mit Gülle, die aus dem gesammelten Urin der Stalltiere, aus Regenwasser, Hühnermist und den Abwässern aus Küche und Abort bestand. Diese *Pschütti*[18] wurde in großen eingemauerten Gruben mit Hilfe von zugesetztem Steinmehl und abgemähten Brennnesseln vergoren und dann, an Regentagen, mit einem komplizierten System von Schläuchen und Rohren auf Feldern und Wiesen ausgebracht. Ja, diese Datenerhebung würde ein gut übersichtliches, interessantes Forschungsobjekt werden!

Man machte uns ein Zimmer frei im Stöckli. Da wohnten noch andere, die hier arbeiteten: Auszubildende, Gestrandete und junge Idealisten, die naturnahe Landwirtschaft näher kennen lernen wollten. Für die Bauern waren sie alle – wie wir bald erkannten – „Knechte". Auch wir. Fünf Uhr morgens standen wir auf. Meine Frau wurde zuerst in der Küche eingesetzt und dann zum Waschen und Bügeln. Ich bekam „Stalldienst". Das bedeutete, dass ich nach dem Füttern, Vormelken[19] und dem Striegeln, dann nach dem Frühstück, mit Mistgabel und Schubkarre den ganzen Stall ausmisten und mit frischem Stroh einstreuen musste. Das war harte Arbeit, nach einigen Tagen schmerzten Gelenke und Muskeln. Ich hatte den Eindruck, die Bauern wollten mal sehen, ob dieser dahergewehte Akademiker das aushalten würde. Nach dem Frühstück, dem *Z'Morge*, das mit einem Tischgebet begann und das aus gesalzenem Getreidebrei, Äpfeln, Milch und Kräutertee bestand, ging die Arbeit weiter: Milch zur Käserei fahren, Holz hacken, sägen, Weidezäune versetzen, Kartoffeln ernten, Getreidesäcke schleppen, Miststock aufsetzen, Boskopäpfel ernten, Garten umstechen, Jauche ausfahren, *Plagge* (großblättriger Ampfer) aus den Weiden stechen, Klauen schneiden und so weiter. Der Bauer nahm sich nicht viel Zeit, um die Arbeitsgänge zu erklären. Das ist typisch für die Emmentaler Bauernmentalität. Man geizt mit jeder Viertelstunde, die es zur Erklärung braucht, besonders, wenn öfters erklärt werden muss. Man lernt von klein auf, ohne viele Worte, durch sorgfältiges, genaues Nachahmen, ohne „kreative Einfälle". Gute Arbeit wurde prinzipiell nicht gelobt, aber wenn etwas schief ging, dann wurde geschimpft.

Nach dem Mittagessen gab es eine kurze Verschnaufpause. Da stopfte man Schweizer Schokolade in sich hinein, um etwas Kraft zu tanken. Nachmittags ging die Schufterei weiter, abends wieder melken – am Anfang schaffte ich nur drei Kühe –, füttern, ausmisten, einstreuen. Wie Blei fühlten sich die Glieder an, wenn wir am Abend erschöpft zwischen die Federn krochen. Der Schlaf war so tief, dass es schien, als seien wir gerade erst ins Bett gegangen, wenn der Weckruf am Morgen ertönte.

Das Stöckli wurde auch im kältesten Winter nicht beheizt. Im Emmental, wo die Gebäude aus Holz sind, fürchtete man ein Feuer, außerdem wäre das eine unnötige Verschwendung von Holz.

Am ersten Sonntag gingen meine Frau und ich nach dem Frühstück auf die Anhöhe nicht weit vom Hof entfernt. Wir waren fix und fertig. Wir legten uns unter einen Kirschbaum, der schon sein buntes herbstliches Laub hatte, und schliefen ein. Ich hatte Sehnenscheidenentzündung in den Armen und die Finger waren taub vom krampfhaften Festklammern an der Mistgabel. Die Bäuerin, die sich um die Gesundheit von Mensch und Tier auf dem Hof kümmerte, hatte mir rotes Johannisöl zum Einreiben gegeben. Aber das schien wenig zu helfen. Vielleicht sollten wir die Feldforschung abbrechen!

Die nächste Woche war fast noch schlimmer. Zum Glück übernahm jemand anders den Stalldienst. An dem folgenden Wochenende sagte der Jungbauer: „Komm, reiten wir mal durchs Emmental." Wir setzten uns auf die starken Kaltblüter – Sättel gab es nicht – und ritten gemächlich die Feldwege entlang, durch das herbstliche, in goldene Farben getauchte Emmental. Der Himmel war blau. Eine Märchenlandschaft. Der Rückweg führte über eine Anhöhe durch den Wald. Hier wurde es steil. Der Hof lag unterhalb.

Die Pferde wurden unruhig. Ihrem Stalldrang folgend galoppierten sie den Steilhang hinab. Ich rutschte dem Pferd in den Nacken und konnte mich gerade noch an der Mähne festhalten. Zum Glück war ich mit Pferden vertraut. Später erkannte ich, dass dieser Ritt etwas von einer Initiation an sich hatte. Es wäre den Bauern nicht unrecht gewesen, wenn der aufdringliche Akademiker vom „hohen Ross" gefallen wäre und seinen *Gring* (Kopf) aufgeschlagen hätte. Dafür hätten sie ihren Lieblingsspruch bereit gehabt: „Selber schuld!" Das Leben ist hart, die Arbeit ein Chrampf, es erfordert *Dürrehäbe* (Durchhalten), und wer 's nicht schafft, der hat eben Pech gehabt.

Allmählich fanden meine Frau und ich unseren Arbeitsrhythmus. Rhythmus ersetzt Kraft – das hatte einmal Rudolf Steiner gesagt. Bald schaffte ich es sogar, fünf Kühe von Hand zu melken, dann acht. Die Arbeit, immer noch hart und den Durchhaltewillen herausfordernd, begann auch Freude zu machen. Sie war abwechslungsreich und im Einklang mit den Rhythmen der Jahreszeiten. Anstatt an einem Herzinfarkt zu sterben, wie ich heimlich befürchtete, wurde ich gesünder, kräftiger und zugleich geistig klarer. Meine Frau ebenfalls.

Ehe es kalt wurde, mussten sämtliche Rüben, Kohlrüben und Äpfel geerntet werden. Die gesunden Äpfel wurden sorgfältig eingelagert, aus den wurmstichigen, dem Fallobst, wurde Most gepresst und der Trester an die Kühe verfüttert. Das Feld mit Zichorienwurzeln musste abgeräumt werden. Die fleischigen Pfahlwurzeln wurden kühl und trocken im Wurzelkeller gelagert. Später dann, von Weihnachten bis März, wenn die anderen Arbeiten ruhten, wurden die Wurzeln in guter Humuserde, bedeckt von einer 20 Zentimeter dicken Sand-Torf-Mischung, in selbst gezimmerten Kisten eingepflanzt und in den Kuhstall gestellt. Die vom Vieh erzeugte Stallwärme von rund 14 Grad Celsius und das regelmäßige Gießen genügten, um die als Salat oder Kochgemüse verwendbaren und mit hoher Gewinnspanne verkäuflichen, festen, weiß gebleichten „Brüsseler Chicorée" zum Austreiben zu bringen. Die ließen sich, zusammen mit eigens hergestelltem Quark, gut auf dem Berner Wochenmarkt verkaufen. Was von den Wurzeln nach der Ernte übrig blieb, fraßen die Kühe mit Genuss.

„Das Erwachen“

Die naturinspirierte Malerei von M. Scharpf

Auf der Sagter Ems

Ein Zwergenhelfer aus dem Garten

PFLÜGENDER BAUER

Vor Weihnachten begann auch die Arbeit im Wald. Holz wurde geschlagen, für den Herd oder auch als Bauholz. Mit dem Pferdegespann schleiften wir die Stämme aus dem Wald. Das ist eine schonende Arbeitsweise. Die schweren Raupen und Harvester, die man heutzutage im Wald einsetzt, beschädigen den Waldboden, wie auch die Wurzeln und Rinde anderer Bäume.

Bald lernte ich gut mit Pferden zu arbeiten, brachte Stämme zur Sägerei und Kisten mit Weichkäse zum Verladen an die Post. Der Postmeister holte seine Kamera, um mich zu fotografieren. Er wolle festhalten, so sagte er, wie ein Professor auch mal richtige Arbeit leistet. Im Frühjahr lernte ich mit Pferden zu pflügen und zu eggen. Das ist nicht einfach an steilen Hanglagen: Am Ende des Feldes musste man etwas nach oben Anlauf nehmen, die Pflugschar wenden und genau neben der vorhergehenden Furche wieder ansetzen. Aber Pferde sind verständig, sie haben eine Seele, sie arbeiten *mit* einem. Sie reagieren auf Wort und auf Wille. Als ich später anderswo mit dem Schlepper arbeitete, war es zuerst schwieriger, denn da hilft kein „Hüh“(Vorwärts), „Hot“ (Rechts), „Ischta“(Links) oder „Brr“ (Halt), um die Maschine in Bewegung zu setzen oder anzuhalten. Da arbeitet man mehr mit dem rationalen Verstand als mit der Seele, da muss man wissen, welche Knöpfe und Hebel man drückt. Auch einen voll beladenen Heuwagen oder einen Schlitten mit Holz die steilen, kurvenreichen Wege hinunterzuführen und dabei richtig zu bremsen, so dass das Gefährt die Pferde nicht überrollt, ist eine Kunst, die, wenn gemeistert, das Herz mit Freude füllt.

Die Weihnachtstage waren etwas ganz Besonderes. Am Nicholastag wurde der *Grittibänz*, ein Männlein aus Teig, mit Rosinenaugen und Knöpfen, rituell verspeist. Die zwölf Weihnachtstage, vom Heiligen Abend bis zum Dreikönigstag, waren richtige „Weihe-Nächte“. Es wurden – wenigstens bis zum *Berchtelis*-Tag (3. Januar) – nur die nötigsten Arbeiten gemacht. Am Heiligen Abend wurden auch die „Knechte“ in die gute Stube gelassen, es gab *Guetslis*, Kekse, und andere Leckerbissen, und der Bauer drückte jedem 50 Franken in die Hand. An dem Abend gingen wir alle durch den Stall und sangen den Tieren Weihnachtslieder vor. Das muss die Kühe erfreut haben, denn ihre Milchleistung stieg in den folgenden Tagen merklich an. Den Hühnern kochte die Frau einen Topf Spaghetti als Weihnachtsfraß. Für die glücklichen Hühner waren das lauter saftige Würmer. Der Bauer erzählte, dass in der heiligen Christnacht die Tiere reden können. Ein junger Bursche wollte herausfinden, ob das auch stimmte. Er ging in den Stall, aber da er das lange Aufbleiben nicht gewohnt war, schlief er bald ein. Er war enttäuscht, das Wunder verpasst zu haben. Er hätte lediglich geträumt, dass die neuen *Guschtis* (junge Kühe) gesagt hätten, es gefalle ihnen gut auf dem Hof, nur hätten sie gerne etwas Salz. Da sagte der Bauer: „Ach ja, ich habe ja vergessen, ihnen Salz zu geben.“

Auch wenn die Tiere sonst nicht reden können, glaubte man, dass sie trotzdem verstehen. Als einmal im Stall vom Schlachten einer Kuh gesprochen wurde, sagte die Tochter des Bauern entsetzt: „Das darf man nicht sagen, die Tiere verstehen jedes Wort.“

Jeden Donnerstag nahm ich mir frei, badete, zog einen Anzug an, band mir eine Krawatte um und fuhr mit Landbus und dem Zug nach Bern. Dort hatte ich als Gastdozent der Universität Vorlesungen zum Thema Kulturökologie zu halten. Der Bauer blendete das aus seinem Bewusstsein aus, es war nicht Teil seines Weltbildes; es war, als ob sich „Ueli der Knecht“ in einen Außerirdischen verwandelte. Auch für die Studenten muss ich eine merkwürdige Erscheinung gewesen sein. Den Kuhgeruch kann man nicht ohne weiteres abwaschen, ich konnte mich kaum für die Vorlesungen vorbereiten und zudem war ich erschöpft von der harten Arbeit. Zum Glück hatte ich Vorlesungsnotizen zum Thema aus Oregon mitgebracht, und mit mehreren Tassen Kaffee ging es dann. Einmal wurde ich zu einer Abendgesellschaft eingeladen und anderen Gästen als Universitätsdozent vorgestellt. Eine Frau lachte: „Soll man das wirklich glauben?“ Ja, die rauen ungepflegten Hände, der vom Umgang mit Erde und Tieren geprägte Gesichtsausdruck, der Stallgeruch, wohl auch meine eher unmodische Kleidung ließen mehr auf einen Hinterwäldler schließen. Von da an mied ich solche Feierlichkeiten. Ich war sowieso nie Freund von Cocktail-Partys gewesen.

Einmal kam mich mein Kollege und Freund Prof. Rupert Moser, ebenfalls Ethnologe, auf dem Hof besuchen. Ich war gerade im Stall, die *Zottelichappe*[20] auf dem Kopf, beim Melken der Kühe. „Um Himmels willen“, sagte er, „was machst du da!“

„Das ist *participant observation*, teilnehmende Beobachtung. *Going native*, wie es die britischen Völkerkundler nennen!“, rechtfertigte ich mich.

„Ja, aber warum musst du dich überanstrengen mit Melken und in Kuhscheiße herumstehen. Es wäre doch viel eleganter, einfach daneben zu stehen und zum Beispiel genau zu zählen, wie viele Striche der Melker macht.“

Nun, da war es wieder. Die Fiktion des objektiven Erkennens. Für mich kommt alles, was nicht durchlebt und mit dem ganzen Wesen erfahren wird, der Gefahr nahe, eine Abstraktion zu werden. Man versteht nur, wenn man in das Phänomen hineinschlüpft, wenn man es von innen her, mit Herz und Seele gelebt hat. So hat unsere Zivilisation ganze Berge von Wissen angehäuft, inzwischen auch elektronisch verwaltet, aber dabei geht das tiefere Verstehen verloren.

Oft verkaufte ich unsere Erzeugnisse – Weichkäse, Gemüse, Dörrobst – am Marktstand auf dem Berner Wochenmarkt. Auch fuhr ich zu verschiedenen biologischen Höfen im ganzen Emmental und holte in schweren Kannen die Milch, die für die Weichkäsemanufaktur bestimmt war. Das war im schneereichen Winter oft nicht einfach. Auf steilen, verschneiten, manchmal gefährlich vereisten Seitenstraßen musste ich aufpassen, nicht über den Abhang zu rutschen, musste Ketten anlegen und diese dann auf den gesalzenen Hauptstraßen wieder abmontieren. An, ab, an, ab ... mit steifen, halb gefrorenen Fingern und blutig geschabten Knöcheln. Auf dem Rückweg hielt man gerne noch mal beim Wirtshaus „Zum Bären" und trank einen heißen „Kaffee fertig", einen Kaffee mit einem Schuss Obstler, um die Nerven wieder ins Lot zu bringen. So kam man herum, lernte Berndeutsch verstehen und wusste, was die Menschen bewegt.

Sonntags gingen meine Frau und ich gerne zum „Bären". Da gab es Kaffee und Kuchen, oder als Abwechslung eine Berner Platte mit Sauerkraut, Schweinefleisch, Wurst und Kartoffeln. Einmal, als kaum andere Gäste anwesend waren, setze sich die Wirtin zu uns. Sie begann ihr Leid zu klagen. Fremden gegenüber, die nicht Teil des sozialen Gefüges sind, kann man seine Seele ausschütten. 25 Jahre lebe sie schon in dem Dorf als Frau des Dorfwirts und dennoch sei sie eine „Eingeheiratete", eine Fremde, noch immer wird sie nicht von den anderen voll akzeptiert. Wo komme sie denn her, fragten wir, sie ist doch nicht aus dem Ausland? Wir waren erstaunt, als sie sagte, sie sei aus Burgdorf. Das ist keine 20 Kilometer entfernt!

Freitagabends zog es uns in ein anderes Gasthaus, das Gasthaus „Zur Sonne". Hier verkehrten keine Touristen, keine Fremden. Hier kamen die einfachen Bauern und Knechte zusammen. Die Wirtin begrüßte jeden mit Handschlag. Am Freitag buk sie frisches Brot, Berner Brot mit knuspriger Rinde. Dazu gab es *Gnagi* – frisch gekochte Füße, Schwanz, Ohren, Schnauze, Zunge – von einer frisch geschlachteten Sau. Dazu gutes Bier, eventuell für die Alten, die schon im Stöckli wohnten, auch einen labenden Schluck welschen Weins. Hier, mit Schweinefleisch und Bier, hätten sich auch die alemannischen und keltischen Vorfahren dieser Menschen wohl gefühlt. Es wurde geraucht und geredet, Ländlermusik gehört und bis spät in die Nacht *Jass* – ein Berner Kartenspiel – gespielt. Da konnten sich Leib und Seele vom Chrampfe erholen. Wenn es der Wirtin zu spät wurde und sie schließen wollte, dann legte sie modernen Rock'n Roll auf den Plattenspieler. Das funktionierte, da dauerte es nicht lange und das verrauchte Lokal leerte sich.

Einmal nahmen wir eine amerikanische Germanistin, eine Gotthelf-Expertin, zur „Sonne" mit. Als sie sich vor dem Gnagi ekelte und es ihr beim bloßen Anblick der gegarten Schweineanatomie fast schlecht wurde, wurde mir klar, dass sie nichts von Gotthelf und der bäuerlichen Welt, die er beschreibt, verstand.

Am ersten Mai-Wochenende war Bauerntheater im „Saal der Sonne". Die gesamte Gemeinde, alle in Sonntagstracht, war da. Alles war mit frischem Birkengrün geschmückt. Auf der Bühne plätscherte ein Brunnen, ein Feuer brannte ebenfalls in einer Feuerstelle. Feuer und Wasser, die Urelemente der alten Kelten! Mit Alphornblasen und Andachtsjodler begann das Fest. Es folgte die Vorstellung des Stücks „Wilderer Bluet"; es waren alles Einheimische, die mitspielten. Die Geschichte: Ein braves Bauerntöchterlein, tugendhaft und unverdorben, verliebt sich in den verwegenen jungen Wilderer. Nach vielen Prüfungen und Schwierigkeiten finden sie den Segen der Gemeinschaft und vermählen sich. Feuer und Wasser. Die heilige Hochzeit, die Götterhochzeit. Ein uraltes, ewig neues Mysteriendrama. Es ist wie jedes Jahr: Die Zuschauer sind bewegt. Gleich danach fängt das ausgelassene Feiern an. Die Ländlerkapelle spielt auf. Es wird geschmaust und getrunken, *g'schnurret* (geredet) und gescherzt, gelacht und getanzt – bis in die frühen Morgenstunden. Dann brummen die Kühe im Stall, dann muss gegrast, gefüttert, gemolken und gemistet werden. Aber keiner ist müde, im Gegenteil, alle sind aufgeladen, haben Kraft getankt. Selbst die Natur: Gestern war es noch kalt, es schneite; heute strahlt die Sonne, es ist Tauwetter. Der Sommer ist da, er wird bleiben. Wie in Urzeiten – an der Scheide zwischen Eis und Feuer, zwischen Winter und Sommer – wurde das Fest gefeiert und alle waren anwesend: Jung und Alt, und, für äußere Augen nicht sichtbar, die Ahnen und die Naturgeister. Solche Feste, im kosmischen Einklang gefeiert, strahlen Segen über das ganze Land.

BÄUERLICHE ASTROLOGIE

Die Vegetation wächst und vergeht im Einklang mit dem Lauf der Sonne durch den Fixsternhimmel. Der Mond löst Ebbe und Flut, Wetterwandel, Wachstumsschübe bei den Pflanzen und Verhaltensveränderungen bei Mensch und Tier aus. All das wurde wichtig zu beachten, als die Menschen im Nahen Osten mit dem Beackern des Bodens anfingen. Schon in babylonisch-sumerischen Zeiten haben sie in den Himmel geschaut. Das europäische Bauerntum übernahm den zwölfgliederigen Tierkreis der alten Babylonier und las Korrespondenzen heraus, Entsprechungen zwischen dem jeweiligen Stand der Wandelsterne – Planeten, Sonne und Mond – und den Veränderungen auf Feld und Wiese.

So war es ebenfalls bei den Emmentaler Bauern. Sie sahen den Tierkreis als eine Art makrokosmischen Urmenschen, dessen Füße die Fische sind und dessen Kopf der Widder ist. Die jeweiligen Konstellationen wurden bildhaft verstanden und der Mond, der den Tierkreis in 28 Tagen durchwandert, galt als Zeiger, welche Kräfte gerade am stärksten waren. Stand der Mond in den Fischen, dann wurde kein Sauerkraut oder Gurken eingemacht, denn dann könnten sie ja wie Füße stinken. Kohl, im Zeichen der Jungfrau gesetzt – das ist der Bauch des „Kalendermenschen" –, wird rund und kugelig. Zwiebeln sollten im Steinbock gesteckt werden, denn dann werden sie fest. Und die Möhren werden keinesfalls im Zeichen des Krebses ausgesät, denn dann werden sie von Ungeziefer zerfressen oder „krebsen", das heißt, sie machen nur kleine krumme Würzelchen.

Unter den zwölf Tierkreisregionen gibt es solche (Jungfrau, Stier, Steinbock), in denen die Erdkräfte stärker wirken. Wenn der Mond sich in ihnen befindet, ist es günstig, Erdarbeiten zu verrichten, etwa pflügen, eggen, Wurzelgemüse säen, Kartoffeln ernten. In den Wasserzeichen (Krebs, Fische und Skorpion) wird bewässert, gegüllt oder es werden Blattgemüse gesät. In den Licht-Luft-Zeichen (Zwillinge, Wassermann und Waage) werden Blumen gesät. Und schließlich in den Feuerzeichen wird mit Obst, reifendem Getreide gearbeitet oder die Saatvermehrung vorgenommen. Dieses System der Trigone des siderischen Mondes ist Grundlage des alljährlich erscheinenden Saatkalenders der Maria Thun. Auch unser Bauer im Emmental hielt sich, als ob es der Katechismus wäre, streng an die Anweisungen dieses Kalenders. Einmal im Spätherbst waren wir beispielsweise beim Ernten der Boskopäpfel. Eine Kaltfront war im Anzug. Doch dann kam der Bauer und befahl uns sofort aus den Bäumen herauszusteigen, denn nach dem Kalender der Frau Thun hätte gerade jetzt, in dieser Stunde, der Mond das Frucht- und Feuerzeichen verlassen. Am nächsten Tag erfroren die Äpfel, die noch an den Ästen hingen.

Für die Schweizer Bauern, wie überhaupt im alemannischen Raum, spielt der tropische Mond eine noch wichtigere Rolle als der siderische Mond. Darunter versteht man die Bewegung des Mondes hinauf zum nördlichen Wendepunkt im Zeichen der Zwillinge und wieder hinab zum südlichen Wendepunkt in dem niedrigsten, horizontnahen Sternbild des Schützen. Der aufsteigende Mond wird „Obsigend“, der absteigende „Nidsigend“ genannt. Wenn der Mond aufsteigt – so ist man überzeugt –, wird alles Wachsende und Aufwärtsstrebende gefördert, während der absteigende Mond die gegenteilige Wirkung hat: Darum steckt man die Kartoffeln, sät man die Rüben im Nidsigend, sonst gibt es nur Stauden. Man güllt im Nidsigend – am besten im stinkigen, wässrigen Skorpion –, damit es gut in den Boden eindringt; man schaufelt Gräben oder jätet Unkraut. Holz wird geschlagen, wenn beide, Sonne und Mond, absteigend sind. Aussaaten, insbesondere beim Getreide, werden immer im Obsigend, am besten in einem der fruchtbaren Zeichen, unternommen.

DER ALTE VOM BERG

Gelegentlich kam der alte Bauernphilosoph Arthur Hermes auf den Hof, gab praktische Ratschläge und führte mit viel Humor Kurse durch, die dem harten bäuerlichen Leben etwas Leichtigkeit geben sollten: Kochkurse, Tonmodellierkurse, Heilkräuterkurse, Kurse zur Herstellung von Puppen. Die Bäuerin Käthi kannte den weißhaarigen Alten schon seit ihrer Jugend. Damals litt sie an Tuberkulose. Als es ihr einmal ganz schlecht ging, erschien ein kleines graues Männlein an ihrem Bett und nannte ihr ein Heilmittel, das ihr auch wirklich Genesung brachte. So hatte sie kein Problem mit den Elementarwesen und Engelkräften, von denen Arthur Hermes immer sprach.

Arthur Hermes wurde in eine Bauernfamilie in der Lüneburger Heide geboren, zu einer Zeit, als es weder Strom noch Autos gab. Der Boden des elterlichen Hauses bestand noch aus gestampftem Lehm, das Dach aus Stroh. So war man ständig und unmittelbar mit den irdischen und den kosmischen Kräften verbunden, sagte er. Erst durch die Schule kam er mit dem Geist der modernen Zeit in Berührung. Ein Lehrer, mit Monokel und einem gezwirbelten Kaiser-Wilhelm-Schnurbart, der zudem kein Plattdeutsch sprach, steckte im Naturkundeunterricht eine lebendige Eidechse in ein Glas Formaldehyd. Das machte Arthur Hermes so zornig, dass sein Vater ihn warnen musste: „Vergreife dich nicht an dem Lehrer!"

Den Ersten Weltkrieg verbrachte der Bauernbursche in den Schlammgräben Flanderns. „Da lernt man den Charakter der Menschen kennen!" Die Zeit danach wanderte er als „Wandervogel" und versuchte als Künstler seine Welt wieder zusammenzukitten. Da war es auch, dass er auf die Lehre Rudolf Steiners stieß. Das anthroposophische Vokabular lieh ihm die Worte, in die er seine persönlichen Erfahrungen kleiden konnte. Mit knapper Not ist er einem Erschießungskommando während der Hitlerzeit entkommen, denn er mochte den Führer, „diesen Friseurtyp", nicht. Er zog sich zurück in den Schwarzwald, wo er wieder mit der Landwirtschaft anfing. Anfang der 50er Jahre hielt er dann auch Kurse zum Thema biologisch-dynamische Landwirtschaft im Emmental, wo er sich mit dem Großbauer und Gemeinderat Siegenthaler aus Zollbrück anfreundete. Hermes spricht die Sprache der Menschen, die seit ihrer Geburt mit dem Stallgeruch in der Nase aufgewachsen sind. Mit viel ländlichem Humor verstand er es, die Kursteilnehmer für eine naturnahe Landwirtschaft zu begeistern. Die Kurse erregten Aufsehen, bald hatten sich 60 Höfe in der Schweiz seinen Lehren angeschlossen.

Die Schweizer Bauern wollten den weisen Ratgeber in der Nähe haben. Sie ebneten den Weg, dass er ins Schweizer Jura auf einen Einsiedlerhof unterhalb von Mt. Aubert und oberhalb vom Neuenburgersee ziehen konnte. Im Alter von 60 Jahren packte er seine Kühe, Schafe, Hühner und den Pflugochsen in einen Eisenbahnwaggon und zog mit Frau, Sohn und Tochter auf den abgelegenen Hof. In Concise, einem Winzerdorf beim See, lud er Wagen und Tiere aus. Ein Volksauflauf schaute zu, wie er mit Hab und Gut, Kind und Kegel den Berg hinaufzog. Das Bauernhaus, das sich an einen Hügel mit Megalithsteinen schmiegt, hatte zehn Jahre leer gestanden und die Felder und Wiesen ebenso lange brach gelegen. Mit nicht zu bändigendem Willen pflügte er den Boden mit seinem Ochsen. Die Hühner wurden in einem Schlafzimmer untergebracht, bis der Hühnerstall gebaut war. Eine Werkstatt wurde zusätzlich errichtet, in der Kunsthandwerk und Spielzeuge im Winter hergestellt wurden, um das Einkommen zu verbessern. Wasser gab es aus der Zisterne. Der Kalkstein des Jura hält kein Wasser, daher besteht die Gefahr, dass im Sommer die Wiesen und Felder verdorren. So kam es öfters vor, dass er mit einem vom Ochsen gezogenen Kesselwagen ins Tal musste, um Wasser aus dem See zu holen, damit das Vieh nicht verdurstete. Zugleich musste er Äste schneiden oder Bäume fällen, damit seine Tiere etwas Laub zu fressen hatten. Mit eisernem Willen bohrte, grub und sprengte er einen Brunnen tief in das Gestein, wurde des Wassers aber nie fündig.

Das Leben auf dem Berg sei nicht möglich, beteuerte er, ohne das feste Vertrauen in die „geistige Führung“ und die Mithilfe der Elementarwesen. Durch Arthur Hermes lernten wir ein sakrales archaisches Bauerntum kennen. Für ihn war die ganze Natur lebendig und bewusst. Die Erde, welche die Pflanzen wachsen lässt, war für ihn die Mutter Erde, immer gebärend, immer jungfräulich. Die Sonne, welche die Scholle wärmt, in ihr die Lebenskeime weckt und ihnen die gestaltgebenden kosmischen Kräfte zustrahlt, war für ihn das sichtbar gewordene Licht des Göttlichen. Es ist dieselbe Sonne, die in unserem Bewusstsein leuchtet, die im Mikrokosmos im Herzen wohnt und sich auch in der Geschichte vor 2000 Jahren als Heiland verkörpert hatte.

Wir hatten Arthur Hermes schon einige Jahre zuvor in der Dorfgemeinschaft an der Rhone kennen gelernt. In den zwölf Weihnachtsfeiertagen wollten die Mitarbeiter etwas Besonderes machen. Unser Bauer sagte, er hätte von einem weisen alten Mann gehört, der Kurse gibt. Daraufhin wurde dieser eingeladen. Ich erwartete ein altes Männlein, das angelesenes anthroposophisches Wissen weiter vermittelt. Aber Hermes, der schon weit über 80 Jahre alt war, kam daher wie ein Riese, oder besser gesagt wie ein Bär, und seine bunten Geschichten waren alles andere als fade Intellektualismen. Er lehrte uns während der zwölf Tage seine planetarische Küche. Die Farbe, Gestalt, die Wachstumsgesten in den Pflanzen, lehrte er uns, werden von den Einflüssen der sieben sichtbaren Wandelsterne mitgestaltet. Man kann also von Marspflanzen – das sind meist rote, stachelige, tief wurzelnde Gewächse –, von aufgedunsenen, schnell wachsenden Mondpflanzen, von gelb blühenden, ölhaltigen Jupiterpflanzen, von grauen, bitter schmeckenden Saturnpflanzen und so weiter sprechen. Da die Planetenkräfte auch in uns wirken und in den Hauptorganen unseres Körpers ihre jeweilige Entsprechung haben, sollten wir darauf achten, „dass alle Planeten mit in den Kochtopf kommen". Am Mondtag aß er Gemüse mit einer Mondsignatur, am Dienstag solche mit einer Marssignatur, am Mittwoch solche mit einer Merkursignatur und so weiter[21]. Um die planetarischen Kräfte in der Speise noch zu potenzieren, kochte Arthur Hermes an jedem Wochentag mit Holzarten, welche die jeweilige Signatur des Planeten haben. So gibt das Buchen- oder Tannenholz eine Saturnwärme von sich und wird zum Kochen der Saturngemüse wie Mangold, Sellerie, Blaukraut oder Melde verwendet. Das Eschenholz, das zu einer reinen weißen Asche verbrennt, strahlt die formgebenden Energien der Sonne aus und eignet sich zum Kochen von feinem Gemüse wie Blumenkohl oder Schinkenwurzel.

Hermes und seine Lehre faszinierten uns. Meine Frau und ich besuchten ihn daraufhin in seiner schwer zugänglichen Waldeinsiedelei. Man konnte nicht direkt zum Hof fahren, man musste laufen. Jedes Mal, wenn Besuch kam, meldete es ihm ein Specht, der schreiend Richtung Haus flog. Da legte Hermes seine Arbeit beiseite und bereitete sich auf den Besuch vor. Besucher, die zu lange blieben, mussten ihm jedoch bei der Arbeit mithelfen.

Viele Wochen, über Jahre hinweg, haben wir den Alten besucht und seine Weisheiten wie frisches Quellwasser in uns aufgesogen. Es war wunderbar zu beobachten, wie er im Garten mit den Pflanzen umging. Er hielt die Setzlinge in der Hand und ließ seine

„innere Sonne“ auf sie strahlen, ehe er sie behutsam in die Erde setzte und den Boden mit Mulch bedeckte, „so wie man Kinder abends mit der Decke zudeckt“.

Sein Leben war eingebunden in die kosmischen Rhythmen. Am Morgen begrüßte er die Sonne und alle Geistwesen und legte sich den kommenden Tag zurecht; am Abend verabschiedete er das Himmelsgestirn, versenkte seinen Geist und hielt Rückschau. „Man muss jeden Tag den Morgen mit dem Abend verbinden“, sagte er.

Auch in den Jahreszyklus war er ganz eingebunden. Im Frühling machte er die Blutreinigungskur mit frischen Kräutern, zu Ostern schöpfte er „Osterwasser“, welches das ganze Jahr nicht verdirbt und zur Zubereitung der Kräuterheilmittel benutzt wurde. Zu Mittsommer zündete er das Johannisfeuer an und zu Michaelis (29. September) säte er unter dem Schutz des himmlischen Streiters das „Michaelskorn“ aus, das Wintergetreide, aus dem er sein Brot backen würde. Zu der Jahreszeit kochte er auch die Holundersuppe, die eine Kultspeise war, eine Vorbereitung und Lebenskraftstärkung für den kommenden Winter. Den Holunderbusch, der am Haus wuchs, verehrte er sehr. Er zog tatsächlich den Hut vor ihm, wie das Schweizer Sprichwort mahnt: „Vor dem Holunder soll man den Hut abziehen, vor dem Wacholder das Knie beugen.“ Die Beeren wurden gekocht und passiert, gesüßt und mit Grießklößen serviert.

Hermes konnte seine Rinder mit bloßen Gedanken rufen. Er wusste ebenso wie die Indianer und Naturvölker um den reinen, nicht verkörperten Gruppengeist der jeweiligen Tierart. Mit diesem Geist, diesem mit einem „Ich“ begabten Wesen, kann man in der Meditation reden. Diese Tiergeister sind weise, da sie noch vollkommen mit der kosmischen Harmonie verbunden sind. Für das einzelne Tier ist der Mensch entweder eine lichte Gottheit oder ein böser Dämon.

Im Winter arbeitete Hermes in seiner Werkstatt. Für das Puppentheater schnitzte er sieben Puppen. In diesen Puppen war sein ganzes Weltbild enthalten. Der alte König stellte die himmlische Weisheit dar, der Prinz das Licht, die Prinzessin die Schönheit und Liebe. Diese drei symbolisierten die „Obere Welt“. Die Hexe, das alte Kräuterweib, stellte die Weisheit der Erde dar, der Jäger symbolisierte den Wald, der Bauer die Erdscholle. Diese drei sind die „Untere Welt“. Der Kaspar ist der Vermittler, der Bote, der Joker, oder wie wir heute sagen würden, der alles verbindende Schamane. Für Hermes besteht der Mensch aus allen sieben Archetypen, dessen Mitte aber der Kaspar ist.

WARUM ICH KEINEN COGNAC TRINKE

Wir gingen nicht nach Oregon zurück. Als uns Familie und Freunde besuchten, wurde uns bewusst, dass wir kein Bedürfnis hatten, sofort wieder nach Amerika zu gehen. Stattdessen fuhren wir in die Charante-Maritime, in das Weinbaugebiet Cognac und pflückten, zusammen mit Nordafrikanern und französischen Halbstarken, sechs Wochen lang Trauben. Meine Frau hatte sich schon auf die frischen Trauben gefreut, aber die für den Branntwein bestimmten waren vollkommen vergammelt und trieften vor lauter Agrarchemie. Auf Cognac würde ich in Zukunft verzichten.

Dennoch ist das alte keltische Aquitanien mit seinen Kastanienwäldern, Weiden und Obstplantagen ein wunderschönes Land. Hier waren wir nun. Wieder einmal hatte ich eine gute Stelle gekündigt und alle Brücken hinter mir verbrannt. Wo würde uns die „geistige Führung“ nun hintragen? Eines Abends auf einer weiten Wiese, der ganze Himmel hatte sich vollkommen lila verfärbt, kamen vier Visionen auf mich zu – Botschaften aus Götterwelten. Ich sah ein dickes Schwein – Schweine waren heilige Tiere bei den Kelten und Symbole der materiellen Sicherheit –, das uns folgte. „Binde es fest, damit es nicht wegrennt“, sagte meine Frau. „Nein“, entgegnete ich, „es muss frei bleiben. Es wird kommen, wenn wir es brauchen.“ So gewann ich Vertrauen und fürchtete mich nicht vor materieller Mittellosigkeit.

Dann sah ich meinen Vater, der pflichtbewusst, die schwere Aktentasche in der Hand, zu Fuß zu seiner Arbeit ging. Ich nahm ihm die Last ab, schwang mich auf Pegasus, das geflügelte weiße Ross, auf dessen Rücken sich Dichter im Fluge der Begeisterung schwingen, und flog davon. Nun wusste ich, dass ich schwere Arbeit leisten musste, aber in dieser von den Musen getragen würde.

Nun erschien eine Sphinx mit Löwenkörper und Flügeln. „Jetzt kannst du dich, wenn du willst, den Schatten, die dir folgen, stellen", sagte sie zu mir. So schöpfte ich Mut und wendete mich um, so dass die dunklen Schatten, die mich seit Kindheit verfolgten, verflogen.

Zuletzt stand ich an einem See. Da tauchte vor mir eine wunderschöne Seekuh auf und schaute mich mit ihren tiefschwarzen Augen freundlich an. „Ich hüte die Geheimnisse der Tiefe", sagte sie, „wenn du mich rufst, dann komme ich aus freien Stücken." Am anderen Ufer waren frustrierte, nervöse Wissenschaftler in weißen Kitteln mit allen möglichen raffinierten Apparaten und Instrumenten beschäftigt. Sie wollten das Tier fangen, um so Herr der letzten Geheimnisse der Natur zu werden. „Nie werden sie Erfolg haben. Wenn sie kommen, tauche ich tiefer. Auf Zwang reagiere ich nie. Einzig die Liebe und Güte bringt mich aus den Tiefen empor und lässt mich die Geheimnisse offenbaren." Eine ähnliche Seekuh war tatsächlich einmal neben mir aufgetaucht und hatte mich intensiv angeschaut, als ich in Oregon an der wilden Pazifikküste ziemlich weit draußen im Meer schwamm. Damals hatte ich einen Schreck gekriegt. Nun aber erschien sie in der Vision, als Verkörperung der Seele der Natur, und lehrte mich den Weg des wahren Erkennens.

Ich war von diesen Visionen, dem Geschenk eines Landes, das schon den Kelten heilig war, zutiefst berührt. Es sind derartige Visionen, die dem Menschen den Sinn und die Aufgabe seines Lebens offenbaren und welche die Naturvölker mittels Fasten, Einsamkeit und schamanischen Techniken zu erlangen suchen. Sie sind wertvoller als jede vermeintliche materielle Sicherheit.

Nach Aquitanien führte unser Weg noch einmal in die Schweiz, wo ich im Winter auf einem abgelegenen Bauernhof, dem Gänsemooshubel bei Schwarzenburg, mich dem Schreiben widmete. Aber nicht der Energiehaushalt des Bauernhofs im Emmental war das Thema, sondern ich schrieb, was mir mehr am Herzen lag, ein Gartenbuch. Danach zog es uns wieder in den Garten an der Rhone und danach nach Indien.

INDIANERPFADE

Wenn ich in den Supermarkt gehe
und Fleisch kaufe,
zerlegt und verpackt,
wie entschuldige ich mich dann
beim Geist des Tieres,
dessen Fleisch ich esse,
und wo soll ich meine Feuer machen?

Robert J. Conley (Cherokee), „Self-Portrait"

Wenn man sich auf Amerika, auf diesen mächtigen Büffel, auf diese „Schildkröteninsel", wirklich einlässt, dann sind die Indianer nie weiter entfernt als der Spatenstich des Archäologen. Am *Thanksgiving Day*, jedes Jahr am dritten Donnerstag im November, veranstalten die Amerikaner im Familienkreis ein rituelles Essen, das aus Truthahn mit Preiselbeeren, *baked potatoes* (aus einer mehligen Kartoffelsorte, die der kalifornische Pflanzenzüchter Luther Burbank entwickelt hat), Süßkartoffeln, Maiskolben, krümeligem Maisbrot und grünen Bohnen besteht. Als Nachtisch gibt es entweder Kürbistorte *(pumpkin pie)* oder Pekannuss-Törtchen. Die Speisen – sie sind allesamt amerikanischen Ursprungs – sollen an die Geschenke erinnern, mit denen einst die Wampanoag-Indianer die bibelbesessenen Pilgerväter vor dem sicheren Hungertod retteten. Verdrängt wird, dass man die Indianer anschließend ausgerottet hat, dennoch enthält dieses Erntefest den Mythos einer Kommunion mit dem Land und seinen Ureinwohnern.

Der Geist der Ureinwohner ist, wie einst Häuptling Seattle in seiner berühmten Rede sagte, immer gegenwärtig: „Und wenn der letzte Rote Mann von dieser Erde verschwunden sein wird und die Erinnerung an ihn unter den Weißen zu einem Mythos geworden ist, dann werden diese Gestade wimmeln von den unsichtbaren Toten meines Volkes, und wenn sich eure Kindeskinder allein fühlen auf dem Feld, im Geschäft, auf der großen Straße oder in der Stille der Wälder: Sie werden nicht allein sein ... In der Nacht, wenn die Straßen eurer Städte und Dörfer still geworden sind und ihr sie verlassen wähnt, werden sie voll sein von den zurückkehrenden Scharen, die einst dieses wunderbare Land bevölkerten und es jetzt noch lieben."

Dass es so ist, ahnte ich besonders in den dunklen Nächten zum Sonntag, wenn ich als Jugendlicher, begleitet von einer Meute Hunde, in dem im Schlaf versunkenen Dorf die Zeitungen austrug. Ich spürte es, wenn ich im Winter und Sommer einsam durch die Wälder und Flussauen des nördlichen Ohio streifte. Die Flüsse und Seen, die Pflanzen und Hügel waren dieselben, welche die Shawnee und Huronen kannten, die einst hier ihre mit Ulmenrinde bedeckten Langhäuser bauten, hier jagten, fischten, Flussmuscheln sammelten, ihre Hügelbeete mit Mais, Bohnen und Kürbissorten bebauten und im Winter die Ahornbäume wegen ihres süßen Saftes anzapften. Einige der dickstämmigen Baumriesen, die ich hinaufkletterte und in deren Wipfeln ich stundenlang saß, waren so alt, dass sie damals schon da waren. Wenn es stimmt, was die Indianer und andere Naturvölker sagen, dass Berge, Bäume und Flüsse ein „Wissen" um das längst Vergangene bewahren und dass der Mensch, der seine Sinne öffnet und seine Seele darauf einstimmt, in dieses Bewusstsein einsteigen kann, dann habe ich tatsächlich von den Geistern der Indianer gelernt. Wie sonst hätte ich intuitiv so viel über die Heilkräfte der Pflanzen und über die Tiere wissen können, obwohl mir kaum Literatur oder andere Auskünfte zur Verfügung standen? Auch wenn ich tagelang im Wald verbrachte und viele Nächte allein und fernab unter den Bäumen schlief, fühlte ich mich nie alleine oder bedroht. Überall spürte ich die Gegenwart von Geistwesen, fühlte, wie sie unsichtbar durch mich hindurchfuhren.

Die Schamanen bei den Naturvölkern sind jene Menschen, die mit den Geistern des Landes, mit den Tieren, Pflanzen und heiligen Orten verbunden sind. Sie wissen genau, wo diese oder jene Heilpflanze zu finden ist, wo verborgene Heilquellen hervorsprudeln, wo die Dachse ihren Bau, wo die Greifvögel ihren Horst haben.

Für sie besteht die Natur nicht nur aus Fakten und gegenständlichen Dingen „da draußen“, sondern sie webt ebenfalls durch das menschliche Bewusstsein. Sie offenbart ihr inneres Wesen im Spiegel der Seele. Der ökologisch gut gemeinte, von den Massenmedien weit verbreitete Spruch „Wir brauchen die Natur; die Natur braucht uns nicht“ wird von den Schamanen nicht geteilt. Der Schamane hilft die Natur zu erhalten und zu tragen, er unterstützt sie, indem er sie wahrnimmt, bewundert, mit seinen Liedern besingt und sie in seinem Bewusstsein bewahrt. Wenn diese menschliche Liebesenergie fehlt, dann fängt die Natur allmählich an zu leiden, zu kränkeln, zu schwinden. Das ist auch in weit abgelegenen Urwäldern und Tundren der Fall: Immer gibt es da irgendeinen Alten oder eine Alte, die Kräuter oder Holz sammeln, einen Hirten oder Jäger, deren Bewusstsein Teil der natürlichen Ganzheit ist. Manchmal sind es auch nur Kinder, denen diese Rolle zufällt. Mir fiel sie unbeabsichtigt und ohne dass ich mir dessen bewusst war in Ohios Wäldern zu. Jeden Bachlauf bin ich im Umkreis von vielen Meilen rund um den Ort Spencer nachgegangen, bin in alle alten Baumriesen geklettert, habe jede Höhle erforscht, jeden Hügel bestiegen, den Vögeln gelauscht, die Tiere bewundernd beobachtet.

In meiner Fantasie war ich selber ein Indianer. Tecumseh, der legendäre Shawnee-Häuptling, der versucht hatte, sich den rodenden, tiermordenden Grenzern entgegenzustellen, war mein Held. Auch Simon Girty, ein Weißer, der sich gegen die Zivilisation und für die Wildnis und das Leben mit den Indianern entschieden hatte, war mein Held – auch wenn es im Schulbuch „Ohio History“ hieß, dass dieser „Dirty Girty“

TECUMSEH, HÄUPTLING DER SHAWNEE-INDIANER

JOHNNY APPLESEED BEFREIT EINEN WOLF AUS DER FALLE.

(Schmutzige Girty) ein „Verräter seiner Rasse“ gewesen sei. Auch John Chapman, besser bekannt als „Johnny Appleseed“, war mir ein Vorbild. In den Zeiten der Indianerkriege in Ohio, Anfang des 19. Jahrhunderts, zog er, einen Sack Apfelkerne tragend, barfuß durch die Wälder oder paddelte im Einbaum entlang der Flüsse, die sonst nur das Birkenrindenkanu der Indianer kannten. Unbesorgt schlief er auf einem Laubbett im Wald. Die Tiere fürchtete er nicht, denn keinem Tier tat er etwas zuleide. Sein Begleiter war ein Wolf, dessen Pfote er aus einem Fangeisen befreit hatte. Überall, im Indianerwigwam wie auch in der Blockhütte der Siedler, war er ein willkommener Gast. Im ganzen Land pflanzte er Apfelbäumchen, die im Laufe der Zeit zu großen Obstbäumen heranwuchsen. Manchmal, wenn ich in den Wäldern auf alte knorrige Wildapfelbäume stieß, fragte ich mich, ob das nicht ein Baum sein könnte, den Johnny Appleseed gepflanzt hatte.

Den Bewohnern im Dorf und auf den Farmen war nicht entgangen, dass ich, anstatt Baseball, Football oder Basketball zu spielen, mich ständig im Wald herumtrieb. *„A crazy Kraut“*, sagten manche. Vielleicht ist er schwul, meinten andere, insbesondere, nachdem ich mir zu meinem 16. Geburtstag kein Auto gekauft hatte. Ohne Auto ist man nicht normal, kriegt man keine Freundin, kann man nicht ins Autokino fahren und dort auf dem Rücksitz ein Girl knutschen und an den Titten fummeln. Der alte Farmer Simmermann entsetzte sich, als ich mal wieder früh am Morgen aus dem

Wald kam: „Was, ohne Waffe, ohne Gewehr! Es ist verdammt gefährlich im Wald. Bist du irre?“ Aber ich war Teil des Waldes. Der Wald war in mir. Warum sollte ich mich da fürchten. Ich fürchtete mich eher vor den Menschen.

JÄGER UND TRAPPER

Im Herbst, wenn Jagdsaison war, war es besonders schlimm. Von weither kamen Jäger, oft frustrierte Großstädter, die die Zwänge, die ihnen das Leben auferlegte, durch Tiermord abreagieren wollten – das war mir damals schon klar. Mit ihren schweren Stiefeln, Schrotflinten und Jagdgewehren stampften sie durch den Wald wie eine Armee durch Feindesland. Sie schossen auf alles, was sich bewegte. Manchmal erwischten sie eine Kuh, einen Hund oder gar einen anderen Jäger – was ich nicht unbedingt bedauerte. Möge der Giftsumach diesen Eindringlingen einen Hautausschlag verpassen!

Ich musste in dieser Jahreszeit immer aufpassen. Einmal umschlich ich einen Jäger; als ich zögerlich hinter einem Erdhügel aufschaute, zielte gerade der Lauf seines Gewehrs auf meinen Kopf: „Verdammt, du Hurensohn, ich dachte, du bist ein Hase!“, schrie er. Ein andermal zerfetzte die Ladung Schrot die Rinde unterhalb der Äste des Baumes, in dem ich mich versteckt hielt. Der Jäger hatte geglaubt, ich sei ein Eichhörnchen.

Die Jäger wetteiferten, wer die meisten Tiere töten konnte. Schon am zwölften Geburtstag bekamen die Jungs ihr erstes Gewehr. Stolz gingen sie dann mit ihrem *Dad* auf die Jagd. Es war einer der ersten Schritte, der sie zu echten Männern machen würde. Eine Art moderne amerikanische Jugendinitiation. Später dann durchlöcherten sie mit ihrem 22-Kaliber-Schießeisen die Verkehrsschilder oder, was noch mehr Spaß machte, sie wetteiferten im Abschießen von Eichhörnchen oder von Vögeln, die auf den Drähten saßen. Das ganze hatte Tradition. Die ersten Siedler, die um 1830 das Gebiet um Spencer, Ohio, besiedelten, veranstalteten jedes Jahr einen Wettbewerb. Für jedes erlegte Tier gab es Punkte: zehn für einen Bären, neun für einen Wolf, acht für einen Hirsch und so weiter, bis zu einem Punkt jeweils für Hasen, Murmeltiere oder Eichhörnchen. Man verwertete höchstens die Felle, die Kadaver ließ man als Fraß für Raben, Bussarde und Geier liegen.

In der Ortschaft Hinkley, Ohio, wurde schon 1818, am Heiligen Abend, ein derartiges Massentöten veranstaltet, um die Gegend von schädlichen Wildtieren zu befreien und um die Indianer ihrer Nahrungsbasis zu berauben. 400 Männer und Jungen, mit Gewehren und Knüppeln bewaffnet, zogen aus und töteten jedes wilde Tier, das ihnen begegnete. Die Kadaverhaufen waren so riesig, dass im Frühling, am 15. März, nachdem der tiefe Schnee weggetaut war, Tausende Bussarde aus einem Umkreis von mehreren Hundert Meilen anschwebten, um im Aasfressen zu schwelgen. Seither kommen die Bussarde jedes Jahr am gleichen Tag wieder und ziehen ihre Kreise über dem Wald. Inzwischen ist der *Buzzard Day* im Hinkley Park zu einem Volksfest geworden, bei dem mehrere Tausende Schaulustige nach den Aasvögeln Ausschau halten und dabei Unmengen von Bratwürsten, Pfannkuchen, Bier und Cola konsumieren.

Im Winter verdienten sich mehrere meiner Klassenkameraden gutes Geld als Trapper. In den halb zugefrorenen Sümpfen und Wasserläufen stellten sie grausame Tellereisen auf, um Otter, *Minks* (amerikanischer Nerz) und vor allem Bisamratten zu fangen. Als Köder dienten Nieren, Leber und andere Innereien, die man kostenlos vom Metzger geschenkt bekam. Wer, außer den Afroamerikanern, würde schon solche *Chittlins* essen? Die Tiere wurden gehäutet, die Felle in Schuppen und Garagen präpariert und aufgespannt, die Kadaver einfach weggeschmissen. Es ärgerte mich, wenn ich auf meinen Streifzügen auf Fangeisen traf, in denen halb tote Wildtiere zappelten und sich vor Schmerz wanden, oder wo man nur noch eine gefrorene Pfote oder eine Tatze fand, die sich das Tier in seiner Todesangst selber abgenagt hatte.

Wenn die Trapper arm und bedürftig gewesen wären, das Fell und Fleisch wirklich gebraucht hätten, wäre das für mich in Ordnung gewesen. Diese Jugendlichen waren aber auch sonst recht unangenehm. Also machte ich mich daran, die Fallen mit Steinen zu zerhämmern, zu verbiegen oder sie ins tiefe Wasser zu versenken. Mir war klar, dass sie mir die Knochen brächen, wenn sie mich dabei ertappen würden. Wie ein Indianer übte ich mich darin, keine Spuren zu hinterlassen: hüpfte vorsichtig von Binsenbüschel zu Binsenbüschel, mied Schnee oder verwischte Spuren mit einem Reisigbesen, bewegte mich über blankes Eis, kroch an Ästen oder Zäunen entlang oder ging erst, wenn ich sicher war, dass starker Schneefall jede Spur verdecken würde. Eines Tages umringte mich eine Gruppe zorniger Trapper und drohte: „Wir wissen, dass du es bist! Aber wir können es noch nicht beweisen." Dabei blieb es; erwischt haben sie mich nie.

DIE ANGST VOR DER NATUR UND DER KUNSTRASEN

Das Land, die Natur, prägt den Menschen, prägt ihn nicht nur physisch, sondern bis in seine Seele, bis in seine Träume, bis in seine Vorstellungen. Das ist überall so. Die weißen südafrikanischen Buren, die schon seit Jahrhunderten südafrikanischen Boden bebauen, ebenso wie die Bantu-Hirtenvölker, die vor ebenso langer Zeit vom Norden her das Land besiedelten, wurden in ihrer Mentalität und Kultur dermaßen vom Klima, Rhythmus der Jahreszeiten, Nahrung und dergleichen geprägt, dass sie alle etwas von den Ureinwohnern, den Buschmännern und Hottentotten, in sich haben. Ihre Musik spiegelt die Rhythmen des Landes wieder; Elefanten, Klippschliefer und Eisblumengewächse erscheinen in ihren Träumen und modellieren ihre Psychen. Ebenso in Amerika. Wer sich dem Land öffnet, wird unweigerlich „indianischer". Das sieht man bei den Hillbillies, die seit rund 200 Jahren in den Laubwäldern der Appalachen ihre Maisfelder anpflanzen, dort jagen, sich mit lokalen Kräutern heilen und Blue-Grass-Musik spielen. Das sind keine Europäer mehr – das Land verwandelt sie allmählich in „weißhäutige Rothäute".

Was wurde nicht alles unternommen, um dem Sog des mächtigen Kontinents zu entgehen, um sich gegen seine morphogenetischen Felder abzuschirmen. Es waren nicht nur die Gefahren und Leiden, die der fremde Erdteil den europäischen Siedlern auferlegte – wie die heimtückischen, grausamen Angriffe der Ureinwohner, die Begegnungen mit Wölfen, Bären, Pumas, Schlangen und anderen un-

bekannten Gifttieren, der überall wuchernde Giftsumach, die ungewohnten Wetterstürze, die heftigen Orkane und Tornados –, die sich zu einem unbewussten, kollektiven Trauma summierten und gegen die man sich zu schützen suchte. Letztlich war es auch die Angst, seine Identität zu verlieren und selber zum Indianer, zum „Wilden", zu werden. Nur so lassen sich viele amerikanische Gepflogenheiten und Erfindungen erklären.

Das Licht des neuen Kontinents ist, wie jeder aufmerksame Amerikareisende gleich merkt, greller, heller, stechender als in der Alten Welt. Nirgendwo werden so viele Sonnenbrillen getragen und Sonnenschutzkrems auf die Haut geschmiert wie in den USA. Das war schon so, lange bevor das in Europa zur Mode wurde. Gegen die Erde wehrte man sich mit dicken, weichen Kreppgummisohlen. Sie lassen wirklich keine Verbindung mit dem Boden zu. Barfuß gehen war bis in die Hippiezeiten in den Staaten absolut tabu. Das Textbuch, das wir im High-School-Biologieunterricht benutzten, stellte grafisch dar, was einem dabei geschehen könnte: Der Hakenwurm bohrt sich durch die Fußsohlen, befällt die Lungen und andere Organe. Die Abbildung eines von einem solchen Wurm befallenen, jämmerlich aussehenden Südstaaten-Schwarzen diente als abschreckendes Beispiel.

Gegen die Launen des Wetters schützt die Klimaanlage im Haus, wie auch im Fahrzeug. Im Winter wird die Heizung im ganzen Haus voll aufgedreht, so dass man auch in den kältesten Tagen im T-Shirt herumlaufen kann. Als meine Frau und ich zu Weihnachten 1983 aus Asien zurückkehrten und Verwandte besuchten, erzählten wir, wie die Chinesen oder Tibetaner sich einfach mehr Kleidung anlegen, wenn es kälter wird. Da fuhr uns der Onkel verärgert an: „Fahrt doch, verdammt noch mal, nach China zurück, wenn euch das so viel besser gefällt!"

Gegen die Stimme des Landes, gegen Vogelgezwitscher und Coyotengeheul, helfen Walkman oder, wie es die jungen Schwarzen gerne tun, ein auf volle Lautstärke gedrehter, auf der Schulter getragener Ghettoblaster.

Das Auto ist in Amerika nicht nur Transport- oder Statusmittel, sondern es ist ein Fetisch, der, als Inbegriff der individuellen Freiheit, den American Way of Life verkörpert. Es ist ein mystisches, quasi lebendiges Wesen, ein Stück bewegliche Heimat. Es ist eine schützende metallene Hülle, mit der man durch eine feindliche Welt navigiert. Das Auto schirmt vollkommen ab. Ohne Auto ist man ausgeliefert, ist man ein „loser“, ein Verlierer.

Gegen die Träume, gegen die Eingebungen, die der Geist des Landes dem Menschen einhaucht, gibt es einen weiteren Fetisch: das TV. Manche Europäer sind schockiert, wenn ihnen bewusst wird, dass der Durchschnittsamerikaner nicht zwischen der Wirklichkeit und der TV-Realität unterscheidet. Wie sollte es auch anders sein? Der Fernseher ist Babysitter für die Kleinen. Man isst TV-Dinners – während der Werbeunterbrechung schnell im Mikrowellenherd erhitzt –, wenn man Football, Disneyland oder Seifenopern schaut; man frisst die Fernsehsendungen förmlich in sich hinein. Wenn man ernsthaft krank ist, lenkt man sich durch Fernsehen ab, anstatt über den Zustand, in dem man sich befindet, nachzudenken oder gar zu meditieren. Jedes Krankenzimmer hat seinen Fernsehapparat. Der Präsident wird nach seinen telegenen Eigenschaften gewählt. Jeden Freitagabend sah man in den 50er und frühen 60er Jahren den als Cowboy verkleideten Schauspieler Ronald Reagan. Er moderierte das beliebte „Fireside Theater“, gesponsert vom Elektrokonzern General Electric. Dadurch wurde der „Scheincowboy“ so bekannt, dass er bald zum Gouverneur von Kalifornien und später zum Präsidenten gewählt wurde. Als Cowboy hatte Reagan Teil an einem amerikanischen Archetypus. Als Cowboy verkörperte er das Gute. Der Cowboy bezwingt die wilde Natur, drängt die wilden gefährlichen Tiere und die Wilden, die in Wald und Wildnis hausen, zurück. Mit Härte und gerechter Gewalt bringt der Cowboy die Zivilisation vorwärts. „Remember, progress is our most important product“ [22] – dieses Mantra sagte Cowboy Reagan jeden Freitag zum Abschluss der Sendung auf.

In den Wald geht man – wie ich schon sagte – nur bewaffnet oder man marschiert (hiking) zwecks Leibesertüchtigung schwitzend hindurch. Wildkräuter als Heilmittel – dafür hatte man lange nur die verächtliche Bezeichnung Indian medicine (Indianermedizin). Die Mehrzahl ist noch immer überzeugt, dass Spritzen, Pillen und das Skalpell die einzige wirksame Medizin darstellen. Auch wenn es inzwischen, dank der Alternativkultur, eine Herbal Renaissance, eine Heil-

kräuterrenaissance gibt, so ist es dennoch gesetzlich verboten, Kräuter als Medikamente zu verkaufen. Sie dürfen jedoch als food supplements, *als Nahrungsergänzungsmittel, verkauft werden, aber keine Angaben zur Anwendung und zur Dosierung enthalten. Selbstverständlich schützt man sich mit Impfungen gegen alles, was da unsichtbar kreucht und fleucht. Vor den* germs, *den unsichtbaren Mikroorganismen, hat man große Angst.*

Wohl der markanteste Fetisch des American Way of Life ist der kurz gemähte, eintönig grüne Rasen. Für die Rasenpflege in Nordamerika wird mehr Kunstdünger und Wasser verbraucht als für die Nahrungsmittelerzeugung in der gesamten Dritten Welt. In trockeneren Regionen, wie im Südwesten, sinkt das Grundwasser wegen der Rasenbewässerung.

Der Rasen, diese flach gemähte grüne Grasfläche, ist die unbewusste Urerinnerung an die grünen Auen, die Dorfanger, die Wiesen und Weiden des nordwestlichen Europas. Aus dem grünen Europa, mit seinem feuchten atlantischen Klima, stammt die Mehrzahl der weißen Amerikaner. Bittere Not, Armut und Hoffnung auf ein besseres Leben trieb sie in die Neue Welt und ihre Kindeskinder haben es oft zu Wohlstand gebracht. Tief unbewusst aber blieb eine vage Sehnsucht. Der grüne Rasen ist der fliegende Teppich, der die Kollektivseele mit der Urheimat verbindet. Kein Wunder, dass es in vielen US-Gemeinden Strafen und Verordnungen gibt, die genau festlegen, wie hoch das Gras wachsen darf. Jeden Samstag, als Vorbereitung auf den Sonntag, knattern die Rasenmäher. Noch mehr als das ebenfalls samstags gewaschene Auto kennzeichnet der gemähte Rasen den Hausbewohner als ordentlich, vertrauenswürdig und patriotisch. Rasen mähen ist eine Kulthandlung, Teil der religio, der Rückverbindung.

Auch ich kenne diese den Amerikanern unbewusste Sehnsucht. Als mich einmal das Heimweh plagte, legte ich mich auf den Rasen. Halb versteckt im kurzen grünen Gras blühten Gänseblümchen, die meine Seele sofort auf die Wiese neben dem Haus meiner Großeltern trugen. Gänseblümchen sind in Amerika nicht einheimisch, sie sind Neophyten, Zuwanderer aus der Alten Welt. Mit ihren Blüten gehören sie zu den europäischen Dorfangern und Weiden, wo das Gras von schnäbelnden Gänsen kurz gehalten wird.

Mit Rasen, Gänseblümchen, Gänsen und Gänsemägden verbinden sich uralte Archetypen. Die Blümchen – diese „Augen des Tages", engl. daisy (day's eyes) *– waren einst im keltischen und vorkeltischen Europa der Sonne, dem Sonnengott Baldur, geweiht. Die Sonne ist Bräutigam der Göttin, die als Mädchen die Gänse hütet. Als Gänsemädchen erscheint in alter europäischer Sage auch die Frau Holle, die sonst mit den Gänsen fliegt, und welche die Angelsachsen* Mother Goose, *Gänsemutter, nannten. Die alte indogermanische Mythologie stellte die Seele als eine weiße Gans dar. Die junge Göttin ist somit die Hüterin der Seelen. Und für die Kelten und Germanen war der Himmel eine blühende grüne Wiese, eine* groni godes wang [23]. *Diese mythologischen Motive klingen in alten Märchen wie „Die Gänsemagd" und „Frau Holle" bis heute nach und lassen sich nicht einfach wegrationalisieren oder durch kitschige Disney-Figuren ersetzen. Es sind Bilder, die unsere Seele, wie auch die der Euroamerikaner, nähren.*

BEGEGNUNG MIT DEM „GRÜNEN VOLK"

Den intensivsten Kontakt mit Indianern hatte ich viele Jahre später. Ich hatte einen Lehrauftrag an dem Sheridan College in Sheridan (Wyoming) und hielt, unter anderem, Vorlesungen zum Thema „Ethnomedizin". Da konnte ich meinem Steckenpferd nachgehen und mich mit der heilkundlichen Anwendung der dort wachsenden Pflanzen beschäftigen. Durch eine Studentin bekam der Ältestenrat der Cheyenne in Lame Deer, Montana, Wind davon und ließ anfragen, ob ich bereit wäre, einen Medizinmann zu empfangen. So lernte ich den alten, weisen Bill Tallbull kennen. Zuerst trafen wir uns zusammen mit einigen Studenten informell in der Stadt. Tallbull sprach einige wohl gewählte Worte, die sich von dem normalen Geschwätz der Leute durch ihre Klarheit und Tiefsinnigkeit so sehr unterschieden, dass wir Zuhörer ergriffen waren. Ein Student konnte die Tränen nicht zurückhalten. Tallbull schaute mich an und fragte: „Was ist mit dem los? Kann er sich nicht beherrschen?"

Tallbull erklärte, er wolle die vielen Kräuter, die mit den weißen Siedlern ins Land gekommen waren, kennen lernen und etwas über ihre Heilwirkung erfahren. Gemeint waren alle Ackerunkräuter und Ruderalpflanzen, die mit dem Saatgut der Farmer und auf andere Weise als „blinde Passagiere" aus der Alten in die Neue Welt gekommen waren, zum Beispiel Wilde Möhre, Saudistel, Löwenzahn, Berufskraut, Melde, Kressearten, Wegerich, Ampferarten, Bünzelkraut, Gundelrebe, Johanniskraut, einige Distelarten und viele mehr.

An Wochenenden wanderten wir über die Prärie, in die Ponderosa-Wälder oder in die Big Horn Mountains und besuchten die „grünen Verwandten". Ich plauderte munter mein Wissen über die Heilkräfte der Pflanzen aus: „Wasserdost ist stoffwechselanregend, Huflattich ist das beste Bronchienmittel; Löwenzahn entschlackt, treibt Harn, regt die Leber an; Engelwurz ist immunstärkend" usw.

Ich war etwas enttäuscht darüber, wie wenig er sagte. Bei den Indianern gilt Reden als Verschwendung von Kraft, die es aber anzusammeln und nicht zu vergeuden gilt. Trotzdem lernte ich mehr, als ich damals dachte. Ich lernte Wurzeln und Wildgemüse kennen, welches die Indianerfrauen sammelten. Zum Beispiel die sellerieähnliche Kekswurzel (*Cymopterus* spp.) oder die Brotwurzel (*Psoralea esculenta*), ein Schmetterlingsblütler, aus dessen Wurzeln Mehl gemacht wurde.

Was mir aber vor allem Eindruck machte, war die Art, wie er mit den Pflanzen umging und wie er sie sah. Mit meinem Botanisieren nach der Methode von Linné – Blütenblätter und Staubblätter zählen, Fruchtknoten untersuchen, Familienzugehörigkeit und Gattung bestimmen – konnte er absolut nichts anfangen. Er stand mit verschränkten Armen da und fragte sich, was dieser verrückte Weiße tut. Als wir in der Nähe einer verfallenen Siedlerblockhütte eine Menge Schierling entdeckten, dachte ich mir: „Nun, das wird ihn sicherlich interessieren." Ich erzählte von der Anwendung der Pflanze in der berüchtigten Hexensalbe, vom Tod des Philosophen Sokrates und von der Tatsache, dass das Alkaloid Coniin sämtliche Drüsenfunktionen unterbindet. Aber auch das interessierte ihn nicht. „Diese Pflanze ist nicht unser Freund!", sagte er: „Sie hat einige Cheyenne verletzt oder getötet." Langsam begriff ich, dass er es mit dem „grünen Volk" ernst meinte. Für ihn waren Pflanzen nicht bloß protoplasmatische Gebilde, die Wirkstoffe akkumulieren, sondern bewusste, mit Willen und Absichten begabte Wesen. Der alte Indianer sprach *mit* den Pflanzen, nicht, wie ich es gewohnt war, *über* sie.

Bei einer Wanderung entdeckte ich eine riesige Stechwinde (*Smilax* spp.) und ging auf sie zu. Tallbull trat einige Schritte zurück. Er sagte, da sei eine Schlange drin. Ich sah aber keine Schlange. Am Abend hatte jedoch meine Frau, die uns diesmal auf dem Ausflug begleitet hatte, einen Traum. Sie träumte, dass sich die Schlingpflanze mit den überlappenden, wie Schuppen glänzenden Blättern tatsächlich in eine Schlange verwandelt hatte. Das Schlangenwesen zischte ihr zu: „Das Haus, in dem ihr lebt, ist voller Gift, ihr müsst da raus!" Wir erfuhren, dass es tatsächlich stimmte: Die alte Blockhütte aus Pionierzeiten war mit DDT und anderen Insektiziden getränkt, damit die Termiten sie nicht zu Sägespäne und Staub verwandeln. Kein Wunder, dass unser Hund sich immer weigerte, in der Hütte zu schlafen.

Von dem alten Indianer lernte ich noch etwas, was für mich als Anthropologe wichtig war. Mit seinen Geschichten über Steinwesen, sprechende Tiere und Pflanzengeister, über den Schelm, den Coyoten, über die alte Großmutter, die unter der Erde lebt, und die Donnervögel im Himmel führte er mich in die Geisteswelt der Jäger und Sammler ein. Das ist eine ganz andere Vision als die der sesshaften Bauernvölker mit ihren Matronen und geopferten, sterbenden göttlichen Jünglingen. Es ist eine uralte, eine ursprüngliche Vision, die nahtlos bis zu den Großwildjägern der alten Steinzeit führt.

Ich stieg ganz in seine Schilderungen ein, und seine archaische Geisteswelt wurde auch die meinige. Ihm verdanke ich, dass ich mich vom mächtigen Zauber, der von dem Bauern Arthur Hermes ausging, lösen konnte. Arthur Hermes, der mein verehrter Lehrer war, hatte eine Vision, die im europäischen Neolithikum gründete. Er selber war wie ein alter Priester aus der Megalithkultur, wie ein wieder auferstandener Druide. Neben seinem Bauernhaus, mitten auf einer Waldlichtung im Schweizer Jura, standen ja auch Dolmen und Megalithsteine. Sein Mystizismus – der jeden, der ihm zuhörte, verzaubern konnte – war der der alteuropäischen Bauernkultur. Tallbulls schamanische Geisteswelt war jedoch älter.

Die endlosen, menschenleeren Weiten der Big Horn Mountains, wo man Tage wandern konnte, ohne auf Stacheldrahtzäune oder Telefonmasten zu stoßen, und die großen Herden mit bis zu 50 Wapiti-Hirschen, die Maultierhirsche, Antilopen, Eselhasen *(Jackrabbits)*, Elche und Bären trugen alle dazu bei, dass ich die Welt der Steinzeitahnen „sehen" konnte. Auch die Hunde, diese Abkömmlinge der Wölfe und die ersten treuen Gefährten der Menschen, halfen mir dabei. Wie einst in Ohio liefen die Hunde – meistens Huskys, Labradors und Schäferhundmischlinge – frei in der kleinen Ortschaft, in der wir wohnten, herum. Manchmal rief ich sie mit nachgeahmtem Wolfsgeheul und zog mit der lustigen Meute in die Wildnis. Sie hatten eine ganz klare Rangordnung. Ein muskulöser Husky war der Chef, er musste mir jedoch gehorchen, denn ich war das Alpha-Tier. Ganz unten in der Rangordnung stehen die Welpen, die schon mitrennen konnten. Sie waren noch tollpatschig und unerfahren: Stolz stürzte sich ein junger Hund auf ein Stinktier und bekam eine Stinkbombe ins Gesicht. Ein anderer griff mutig ein Stachelschwein an. Jammernd und hinkend kam er zurück. Ein Mitleid erregendes Jaulen ertönte mit jedem spitzen Stachel, dem ich ihm aus der Schnauze, Nase und Vorderpfote ziehen musste. Über den fast ausgewachsenen Welpen rangierten die jugendlichen Heißsporne. Sie waren leicht und konnten gut rennen. Ihre Aufgabe war es, Beute ausfindig zu machen und mit japsendem Gebell anzukündigen. Große Herden trieben sie auf die älteren, schwereren Alpha-Tiere zu und überließen diesen das Töten der Beute, die – so will es die Weisheit der Natur – aus den Kranken oder Alten besteht. Das Töten ist fast ein Gnadenakt. Mit der vollen Wucht ihrer schweren Körper sprangen sie die Beute an, bissen sich mit ihren starken Kiefern am Hals und den Nüstern fest und zwangen sie zu Boden. Danach zerrten und zogen sie knurrend an der Haut, bis sie aufplatzte – es ist derselbe Instinkt, der den Haushund beim Spielen am Lappen zerren lässt. Ist die Beute erlegt, fressen zuallererst die Weibchen. Auch das ist die Weisheit der Natur: Sie bringen die Jungen zur Welt. Weibchen, die noch säugende Welpen haben, tragen dann immer ein Stück Fleisch mit zurück zum Bau oder Nest. Nach den Weibchen fressen die älteren Männchen. Was übrig bleibt, ein Paar Knochen und Haut, kriegen die jungen Heißsporne.

Selbstverständlich haben wir nicht ständig gewildert. Nachdem ich es erlebt und verstanden habe, habe ich ihnen die Jagd untersagt. Ihre natürlichen Instinkte lassen sie, ohne Widerspruch, gehorchen. Was zudem noch interessant war, ist die telepathische Fähigkeit der Hunde, und noch mehr, dass sich der Mensch in diese telepathische Kommunikation einklinken kann.

Die Indianer lieben Hunde. Jeder Cheyenne hat fünf oder sechs. Welpen sind ein Lieblingsgeschenk an andere. Hunde gelten als heilig, da sie von Fleisch träumen und dabei die Beute anziehen, „und wenn sie davon träumen, dann haben auch wir genügend Wildbret zu essen“, erklärte mir Tallbull, der Erbe der Großwildjäger. „Hunde sind verrückt“, fügte er hinzu, „ sie sind die einzigen Tiere, die damals zu dem Menschen hielten, als alle anderen sich von ihm entfernten.“

Er erzählte, dass in der „Alten Zeit“ alle Tiere freundlich zu den Menschen waren. Gerne gaben sie einige ihrer Genossen als Jagdbeute ab, damit die Menschen genug zu essen hatten. Die Menschen wurden jedoch immer unachtsamer, immer undankbarer und grausamer. Da verfluchten die Tiere die Menschen und hexten ihnen Krankheiten an: die Rehe schickten Gliederreißen, die Vögel Wahnsinn; die allerschlimmsten Krankheiten schickten jedoch die winzigen Würmer und Kerbtiere. Nur der Hund schlich sich traurig aus der Pow-Wow-Runde der Tiere und gesellte sich zum Menschen. Sicherlich wären alle Menschen gestorben, wenn die Pflanzenwesen, die grünen Leute, nicht Mitleid mit ihnen gehabt hätten. „Wenn der Mensch die Pflanzen fragt“, erzählte Tallbull, „dann werden sie ihn heilen. Aber er muss sie zuerst fragen.“

Später zeigte er mir das Ritual, wie man den Pflanzenhäuptling sucht, ihm Tabak bringt, ihm mit einem Medizinlied die Bitte für Heilung vorträgt und – falls er einwilligt – wie man die Heilpflanzen sammelt und behandelt[24]: Man geht nüchtern zu den Pflanzen, am besten in den frühen Morgenstunden, und versetzt sich in ein „heiliges Bewusstsein“, so dass man mit dem Pflanzenhäuptling reden und ihn verstehen kann. Man stellt ihn, indem man ihn umwandelt oder umschreibt, in den Mittelpunkt des Universums; man opfert etwas; man benutzt kein Eisen oder Metall, um die Wurzeln auszugraben oder die Kräuter abzuschneiden. Man nimmt die Pflanze nicht einfach wie ein Räuber, sondern kommt als Bittsteller; man gibt sich demütig und dankbar. Tallbull erklärte, dass der Pflanzengeist schon vorher weiß, dass man kommt. „Bilde dir auch nicht ein, dass wir Menschen das Ritual, das uns ermöglicht mit den Pflanzengeistern zu sprechen, selber erfunden haben. Es wurde uns von den Geistern geschenkt; manchmal suchen sie sich Menschen aus, mit denen sie kommunizieren wollen. Oft senden sie dann ein blaues Licht aus. Wenn man die Pflanzengeister nicht gleich versteht, muss man auf seine Träume achten und die Großmütter fragen.“ Als ich später die Mythen und Pflanzenrituale anderer alter Kulturen in Indien, Afrika und sogar teilweise in Europa kennen lernte, verstand ich, dass es sich um altüberliefertes, steinzeitliches Wissen, um paläolithische Überlebenstechniken handelt.

Tallbull erklärte mir auch die Rolle des Beifußes *(Prairie Sage)*, des Wacholders (*Juniperus* spp.) und des lieblich duftenden Mariengrases *(Hierochloe odorata)* in den heiligen Zeremonien, wo sie zum Räuchern und zum Weihen verwendet werden. Später erkannte ich, dass in der Alten Welt Beifuß, Wacholder und das kumarinhaltige Gras ganz ähnlich verwendet werden. Das Wissen um die Anwendung haben die Paläoindianer vor rund 30 000 Jahren aus Nordasien mit nach Amerika gebracht. Wahrscheinlich hatte ein steinzeitlicher Medizinmann auch den Kalmus *(Acorus calamus)* in seinem Medizinbeutel mitgetragen. Kalmus ist einer der Lieblingsdüfte der Cheyenne. Die Blätter werden in die Mähnen der Lieblingspferde geflochten und bei Heilzeremonien aufgehängt. Ursprünglich kommt der Kalmus aus Indien. In Sibirien und Nordamerika blüht er nicht, daher braucht er den Menschen (oder die Bisamratte), um sich über Rhizome zu vermehren. Erst im warmen Süden, in Mexiko, macht er wieder Samen.

Eines Tages sagte Tallbull: „Morgen bringe ich den alten Mann mit." Der „alte Mann" war George Elkshoulder, der Hüter der Cheyenne-Tradition. Nur war er gar nicht so alt, er schien jünger zu sein als Tallbull. Er wurde wegen seines alten Wissens respektiert, deswegen war er der „Alte". Er wollte mich sozusagen begutachten. Den ganzen Tag wanderten wir durch die Wälder und Berge, ohne dass der Alte ein Wort sagte. Als Tallbull und Elkshoulder in ihren Pickup stiegen, wandte er sich mir zu und sagte: „Die kleinen Leute mit den kleinen Pferden und Hunden sind in den See gegangen!" Zuerst verstand ich nicht, richtete fragende Blicke auf ihn. Er richtete sich auf, in seiner vollen Häuptlingswürde, und fuhr fort: „Es wurde gesehen!" Und dann „sah" ich es. Es war eine Vision, die ihm ein Vorfahr geschenkt hatte, innere Bilder, an denen nun auch ich teilhaben konnte. Es war die Vision von Geistwesen, die wir in unserer europäischen Tradition Zwerge oder Elfen nennen würden, die allesamt, mit Sack und Pack in die Welt unter den Spiegel des heiligen Sees zogen, als der erste Missionar und dann die Siedler erschienen. Eine Decke ist ein großes Geschenk bei den Indianern, denn sie hält in kalten Nächten warm. Aber eine Vision ist ein noch größeres Geschenk, denn sie nährt die Seele. Sie kann die Seele sogar über Generationen hinweg nähren. Auch mein Großvater hat mir Bilder aus Zeiten lange vor meiner Geburt geschenkt.

Ich war schon öfters mit Tallbull bei dem heiligen See gewesen, schaute zu, wie er dort an den Stacheldrahtzäunen, welche die Rancher gespannt hatten, Tabakbeutel für die Geistwesen aufhing. Hinzu kamen kleine Stoffstreifen, Decken für die Geister – rote für die Tiere, grüne für die Pflanzen, gelbe für die Sonnenwesen, blaue für die Wasserwesen. Oft übte er an dem See die „Versenkung": Er konnte sie in der Tiefe, im Reich der alten Großmutter, sehen. Auch die Büffelherden, die einst die Prärie bevölkerten, sah er dort in der anderen Welt. Er konnte nicht verstehen, wie die Weißen mit ihren lauten Motorbooten über das heilige Gewässer flitzten, Wasserski fuhren oder leere Bierdosen hineinwarfen. Merken die etwa nicht, dass da die Geister sind?

Der See ist wirklich ein numinoser Ort. Am felsigen Ufer, nicht weit von einer Höhle, in der Schneeeulen nisten und ganze Haufen bleicher Knochen von gefressenen Nagetieren aufgetürmt sind, habe ich oft meditiert und dabei die braunen andersweltlichen Büffel selber gesehen. Manchmal, gerade in dem Moment, als die Meditation besonders tief ging, rasten Motorboote vorbei und rissen einen aus der geistigen Versenkung heraus – es war, als seien sie ferngesteuert, von einer anderen unfreundlichen Intelligenz.

Einmal muss ich ganz tief in Trance gefallen sein, denn es war, als reise ich durch die Erde und käme irgendwo im Outback Australiens heraus. Überall lagen Steine, die vor lauter magischer Kraft vibrierten. Da erkannte ich das erste Mal die „Medizinkraft" der „Steinleute" und verstand, warum Könige und Machthaber Steine horten und wie Edelsteine ihnen übernatürliche Macht geben und ihren Willen unterstützen. Ein rötlicher Lavastein strahlte besonders viel Energie aus. Ich bückte mich, um ihn aufzuheben, er würde mir viel *Power* geben. Doch dann erkannte ich, dass es besser ist, die Dinge so zu belassen, wie sie sind. Ich ließ den Stein liegen, wo er war und kam aus der Meditation heraus. Der Stein am Ufer des heiligen Sees war nun wieder ein gewöhnlicher Vulkanstein wie jeder andere auch.

Wahrscheinlich wären wir lange in Wyoming geblieben. Die Anthropologin des Colleges war sterbenskrank, und hätte ich wie ein kreisender Geier auf ihr Ableben gewartet, wäre mir die Stelle sicher gewesen. Doch als ich mit meiner Frau eines Tages über die Prärie lief – es war in der Nähe des Wagon-Box-Schlachtfeldes, wo die Indianer unter dem Häuptling Crazy Horse eine bittere Niederlage hinnehmen mussten – spürte sie, dass ihr eine unsichtbare Hand auf die Schulter klopfte. Sie hatte das Gefühl, dass es der alte Arthur Hermes sei. Als wir zurück ins Haus kamen und in den Briefkasten schauten, war tatsächlich ein Brief von ihm angekommen. Er schrieb, er sei nun in seinem 95. Lebensjahr und er wolle uns seinen Waldbergbauernhof vermachen. Wir fuhren in die Schweiz. Als wir auf dem Einsiedlerhof eintrafen, warnte mich die innere Stimme: biodynamischer Bergbauer sein, mit sozio-therapeutischem Auftrag, ist nicht dein Weg, nicht dein *Dharma*. Und ein Traum zeigte mir den alten Hermes als Zauberer mit Spitzhut. Er hatte alle seine Zuhörer in einen tiefen Schlaf versetzt, auch meine Frau, die ich aufweckte, ehe wir flohen.

Am nächsten Morgen sollte die feierliche Hofübergabe stattfinden. Ich merkte, dass ich unwillkürlich einige indianische Tanzschritte machte, den Tanz eines Kriegers. Dann hatte ich die Kraft, vor der versammelten Runde von Anhängern des großen Bauernphilosophen und anthroposophischen Gönnern zu erklären, dass wir den Hof nicht übernehmen würden, aber dass ich selbstverständlich Arthur Hermes zu großem Dank verpflichtet bin. Er hat mich, mehr als alle anderen, in eine geistige Betrachtung der Natur eingeführt und von der kaltherzigen, positivistischen Anschauung befreit. Er weihte mich in die großartige alteuropäische Vision des neolithischen Bauerntums ein, von dem Sonnengeist – dem geliebten Sohn der ewig jungfräulichen Erde und des himmlischen Vaters –, der sich in den Weizen hineinopfert und so zu unserem Lebensbrot und zum Licht unseres Lebens wird.

Wir hatten nun wirklich alle Brücken hinter uns abgebrochen. Uns blieb keine andere Wahl, als nach Indien zu fahren, dem Land der seelischen Transformation. Auf dem Genfer Flughafen Cointrain sah ich meinen Rucksack auf einem Gepäckträger, der mit Grabschmuck und Beerdigungskränzen vollgeladen war. Vielleicht werde ich in Indien sterben, dachte ich. Arthur Hermes starb in diesem Jahr. Er starb friedlich, nachdem er wie gewohnt Feuer gemacht und seinen Kräutertee getrunken hatte. Seine Asche wurde unter dem Megalithstein auf seinem Hof beerdigt. Später pflanzte ich blühendes Heidekraut auf sein Grab, denn ursprünglich stammte er aus der Lüneburger Heide.

Auch Bill Tallbull sah ich nicht wieder. Bei einem späteren Besuch in Wyoming legte ich für ihn eine Decke in das Wasser des heiligen Sees. Es war, als griffen Hände danach und zögen sie ins Wasser hinunter.

KASHI – SHIVAS LEUCHTENDE STADT

Die Schönheit des Landes liegt hinter
Deinen Augen, nicht vor ihnen.
Kein Reisender kehrt zurück, wie er aufgebrochen ist.
Die Seele reist weiter als der Körper.

Werner Sprenger, „Asche und Wiedergeburt"

Wir wollten uns auf der sechsmonatigen Reise nach Varanasi, im indischen Bundesstaat Utar Pradesh, Zeit nehmen. Alle Heiligtümer, Kraftorte und besonderen historischen Städte wollten wir unterwegs besuchen. Wir fingen mit der Burg an der Aare bei Bern an, auf der Hermann Hesse seine „Morgenlandfahrt" geschrieben hatte, fuhren weiter über den grünen Hügel in Bayreuth, über Dresden, wo Raphaels Sixtinische Madonna zu sehen ist, über Prag, Venedig, Rom, über Athen mit der Akropolis und der Agora, wo sich einst die Philosophen trafen, über die Türkei, Rhodos und Zypern, die Insel der Venus, über Jerusalem, samt Ölberg, Via Dolorosa und Grabeskirche. Ägypten, wo die grüne, Lebens spendende Niloase unmittelbar auf die trockene Staubwüste trifft, hielt uns lange in seinem Bann. In Kairo, der dem Mars geweihten Stadt, wollte ich mich – zu meinem 40. Geburtstag – vor die Sphinx setzen und meinen Geist in die Tiefe dieser Urzivilisation versenken. Ein unmögliches Anliegen. Man wurde misstrauisch beäugt und ständig gefragt, was man da treibe.

Laut und schmutzig ist die wuchernde Metropole Ägyptens, voll gestopft mit ständig hupenden, alten amerikanischen Straßenkreuzern. Wie können die Straßenkinder und Händler am Bürgersteig, die armen Kopten, die als Parias durch die Abfälle wühlen, die Luft Tag für Tag atmen? Dagegen ist das Bier, das die christlichen Kopten, wie ihre Vorfahren vor vielen Tausend Jahren, aus Nilwasser brauen, besonders gut und tröstet über die Tristesse der Stadt hinweg. Leider ist es teuer – von den zwei Dollar pro Flasche müssen 1,95 Dollar an Koranschulen und islamische Institutionen abgeliefert werden.

Die Frau des Chefarztes des Kairoer Spitals, eine kultivierte, frankophone Koptin, die wir aus Genf kannten, ließ uns wissen: „Ja, in Indien ist alles noch viel schlimmer, viel dreckiger als hier, und voller ansteckender Krankheiten. Bevorratet euch mit Medikamenten, Antibiotika, auch mit sterilen Einwegspritzen!" Der gute Rat schien einleuchtend. Hatte sich nicht Kollege Stiglmayer – er unterrichtete Völkerkunde in Wien – in Delhi, wo er ein Symposion besuchte, vorsichtshalber impfen lassen, wobei er sich mit einer unsauberen Spritze infizierte. Er zog sich eine schwere Hepatitis zu, die seine ohnehin alkoholgeschädigte Leber praktisch zerstörte, so dass er frühpensioniert werden musste.

Auf dem Weg zum Flughafen – wir mussten fliegen, da mit unseren US-Pässen eine Weiterreise durch islamische Länder nicht ratsam war – sahen wir am staubigen Straßenrand in Lumpen gehüllte Kopten mit ihren Eseln. Auf einem saß ein kleiner Junge, der uns zuwinkte und mit offenem Gesicht anstrahlte. Ein Lichtschein schien ihn zu umgeben; auf einmal sah ich Horus, das Sonnenkind, das einst im alten Ägypten verehrt wurde und das in der Imagination des Christus-Kindes weiterlebt. Er segnete uns mit seinem Blick. Das Horuskind auf dem Schoße der Allmutter Isis war die Vorgabe für die Madonna mit Kind – das hatten wir in Rom im Vatikanmuseum gesehen. Götter sind unsterblich, wandeln aber mit dem Zeitgeist ihre Erscheinung.

In Delhi, wo wir landeten, blieb der erwartete Schrecken aus. Im Ge-

Allmutter Isis mit dem Horusknaben

genteil, es fühlte sich wie ein Nachhausekommen an. Zwar kroch in der ersten Nacht eine fette Ratte durchs Fenster und huschte über das Bett, aber das war wahrscheinlich Ganesha, der mächtige elefantenköpfige Hüter der Schwelle. Sein Reittier ist eine Ratte.

Aus den Gesichtern der Menschen, die uns in Indiens Hauptstadt begegneten, strahlte etwas Entspanntes, Anmutiges. Sogar die Tiere, die durch die großen Bäume huschten – die Vögel, die Eichhörnchen – hatten keine Angst, kamen sehr nah und umflatterten oder beschnupperten uns. Man merkte, die Hindus töten kein Lebewesen mutwillig. In jedem schlagenden Herzen, auch dem der kleinsten Maus, sehen sie das göttliche Selbst thronen.

Der maßlos überfüllte Zug, in dem sich Reisende sogar in den Gepäckregalen einnisteten, kam nach 26 Stunden Fahrzeit pünktlich am frühen Morgen in Varanasi, der Hochburg der hinduistischen Kultur, an. Shivas Stadt sprengte von Anfang an all unsere Vorstellungen. Ein psychedelischer Film, ein Wirrwarr von Farben, Düften und Klängen, die der Verstand nicht zuzuordnen weiß: *Chai*-Verkäufer, die lauthals süßen Milchtee anbieten, Bauern in weißen *Dhotis*, Mantra *chantende* Pilger, klapprige alte *Sannyasins*, Händler, Frauen in bunten Saris, die ihre Lasten auf dem Kopf tragen, überall streunende Hunde, heilige Zebukühe, Ochsenkarren, beladene Esel, ein Kamel, Bettler, Krüppel, knatternde Motorrikschas. Der blaue Dunst von schwelenden getrockneten Kuhfladen, mit denen die Mahlzeiten gekocht werden, hing über der Stadt. Der Verkehr floss schlängelnd nach unbekannten Regeln. Eine einsame Ampel blinkte unbeachtet, als sei sie bloß Dekoration. Die Fahrradrikscha bahnte einen Weg durch das Gewühl und brachte uns zu dem vorgesehenen Hotel.

Noch am gleichen Abend zog es uns durch das Labyrinth enger Gassen zum Ganges hinunter. Das, was da im goldenen bis tief purpurnen Abendlicht aus einer dichten Nebelbank wie aus dem Nichts auftauchte und vorbeiströmte, um dann nach einigen hundert Metern wieder im Nebel zu verschwinden, das war kein normaler Fluss. Wir hatten das Gefühl am Gestade eines Zaubermeeres zu stehen, zumal auch das gegenüberliegende Ufer sich unkenntlich im lila-purpurnen Nebel verlor. Es war ein magischer Moment. Als wir am nächsten Morgen wieder hingingen, glitzerte der Fluss, als bestände er aus lauter Diamanten. Plötzlich – wir trauten unseren Augen kaum – bewegte sich, auf und ab aus dem funkelnden Wasser tauchend, eine Riesenschlange, so etwa, wie man sich das Loch-Ness-Monster vorstellt. So etwas gibt es doch in Wirklichkeit nicht! Erst später wurde uns klar, dass es sich um eine Schule Flussdelfine *(Platanista gangetica)* handelte, die hintereinander schwimmend aus dem Wasser sprangen und wieder eintauchten. Die heute durch Wasserverschmutzung und Motorboote leider stark gefährdeten Süßwasserdelfine werden fast drei Meter lang und wiegen bis zu 200 Kilogramm; sie leben von Fischen und Kadavern.

KULTURSCHOCK

Die Versuche, das *Sociology Department* der Benares Hindu University telefonisch zu erreichen, schlugen fehl. Keine Verbindung. Der Campus war zurzeit unzugänglich: Studentenstreik.

Die Studenten wollten durchsetzen, dass sie bei den Examen in den Lehrtexten nachschlagen dürfen. Warum sollte man auch alles auswendig lernen? Für viele Studenten ging es sowieso weniger um das Lernen, sondern darum, zu zeigen, dass ihre Familie es sich leisten kann, sie studieren zu lassen. Gleichzeitig verbesserten sich auch die Chancen für sie, einen standesgemäßen Heiratspartner zu finden. Das wirkliche Wissen wird, so die Ansicht vieler, sowieso nicht durch die Universität vermittelt, sondern durch den persönlichen Guru. Die Fakultät hatte andere Vorstellungen und weigerte sich unter den Umständen, die Abschlussprüfungen durchzuführen. Die aufrührerischen Studenten heuerten daraufhin *Gundas* – Muskelprotze aus der Kaste der Gewalttäter – an, um die Professoren einzuschüchtern. Dem Dekan wurde bei einer Handgreiflichkeit der Arm gebrochen. Das Campus-Postgebäude ging in Flammen auf – kein Wunder, dass meine Briefe nicht angekommen waren. Nun kam die mit Bambusstöcken bewaffnete Polizei zum Einsatz.

Nach einigen Tagen wurden wir des Wartens überdrüssig. Allmählich begann die chaotische Stadt uns auf die Nerven zu gehen. Es muss ein Anflug von Kulturschock gewesen sein, der viele Touristen veranlasst, den nächstmöglichen Rückflug zu buchen. In Amerika hatte ich zwar Vorlesungen über die Ethnologie Indiens gehalten und bildete mir sogar ein, mehr über Indien zu wissen – über die Dorfökonomie, das Kastenwesen oder die religiöse Vielfalt – als die Inder selbst. Aber hier, mittendrin, sah es anders aus. Als ich einmal, in den ersten Tagen, alleine am Gangesufer spazieren ging, stieg mir der unverkennbare Geruch von Grillfleisch in die Nase. Unwillkürlich dachte ich an Spencer, Ohio, wo es keine Müllabfuhr gab und wo, neben anderen Abfällen, auch die Essensreste, die vor allem aus Fleisch bestanden, in den Hinterhöfen in alten Öltonnen verbrannt wurden. Genauso roch es. Oder wie am 4. Juli, dem amerikanischen Nationalfeiertag, wenn in jedem Garten und jedem öffentlichen Park Steaks und Wienerwürste gegrillt werden. Aber hier lebten doch lauter Vegetarier? Aber dann erkannte ich: Es war eine Leichenverbrennungsstätte. Beschämt wandte ich mein Gesicht ab. In dem Augenblick, als mich die Neugierde trotzdem hinschauen ließ, schnellte die brennende Leiche ruckartig hoch, die flammende Hand wie zum Gruß erhoben – der Holzstoß musste sich verschoben haben oder eine Sehne geplatzt sein. Die Kopfhaut war schon so weit verbrannt, dass das entblößte Gebiss den Eindruck machte, als lächele der Tote. Ich erschrak zutiefst. „Schau ruhig hin“, sagte ein kleiner dürrer Inder mit dicker Brille. „Schau die Illusion unserer Körperlichkeit, sieh, wie sich die elementaren Hüllen in den Flammen auflösen.“ *Cremation is education,* fügte er noch hinzu. Natürlich ist das für jemanden aus einer Gesellschaft, wo alles Leiden und Sterben im Verborgenen geschieht, ein Schock. Auch die Kranken, die Lahmen, die Krüppel, die Wahnsinnigen laufen frei herum. Schwerkranke lassen ihr Bett auf die Gasse stellen, damit sie an dem heiteren Treiben ihre Freude haben können, damit sie eine heilige Kuh berühren können, denn in dieser Berührung liegt Heilkraft. Die verstümmelten, in graue Lumpen gehüllten Leprakranken sind ebenfalls da. Sie formen kleine Banden, spähen ängstliche Touristen aus, verfolgen sie mit ihren nasenlosen Gesichtern und fuchtelnden Fingerstummeln, bis die Erschrockenen, im Versuch sich von dem Horror freizukaufen, zum Portemonnaie greifen. Überhaupt sind die Bettler hartnäckig, Meister der Psychologie.

Halbwilde Hunde umlagern die Leichenverbrennungsplätze. Die Stärksten, räudig und fett, knurren die Schwächeren weg. Einmal trabte mir in den taufrischen Morgenstunden ein glücklicher Hund entgegen, im Maul einen Ball tragend. Was aber wie ein kleiner Ball aussah, war der Kopf eines Kindes. Ja, Varanasi ist schwierig, bringt einen an den Rand.

Wir aßen die Mahlzeiten in unserem Hotel. Mit zunehmendem Unbehagen, denn die Küche ähnelte einer Hölle: Offenes Feuer, schwarz verkohlte Wände. Der Chefkoch, der die Küchenjungs barsch herumkommandierte, stand da schweißbedeckt im Lendenschurz, seine Haare waren verfilzt. Nach einigen Tagen merkten wir, dass die gellenden, haarsträubenden Schreie, die manchmal durch die Hotelflure hallten, von ihm stammten. Wir stellten den Hotelmanager zur Rede. „Ja“, antwortete dieser mit besorgter Miene, „das muss man entschuldigen. Der Koch hatte sich einst im tantrischen Yoga geübt. Aber er versagte, als von ihm verlangt wurde, die eigenen Exkremente zu schlucken. Daraufhin schlug ihn die Göttin Kali mit Wahnsinn.“

Nachdem wir das gehört hatten, suchten wir ein anderes Restaurant – möglichst eins, das von westlichen Touristen aufgesucht wurde –, um unsere Mahlzeiten einzunehmen. Wir fanden es, bestellten Suppe und entdeckten darin mitgekochte kleine Würmer. Wir riefen den Ober. „Das sind die Keimlingssprossen der Bohnen“, versuchte er uns zu beruhigen. Wir waren aber schon so verwirrt und verängstigt, dass wir ihm nicht glaubten. Von nun an aßen wir in unserem Zimmer gebutterten Toast und tranken schwarzen Tee dazu.

Einige Tage später durchglühte mich ein heftiges Fieber. Die Körpertemperatur stieg so stark an, dass ich halluzinierte. Die Glieder schmerzten. Ich schwitzte dermaßen, dass innerhalb von Minuten die Bettlacken schweißdurchtränkt waren. Wir baten den Hotelmanager sofort einen Arzt zu bestellen, und zwar einen, der sich mit moderner Schulmedizin auskennt. Ich wollte etwas Wirksames, und nicht irgendwelche aus Kuhmist und zweifelhaften Kräutern gedrehten Pillen. Der Arzt kam, fühlte den Puls, sah die ausgestreckte Zunge an und sagte: „Malaria ist es nicht.“ Es war Denguefieber, auch als Siebentagefieber bekannt. Er schickte den Laufburschen, um „westliche Medizin“ zu holen, nämlich das in Europa längst verbotene Antibiotikum Chloramphenicol.

Während ich schwitzend und halluzinierend niedergestreckt dalag, kam Prof. Shrivastava, der Vorstand der Soziologie, um den amerikanischen *Visiting Scholar* und seine Gattin zu begrüßen. Er hatte sich in einen gestreiften Anzug mit Weste gezwängt und kaute Betelnuss, wobei etwas roter Saft an einem Mundwinkel herunterrann. Ich war so weggetreten, dass ich den Besuch kaum wahrnahm. Seinen geröteten Mundwinkel betrachtend kam er mir wie Dracula in einem Bela-Lugosi-Film vor.

Das Fieber wird von einem Virus erzeugt, das durch Stechmücken übertragen wird. Der Arzt hätte wissen müssen, dass man gegen Virusbefall keine Antibiotika einsetzt. Die Pillen, die ich nun schluckte, töteten wahrscheinlich alle symbiotischen Kleinlebewesen im Körper – bis auf eine Art. Diese nistete sich in der Vorsteherdrüse ein und wurde zur Superinfektion. Die Prostata schmerzte, ich träufelte wie ein Stier. Ein österreichischer Arzt, den wir kennen lernten, meinte, das ließe sich chirurgisch behandeln, wenn ich wieder in der westlichen Welt zurück bin. Ich litt das ganze Jahr. In Nepal besuchte ich einen tibetanischen Arzt, auf dessen Tischen und Regalen sich glückliche Mäuse tummelten. Sie lebten von den Opfergaben, die er in Schüsseln vor die *Thankas* der Bodhisattvas stellte. Er griff mir an die Hoden, legte sein Ohr an mein Herz, murmelte einige Mantras und gab mir die scheußlichst schmeckenden Pillen, die ich je gekostet hatte – ich möchte nicht wissen, was darin war. Das brachte einige Erleichterung. Zu einem westlichen Arzt ging ich nicht, im Gegenteil, nach diesem Erlebnis machte ich Schluss mit der Schulmedizin. Zurück in Wyoming sammelte ich Schafgarbe und andere Kräuter, nahm täglich heiße Kräuterbäder und kurierte mein Leiden vollkommen aus.

Das Denguefieber hatte mich „durchgeglüht“ wie ein läuterndes Feuer. Mein Geist war wieder klar. Aber nun erwischte es meine Frau. Eines Tages färbten sich ihre Haut und die Augäpfel gelb und sie fühlte sich wie erschlagen. Auf der Rikscha, die uns zum Universitätsspital brachte, rüttelte sie hin und her wie ein Sack Kartoffeln, sie hatte nicht mal mehr die Kraft sich selber festzuhalten. Am

Haupteingang des Spitals kamen Leichenträger auf uns zu, die mit dem Ruf *„Rama Nam Sattje Heh"* – „Gottes Name ist Wahrheit" – ihren Weg durch die Menge bahnten. Sie trugen eine junge und, an dem roten Leichentuch erkennbar, verheiratete Frau. „Was ist das für ein Zeichen?", dachte ich besorgt. Ein Sikh, mit Turban und Bart, saß an der Rezeption. „Offensichtlich Hepatitis", sagte er, als er uns sah. „Da können die Ärzte auch nichts machen. Außerdem sind sie gerade bei ihrer Teepause." Eigenständig stellte er uns einige Rezepte für Lebertonika aus, gab uns guten Rat bezüglich der Ernährung und schickte uns nach Hause.

DIE KINDER MATAJIS

Virendra Singh, ein guter indischer Freund, verschaffte uns eine Wohnung mit unverstelltem Blick auf den herrlichen Gangesstrom. Neben dem Haus befand sich ein Vishnutempel mit einem Teich und hohen alten Bäumen, in dessen Wipfeln die Rhesusaffen tollten, Streifenhörnchen spielten und ab und zu schwarzgesichtige Langur-Affen in den Ästen wippten. Hinter dem Haus kampierten Büffelhirten. Die indischen Beos *(Gracula religiosa)*, diese frechen Pfeif- und Krächzkünstler mit schwarz glänzendem Gefieder und orange leuchtendem Schnabel und Klauen, hüpften den Wasserbüffeln auf dem Rücken herum und pickten ihnen Ungeziefer aus den Ohren und Falten hinter den gebogenen Hörnern. Die Kinder der Hirten führten die gemütlichen schwarzen Biester zum täglichen Bad und planschten selber quietschvergnügt im Wasser.

Am Morgen zogen Futter suchend die Rinder vorbei. Sie waren frei, niemand behinderte ihr Kommen und Gehen. Am Abend zog die Herde wieder in die Stadt. Dort löste sie sich allmählich auf; jede Kuh suchte das Haus ihres Besitzers, bekam dort Gemüseabfälle oder gehäckseltes Stroh zu fressen und wurde gemolken. Die Stiere, die man als Kälbchen zu Ehren Shivas ausgesetzt hatte, versorgten die Kühe regelmäßig mit Nachwuchs. Stolz waren die Kühe, ihre Augen blickten hell und selbstbewusst – ganz anders als die übergewichtigen, enthornten Rinder, die im Westen hinter Strom und Stacheldraht ihr trauriges Dasein fristen. Diese Tiere wussten, dass man sie als heilig verehrte und ihre bloße Berührung als Segen empfand. Nichts brachte sie aus der Ruhe. Der Straßenverkehr umfloss sie. Niemand würde es wagen, sie in ihrer Meditation zu stören. Nur einmal sah ich die Kühe aufgeregt, den Schwanz steil aufgerichtet, die Straße entlangrennen. Nanu, fragte ich mich, was konnte dafür verantwortlich sein? Dann sah ich den Grund: Ein Trupp Elefanten, die dem Maharadscha gehörten, kam des Weges.

Manchmal ärgerten die Jungs die heiligen Stiere, die dort dösend mitten auf der Straße standen, sie warfen Steine nach ihnen oder versuchten sie mit Rufen oder Schnalzen aus ihrer „Traumzeit-Meditation" herauszubringen. Aber die Muskelberge ließen sich kaum stören. Für sie waren alle, die vielen Menschen, die Kühe und all die anderen Tiere, Teil ihrer großen Herde; die frechen Bengel waren für sie nichts anderes als spielende Kälbchen. Nur wenn ein fremder Stier ihre Herrschaft und ihr Begattungsrecht in Frage stellte, oder wenn Touristen erschienen, die anders rochen, anders gekleidet waren und sich ungewöhnlich verhielten, wurden sie wach, schnauften und scharrten warnend mit ihren Hufen.

Wenn eine Kuh oder ein Stier stirbt, flößt man dem Tier geweihtes Wasser ins Maul, zündet Räucherstäbchen an, legt ihm eine Blumenmala um den Hals und bringt es zu Mutter Ganges, die es aufnimmt und in den Himmel trägt, so dass es im nächsten Leben als Mensch wiedergeboren wird. Die sanftmütige Kuh erwartet eine gute Wiedergeburt, denn ihr Leben ist selbstloses Geben: Milch, Butter, Käse, Fladen, die der Düngung oder als Heizmaterial dienen – das sind ihre Gaben. Selbst der heilkräftige Harn der Kuh wird dankbar entgegengenommen; am Morgen versucht man einige Tröpfchen der lieblich duftenden, goldenen Flüssigkeit mit den Fingern aufzufangen, um damit die Zunge zu benetzen. Auch der Ochse, der stoisch sein schweres Joch trägt, ist sich einer gesegneten Wiedergeburt sicher. Er gilt als *Yogi*, als Büßer in Tiergestalt – ein Yogi ist jemand, wie die indogermanische Sprachverwandtschaft andeutet, der im „Joch" der Selbstbeherrschung eingebunden ist. Und der Stier, Shivas Reittier und Symbol des Dharmas, des unbeugsamen Willens, seinen vorgegebenen Weg zu gehen, ist sowieso gesegnet. Und mancher große Geist, sogar Buddha, hat eine Stierinkarnation hinter sich – so will es die kulturelle Konstruktion der Wirklichkeit im traditionellen Indien.

Hunde waren auch da. Auch sie frei und ungebunden. Sie kannten keine Leinen, keine Zwinger, keine Tierärzte, keinen Impfzwang, keine Sterilisation, kein Gassigehen, kein Männchenmachen, kein Pfötchengeben, kein Stöckchenjagen, aber auch keine Futternäpfe, die mit Fressen überquellen. Sie brauchten keine großen Kulleraugen zu machen oder sich wie hilflose Welpen auf dem Rücken zu wälzen, um den Menschen zu gefallen. Man überließ sie ihrem Schicksal. Sie waren glücklich mit ihren Welpen, in ihrem Paaren; sie litten an ihren Krankheiten und Verletzungen. Sie bestimmten ihr Leben selbst. Oft begleitete mich bei meinen Wanderungen und Ausflügen dieser oder jener Hund so lange es ihm gefiel, ehe er dann irgendwann, aus irgendeinem mir nicht erklärlichen Grund, wieder woandershin lief. Auch Hunde sind heilig. Selbst Shiva nimmt gerne die Gestalt eines Hundes an, trottet unerkannt durch die Stadt oder hängt wie die *Sadhus*, die Wanderheiligen, an den Leichenverbrennungsplätzen herum. Schlafende Hunde werden in Indien nicht geweckt, auch wenn sie mitten auf der Straße liegen. Sie träumen, heißt es, von den Göttern und bringen dadurch den Segen der Himmlischen auf die Erde.

In den Bezirken, wo die Unberührbaren ihre Lehmhütten bauten, suhlten sich lebenslustige kleine Schweine in den Pfützen. Auch sie wurden nie eingesperrt oder sonstwie in ihrem Wesen vergewaltigt. Sie fressen Kot und Abfälle und sind daher sozusagen Teil der Putzkolonie.

URBANES ÖKOSYSTEM IN INDIEN

Kulturökologische Studien bestätigen, dass die traditionellen Völker meistens harmonisch in ihrer Umwelt leben. Sie sind eingebunden in die natürlichen Zyklen. Rituale, Gebräuche und Wertvorstellungen sorgen dafür, dass sich die pflanzlichen und tierischen Ressourcen, von denen die Gesellschaft lebt, erneuern können, damit auch für künftige Generationen das Leben lebenswert bleibt. Abfall- und Entsorgungsprobleme wie in der Industrie- und Konsumgesellschaft gibt es kaum. Dieses Eingebundensein in natürliche Kreisläufe kann sogar in urbanen Zivilisationen funktionieren. Etwa in der indischen Großstadt Varanasi, in der ich in den Jahren 1982 bis 1984 eine Feldforschung zum Thema Shaivismus durchführte. Die heutige Millionenstadt am Ganges hatte zur damaligen Zeit erst ungefähr 800 000 Einwohner.

In den ersten Tagen fiel es mir schwer, aufgrund meiner westlichen Prägung, dem Rat des Vermieters zu folgen und die sich ansammelnden Abfälle – Papier, Obstschalen, Büchsen – am Abend einfach aus dem Fenster in die Gasse zu werfen. Doch bald gewahrten wir ein perfekt funktionierendes Abfallverwertungssystem:

Die Ratten und Mäuse machen sich nachts über die Abfälle her und werden durch die Katzen, Schlangen, Wiesel und Mungos in Schach gehalten.

In der ersten Morgendämmerung kommen die Rhesusaffen und die Krähen und picken die Nahrungsreste, Obstschalen oder was immer sie interessiert von der Straße. Die halb wilden Gassenköter, die es mit den klügeren und gewandteren Affen nicht aufnehmen wollen, warten am Rande, bis sie an die Reihe kommen, um durch die Abfälle zu stöbern.

Bald darauf kommen die Rinder. Die Kühe finden sich, nachdem sie von ihren Besitzern gemolken und dann losgebunden wurden, in kleinen Herden zusammen und bewegen sich tagsüber frei in der Stadt, wo sie sich von „Unkräutern“, Blättern, Papier und Gemüseabfällen sowie den Gaben frommer Hindus ernähren. Oft laufen die jüngeren Töchter der Kuhbesitzer hinter den Rindern her. Ihre Aufgabe ist es, die Kuhfladen sorgfältig in den Körben, die sie gekonnt auf dem Kopf balancieren, zu sammeln. Zu Hause wird der Rinderkot mit Strohhäcksel zu tellerförmigen Fladen geknetet und zum Trocknen an die Mauern und Außenwände der Häuser geklatscht. Die getrockneten Fladen sind das Brennmaterial, mit dem im Chula, dem kleinen tragbaren Tonherd, die Mahlzeiten gekocht werden. Jeder Fladen liefert die gleichmäßige Hitze, die ein typisches indisches Gericht – Reis, Dal (Linsen) und Subjee (Gemüse) – zum Garwerden benötigt.

1974 schätzte der amerikanische Kulturanthropologe Marvin Harris den in Indien jährlich anfallenden Rindermist auf 700 Millionen Tonnen; davon wird die Hälfte als Dünger, die andere Hälfte zum Kochen benutzt. Diese Hälfte entspricht einer Heizleistung von ungefähr 27 Millionen Tonnen Kerosin, 35 Millionen Tonnen Kohle oder 68 Millionen Tonnen Brennholz – das schont Wälder und spart Öl. Die vielen Kühe – so Harris – sind für die Menschenmassen keine Konkurrenten in Bezug auf Land und Nahrung, wie es einige technokratisch orientierte Entwicklungsexperten meinen. Im Gegenteil, sie fressen ungenießbare, dürre Wildkräuter, verwerten Abfälle und Raufutter und geben dafür wertvolle Milchprodukte, Zugkraft und Mist.

Nachdem die Rinder in den Gassen ihr „Frühstück" verzehrt haben, kommen die kleinen schwarzen Schweine und wühlen nach Leckerbissen. Die Borstentiere gehören den Unberührbaren, den Dalit oder Harijan. Deren für die Gesellschaft äußerst wichtige sozioökonomische Rolle besteht darin, allen Unrat, alles Verbrauchte und Verweste zu beseitigen und zu entsorgen, die Straßen, Latrinen und verstopften Rohre zu reinigen, Wäsche zu waschen, Kadaver zu entsorgen, Haare zu schneiden und Leichen zu verbrennen. Sie sind die Wäscher, die Barbiere, die Totenbestatter, die Straßenfeger, die Lumpen-, Papier- und Altmetallsammler; da sie mit den Häuten verendeter Tiere arbeiten dürfen, sind sie die Schinder, Ledergerber, Schuhmacher und Schuhputzer.

Meistens treiben junge Schweinehirten die Schweine durch die Gassen und entlang des Gangesufers, wo sie die vielen, noch frischen Kothäufchen, die die Menschen hinterlassen, wegputzen. Die Darmentleerung ist – neben dem Bad, dem Zähneputzen, Zungenschaben, Entschleimen des Verdauungstrakts und der Atemwege – Teil des allmorgendlichen Ablutions- oder Reinigungsrituals der Hindus. Da es in den alten Häusern oft an Latrinen oder Klos mangelt, gehen viele Leute ins Freie, um sich zu erleichtern. Auf freiem Felde oder in den Winkeln der kleinen Gassen am Bordstein hockend – die Frauen hinter Büschen, Mauern oder Erdhügeln –, gesellig miteinander plaudernd und vielleicht dabei eine Bidi [25] rauchend, nehmen sie sich für das „Geschäft" genügend Zeit. Ohne die streunenden Hunde und Schweine wäre das ein hygienisches Problem. Nebenbei bemerkt: Das Leben der

Harijan ist nicht, wie wir aus unseren ethnozentrischen und kulturell bedingten ethischen Vorurteilen oder der Propaganda der Missionare entnehmen, nur eines des Leids und der Unterdrückung. Als Berufskaste sind sie eher eine symbiotisch ins Gesamtsystem eingebundene, eigenständige Subkultur. Auf Schweinebraten und Alkohol, die bei ihren Festen eine große Rolle spielen und bei den „reineren" Kasten tabuisiert sind, würden sie nicht verzichten wollen.

Nachdem die Rinder, Schweine und anderen Tiere ihren Beitrag zur Abfallbeseitigung geleistet haben, kommen die Lumpensammler, die Glassammler, die Metallsammler und tragen die zur Weiterverwertung bestimmten Wertstoffe an die designierten Sammelstellen. Etwas später am Morgen folgen dann die Straßenfegerinnen, die in ihren bunten Saris wie herbeigeflatterte Schmetterlinge aussehen. Sie fegen den übrig gebliebenen Staub und das bisschen Asche – von den Kochfeuern – auf. Auch die vielen Scherben der unglasierten Tonbehältern, in denen Joghurt aufbewahrt oder der süße Tee getrunken wird, werden mit aufgekehrt. Diese Tongefäße werden – was sehr hygienisch ist – nur einmal verwendet und dann auf dem Boden zerschmettert. Die Männer der Fegerinnen schaufeln die Häufchen in kleine Handkarren und kippen den Inhalt dann in Löcher, die gefüllt werden sollen, oder die Steilhänge der Bachufer hinab. Gegen elf Uhr sind die Straßen dann wieder absolut sauber. Der so abgelagerte nährstoffhaltige Detritus wird nach einiger Zeit von Ruderalpflanzen besiedelt – darunter Seidenpflanzengewächse (Asclepiadaceae, z. B. Calotropis), Wolfsmilchgewächse (z. B. Croton), Mexikanischer Mohn (Argmone mexicana), Windengewächse (Ipomea hederaceae), Schirmblütler (z. B. Wassernabelkraut oder Gota Kola, Centella asiatica), Spreublumen (Achyranthes), verschiedene Korbblütler, etwa Eupatorium odoratum und sogar verwilderte Tagetes, sowie Nachtschattengewächse, darunter Stechapfel und verwilderte Tomaten. Diese finden wiederum als Heilkräuter in der indischen Volksmedizin Anwendung.

Heutzutage funktioniert dieses System nicht mehr ganz so einwandfrei. Es fing damit an, dass die Milchgenossenschaft 1983 begann, die Milch in Plastiktüten zu verkaufen, statt dass sich jeder Kunde seine Milch im eigenen Krug holen konnte. Gewissenhaft sammelten die Straßenfeger zuerst die weggeworfenen Milch-Plastiktüten und benutz-

ten sie, um ihre Dächer besser gegen Regen abzudichten oder um Vorhänge und Trennwände daraus zu nähen. Aber es dauerte nicht lange, da wurden sie der anfallenden Plastikmassen nicht mehr Herr, da nun zunehmend auch weitere Produkte in Kunststoff verpackt wurden. Töpfe, Krüge und andere Behälter und Utensilien wurden zunehmend aus Plastik anstatt aus Ton und anderen abbaubaren Stoffen hergestellt. Für die Töpferkaste ist das eine Existenzkrise. Nun werden die Plastikabfälle verbrannt, was zur Verschlechterung der Luftqualität beiträgt. Vielleicht ist es noch nicht so schlimm wie in anderen Entwicklungsländern, aber Indien ist – im Zuge der rapiden wirtschaftlichen Entwicklung und der Bevölkerungszunahme – auf dem besten Weg ins Müllchaos.

Varanasi war eigentlich ein riesiges Dorf, oder besser ausgedrückt, viele dicht aneinander stehende Dörfer. Es sprudelte und quoll über vor lauter Leben. Auf einmal sah die Stadt für uns nicht mehr so schrecklich aus, nicht mehr wie ein überdimensionaler Slum. Immer mehr sahen wir *Kashi*, die „leuchtende Stadt", wie ihre Einwohner sie liebevoll nennen. Die Schuppen waren uns von den Augen gefallen. Shiva, der wilde, gütige Gott mit dem Dreizack, der Zerstörer aller Illusionen, hatte uns gepackt und in seinem Kessel gar gekocht, bis wir auseinander fielen. Und dann hatte er uns wieder zusammengesetzt: Bein an Bein, Sehne an Sehne, Glied an Glied. Wir fühlten uns wie neugeboren.

Zuerst dachten wir, es wäre irgendein beliebiges Haus, in dem wir wohnten. Wir wussten noch nicht, dass es ein *Ashram* war, geführt von der von vielen Tausenden als Heilige verehrten Mataji aus Rajastan. Sie war dick wie eine italienische Mama. Ein ayurvedischer Arzt, einer ihrer Anhänger, erzählte uns ihre Geschichte: Einst sei sie glücklich verheiratet gewesen. Als aber keine Kinder kamen und weder Fasten, Beten noch Pilgerreisen zu heiligen Seen, Teichen oder Brunnen, von denen es heißt, dass sich dort Kinderseelen aufhalten, zur ersehnten Schwangerschaft führten, entschied sie sich schweren Herzens, ihren Mann zu verlassen, in den Dschungel zu gehen und ihr Schicksal den Göttern zu überlassen. Er wollte sie nicht gehen lassen, denn er liebte sie. Sie aber sagte: „Du brauchst einen Sohn, damit jemand da ist, der für dich die notwendigen Rituale durchführt, wenn du einmal die leibliche Hülle ablegst. Ich suche dir eine andere Frau und gehe fort. Meine Entscheidung steht fest.“ Sie zog sich in die Wälder zurück, ernährte sich von Kräutern und Wurzeln und lebte, in Rinde gekleidet, als Einsiedlerin. Kein Tiger verschlang sie, kein Schlangenbiss tötete die bis auf die Knochen abgemagerte Frau. Eines Tages, geschwächt vom langen Fasten, erschien ihr auf einem Löwen reitend die Göttin Durga. Die Vision durchdrang sie bis ins Mark. Als die schlichten Ureinwohner, die ihre Dörfer im Dschungel haben, sie später sahen, merkten sie sofort, dass in der Frau eine Veränderung stattgefunden hatte. Aus ihren Augen blickten die Augen der Göttin. Die Waldmenschen fielen vor ihr nieder, zündeten duftende Kräuter für sie an und brachten ihr Essen. Mit jeder Schale Reis, die sie ihr opferten, mit jedem Bissen, den die Heilige schluckte, hofften sie, dass ihre Vergehen getilgt würden. Mataji – liebend wie eine Mutter – nahm die Opfer an: Sie aß und aß. Immer mehr Heilsuchende strömten zu ihr; sie wurde dicker und dicker. Schließlich bauten ihr ihre Anhänger ein Ashram in der heiligen Stadt. In dieses Ashram, genannt *Vidya Niketan*, „Lehrstätte der Weisheit“, hatte es uns unwillkürlich verschlagen. Und dick war die orange gekleidete Mataji noch immer, als wir sie kennen lernten. Sie war nun wirklich eine *Mataji*, eine Mutter, geworden. Jeden Morgen strömten Pilger und Sannyasi – meist alte Männer, die Beruf, manchmal hohe Ämter, Familie, Kaste und sogar ihren Namen hinter sich gelassen hatten und nur noch die Erlösung *(Moksha)* suchten – zu ihr. In riesigen Töpfen und Schüsseln kochte sie für diese ihre „Kinder“ und legte für sie die Lehren der heiligen Schriften aus. Die Miete, die wir zahlten, wurde für die Kochzutaten ausgegeben.

Jeden Tag wurden wir vor Sonnenaufgang von Geräuschen geweckt, die wie Würgen und Erbrechen klangen. Zuerst befürchteten wir, dass es sich um irgendeine schlimme, möglicherweise ansteckende Krankheit handelte. Aber nein, es war Teil des aufwändigen morgendlichen Reinigungsrituals der Ashram-Bewohner: Die Zungen wurden geschabt, Stoffstreifen geschluckt und wieder hochgezogen, um den Schleim aus der Speiseröhre zu entfernen, der

Darm wurde gespült und die Zähne mit den zerkauten Enden frisch geschnittener bleistiftdicker Zweige des Nimbaumes *(Azadirachta indica)* geputzt. Dann folgte *Puja*, die Götterverehrung, mit Rauch, Glockengebimmel und geschwenkten Lichtern. Danach wurde – altüberlieferte vedische Regeln befolgend – das Essen gekocht. Dabei wurden Mantren gesprochen und mit einem laut ausgerufenen „Swaha" wurde von jeder Zutat ein Happen in den Feuermund des Feuergottes Agni geworfen. Dieser würde die Opfer den Göttern vermitteln.

Auch für uns wurde Mataji so etwas wie eine Mutter. Neun Monate, eine ganze Schwangerschaftsperiode, lebten wir bei ihr, ehe wir weiter durch Indien pilgerten. Unsere barbarischen Namen mochte sie nicht aussprechen. Sie gab uns unsere Sanskritnamen, „Ganga" und „Shankar" – Shankar, weil diese Erscheinung Shivas immer friedlich ist, und Ganga, weil diese Flussgöttin nie von Shiva getrennt ist, sondern immer, wie der Fluss ständiger Inspiration, durch die aufgetürmten Locken seines Hauptes fließt.

AFFENTHEATER

Die typische indische Wohnung hat keine Möbel, außer einem riesigen geflochtenen Bett, auf dem die Familie nachts schläft und tagsüber ihre Mahlzeiten einnimmt oder Besucher unterhält. Reiche moderne Inder haben zwar ein europäisch möbliertes Zimmer, dieses aber wird kaum genutzt. Kochen und andere Arbeiten werden im Schneidersitz auf dem Fußboden verrichtet. Für meine Schreib- und Forschungsarbeiten brauchte ich jedoch unbedingt einen Tisch und einen Stuhl. Ein Schreiner mit Handsäge, Hammer, Nägeln und einigen Brettern unter den Arm geklemmt kam und zimmerte in kürzester Zeit das erwünschte Mobiliar. Nun konnte ich mich einrichten. Ich rückte den „Schreibtisch" ans Fenster, legte geordnet Bücher und Schreibpapier darauf und ging noch schnell in die Küche, um mir einen Tee zu machen, ehe ich mit dem Studieren anfing. Kaum war ich zurück, sah ich, wie Bücher, Notizen und Schreibpapier Richtung Ganges im Wind davonflatterten. Ein jugendlicher

Rhesusaffe streckte so weit wie möglich seine langen Arme durch die vergitterten Fenster und zog alles Greifbare heraus. Kaum etwas war zu retten.

Irgendwie sah ich das als ein Zeichen, als ob Hanuman, der affengestaltige Gott, mir etwas sagen wollte. Ich ging zwar noch gelegentlich zum Soziologieinstitut, aber meine Studierlust war gedämpft. Als der Professor anlässlich eines Symposions über die umweltfreundliche Naturnutzung in den sozialistischen Staaten schwärmte, hatte ich wenig Bedürfnis weiterzumachen. Ich hatte ja die Ostblockländer bereist und die katastrophale Umweltsituation mit eigenen Augen gesehen. Anstatt mich in der Universitätsbibliothek zu verkriechen oder meine geplanten Vorträge über Marx, Levi-Strauss oder Freud zu halten, öffnete ich meine Seele dem alltäglichen indischen Leben und Treiben. Ich wanderte viel, lernte die Flora kennen, nahm Teil an Pujas und tauchte in ein für mich neues Universum ein.

Ganga, meine sprachbegabte Frau, lernte fleißig Hindi. Indische Freundinnen zeigten ihr, wie man *Chapati*, indisches Fladenbrot, backt und indisch kocht, wie man einen *Sari* korrekt trägt, wie man sich durch einen roten Farbstreifen im Scheitel als verheiratete Frau zu erkennen gibt. Mit Nasenring, klingenden Armreifen aus Glas, Ringen an den Zehen und einer Glück verheißenden Halskette *(Mangalasutra)* war sie kaum mehr von einer Nordinderin zu unterscheiden.

Da wir sie gelegentlich mit Brot und Obst fütterten, besuchten uns die Affen – Hanumans Bande – immer wieder. Mit ihren Tollheiten sorgten sie für ständige Unterhaltung. Sie machten die Hunde zu Narren und bewarfen sie, oder sie klauten Wäschestücke von der Leine und versuchten sie anzuziehen. Weniger lustig war es, wenn sie in den elektrischen Drähten turnten, so dass es funkte und blitzte. Raffinierte Diebe waren sie auch. Wenige Minuten ließen wir mal die Tür offen, und schon war die Bande in der Küche; das Alpha-Männchen lief gerade gemächlich an mir vorbei, das Maul voll gestopft und beide Hände schwer mit Obst beladen. Auch wenn sein Blick freundlich grüßte, wusste ich, dass es unmöglich war, ihm die Beute wieder zu entreißen.

Vor weniger als hundert Jahren war dieses Randgebiet der Stadt noch Urwald gewesen, Teil des Jagdreviers des Maharadschas von Varanasi. Der Teich neben dem Durga-Tempel, in dem die Affen während der heißen Tage sich abkühlen und schwimmen, war damals noch ein Waldsee gewesen. Nun aber war ihr Lebensraum zur Stadt geworden. Mit viel Intelligenz und Geschicklichkeit hatten sie gelernt dort zu leben, den Steinschleudern und Stöcken der Obst- und Gemüsehändler zum Trotz.

JAHRESZEITEN

Im Herbst und Winter ist es im Gangestal angenehm. Es ist die Zeit, in der die Touristen kommen. Gegen Ende März wird es trocken, heiß und staubig. Die flimmernde Landschaft befindet sich in einem fiebrigen *Pitta*-Zustand. Die Wintergetreide und Gemüse sind nun abgeerntet. Für die Tiere wird es zunehmend schwerer, Futter zu finden. Besonders die Kuhrassen, welche gut meinende, aber unwissende Entwicklungshelfer ansiedelten, leiden unter Hitze und Futtermangel. Die weißen buckeligen Zebus sind dagegen, dank tausendjähriger Anpassung, weitaus widerstandsfähiger.

Nun trocknen die Tümpel aus, die Hitze beträgt während des Tages um die 45 Grad Celsius, so dass die Fliegen und Mücken wegsterben, die Affen lustlos in den Ästen hängen und die Menschen wegen der Hitze stöhnen. Touristen sieht man so gut wie keine mehr. Tagsüber ist die Stadt wie ausgestorben, erst am Abend erwacht sie wieder zum Leben.

Auch für uns war es eine Grenzerfahrung. Erst nach Sonnenuntergang konnten wir verschnaufen, sonst lagen wir schwitzend auf dem Fußboden, schütteten ab und zu einen Kübel Wasser über den Kopf und fragten uns, warum wir eigentlich hier waren.

Trotz allem sind die heißen Monate eine wunderbare Zeit, denn nun sind die besonders köstlichen einheimischen Baranasi-Mangos reif. Derartige Mangos kann man nirgendwo anders, geschweige denn in einem Supermarkt im Westen, kaufen. Ein Kuss des Himmels, ein Hauch Paradies sind diese Früchte. In der Mangozeit haben alle Kinder und viele Erwachsene Pusteln um den Mund, die sie mit weißem Puder behandeln. Wie viele Sumachgewächse *(Anacardiaceae)* enthält die Schale dieser Mangoart Spuren von dem hautreizenden Öl (Urushiol), das auch im Giftsumach oder in den Akajouäpfeln, den roten angeschwollenen Stielen der Akajounüsse, vorkommt.

Im Juli kommt dann irgendwann der Monsun. Wolkenberge türmen sich auf und der strömende Regen wandelt den Pitta-Zustand des Landes in einen *Kapha*-Zustand. Es wird schwül und heiß, wie in einer Sauna. Plötzlich ist alles wieder grün, Mücken und Fliegen summen, Frösche quaken mit gewaltigen Stimmen. Im Herbst dann wird es trockener und kühler; es wird windiger und Kinder lassen ihre Drachen steigen. Das Land ist nun im *Vata*-Zustand. Wie exotische Zugvögel erscheinen nun die Touristen.

MEDIZINSYSTEME UND NATUR

Ebenso wenig wie sich die religiösen Vorstellungen von der natürlichen Umwelt einer Gesellschaft trennen lassen, lassen sich die medizinischen Vorstellungen davon trennen. Die ayurvedische Lehre von den drei Dosas, den Bioenergien – Pitta (Feuer, Hitze), Kapha (Schleim, Feuchtigkeit) und Vata (Wind) – ist ohne den Wechsel von Sommerhitze, Monsun und windigem Herbst nicht zu verstehen. Die Natur liefert das Denkmodell. Der Mensch und sein Körper gelten als Mikrokosmos im großen Makrokosmos: Dieselben Prozesse, die in der großen Natur stattfinden, finden auch in ihm statt.

In den vier Humores (Körperflüssigkeiten) oder Säften der traditionellen westlichen Medizin – der feuchte kühle Schleim (Phlegma), das rote feuchte heiße Blut, die heiße trockene gelbe Galle und die kalte trockene schwarze Galle – spiegeln sich die vier Jahreszeiten des Mittelmeerraumes. Auch hier wird der Mensch als kleiner Kosmos verstanden.

Im alten Ägypten war es die jährliche Nilüberschwemmung, die ein brauchbares Modell für das Funktionieren des menschlichen Leibes bot. Der Verdauungskanal, vom Mund bis zum After, glich dem Leben bringenden Strom, der von den Sümpfen Nubiens hinab zum Delta fließt. Auch der Innere Nil bringt Nährstoffe herunter und spült

Unreinheiten aus dem Körper. Daher bestand die ägyptische Arznei hauptsächlich aus Abführmittel, Brechmittel, Klistier, Aderlass und Schröpfen. Der Strom und die Bewässerungskanäle mussten auch im Menschen in Schuss gehalten werden.

Der Mensch braucht die äußere Natur, um seine eigene Natur zu verstehen.

Nach diesem ersten Aufenthalt in Indien verbrachten wir einige Monate in Bangladesch, Burma, Thailand, China, Japan. Nach dem überquellenden Leben der asiatischen Städte schien San Francisco gar nicht mehr so aufregend wie einst. Wir hatten uns sehr verändert. Es schien, als ob wir nur noch mit Bikern und Indianern zurechtkommen konnten. Bald waren wir wieder in Indien, diesmal ein knappes Jahr, bis uns dann die innere Stimme zurück nach Europa rief.

SPÄTHEIMKEHRER

O teurer Laut, o Glück nach langer Zeit
Auch nur zu hören eines Landsmanns Rede.

Sophokles, Philoktet 234–235

Einen logischen Grund nach Deutschland zu kommen gab es eigentlich kaum. Lange waren wir in Indien gewesen, es wäre wohl vernünftig, nun wieder nach Amerika zurückzukehren, eine Stelle an einer Hochschule anzunehmen und ein normales Leben anzufangen. Aber wir folgten der inneren Stimme. Diese führte uns nach Oldenburg, den Ort, den ich im elften Lebensjahr verlassen hatte.

Der flache Norden mit seinem endlos weiten Horizont, seinen saftigen grünen Weiden, den Gräben und Wasserwegen mit Schiffen und Kähnen, den Eichenhainen, Birkenwegen und moorigen Erlenbrüchen – alles war schön wie eh und je, wie es die Erinnerung 30 Jahre lang bewahrt hatte. Aber sonst hatte sich alles verändert: Die Menschen sprachen anders, dachten anders, verhielten sich anders. Ich kam mir vor wie der amerikanische Märchenheld Rip van Winkle, der bei einem Jagdausflug in den Catskill Mountains auf eine lustige Bande kegelnder, Bier trinkender Heinzelmännchen traf und ihre Einladung mitzufeiern nicht abschlug. Gesättigt und trunken fiel er in einen tiefen Schlaf. Als er erwachte, waren drei Jahrzehnte vergangen, niemand kannte ihn mehr in seinem Dorf, seine Frau war tot, seine Tochter verheiratet und die ihm bekannte Welt war eine völlig andere geworden.

Nach den brodelnden Städten Asiens und der amerikanischen Wildnis war uns die biedere Beamtenstadt Oldenburg eine Spur zu eng. All die netten Leute kamen meiner Frau wie „frisch frisierte Pudel" vor. Also zogen wir aufs Land, ins ostfriesische Moor, in die Ferienwohnung eines Arztes, der in den Fußstapfen Albert Schweitzers nach Afrika gegangen war. Sogar seinen Flügel hatte er nach Nigeria schiffen lassen, um den armen Kindern dort Bachkantaten vorspielen zu können.

Es war wie im Märchen: Alles, was wir brauchten, war in dem Haus vorhanden: Möbel, Decken, Kissen, Teller, Tassen, Essgeschirr. Wie gut, denn der eigene Besitz bestand lediglich aus dem, was man im Rucksack tragen konnte! Sogar einen Fernseher gab es. Als ich ihn neugierig einschaltete, war nur Wellensalat auf dem Bildschirm zu sehen. Leider kaputt, dachte ich. Als dann drei Wochen später ein Freund auf Besuch kam, an den Knöpfen drehte, tatsächlich ein klares Fernsehbild erschien, ging mir auf, wie weit wir uns von der „normalen" modernen Welt entfernt hatten. Ja, es hatte schon eine Ähnlichkeit mit dem alten Rip van Winkle. Schon als junger Soziologe hatte ich die Entscheidung getroffen, mein Bewusstsein nicht länger durch den täglichen TV-Fix programmieren zu lassen. Das war für unsere Freunde und Bekannten fast Ketzerei, etwa wie ein Christ, der das Abendmahl, die Kommunion verweigert. Diesmal aber brauchten wir die Flimmerkiste: Sie weihte uns in die Wirklichkeit, in die Wertvorstellungen und Sprechweise der Bundesbürger ein. Nun lernten wir, was „Äktschen", was „Tschogging" bedeutet, welcher Fußballer die meisten Tore schießt und wie die Schwergewichte in Bonn alle heißen. Wenn ich an der Supermarktkasse Schlange stand, verstand ich plötzlich, was man sich erzählte.

Es ist eine alte ethnologische Regel: Wenn man in den kulturellen Kosmos eines Volkes eintauchen will, dann lebe man wie die Eingeborenen, dann esse und trinke man wie sie.

Wir tranken nun Bier und aßen wieder Wurst. Es schmeckte uns gut und wir wurden so dick, dass wir Mühe hatten, unsere Schnürsenkel zuzubinden. In den Jahren zuvor, in Indien und als biodynamische Gärtner, hatten wir uns meistens fleischlos ernährt. Das hatte unsere Hellsichtigkeit gefördert. Aber nun brauchten wir eine dickere Haut, brauchten Zugang, Einstieg.

Um fit zu bleiben, ging ich ins Schwimmbad. Verblüfft musste ich feststellen, dass ich – egal wie viele Badegäste da waren – immer genügend Platz hatte. Blonde Friesen, ebenso dunkle Asylanten wichen mir aus, als sei ich ein Hai. Waren es die wilden „Neandertaler-Haare" oder die indische Ausstrahlung?

DER SEGEN DER KRÄUTERFRAU

Da unser Vermieter, der Arzt, auch schriftstellerische Ambitionen hegte, hatte er sich ein Schreibzimmer eingerichtet, in dem es sich gut arbeiten ließ. Dort griff ich zur Feder oder genauer gesagt zur Reiseschreibmaschine, um – als ersten Artikel – die Kräuterfrau Maria Treben gegen die gehässige Kampagne der Massenmedien zu verteidigen. Der „Stern" hatte der weisen Frau einen Leitartikel gewidmet [26]. Für die Fotos, die den Artikel illustrierten, hatte sie ihr bestes Trachtendirndl angezogen und eine Goldhaube aufgesetzt. Es war, wie mir später Franz Killmeyer, der selber auch für den Stern fotografiert, sagte: „Mit Pressefotos kann man eine Person aufbauen oder zerstören." In diesem Fall ging es um die Zerstörung einer Heilkundigen, die es sich erlaubt hatte, dem Fußvolk mitzuteilen, dass man mit Gottvertrauen, Gebet und den richtigen Heilkräutern – und zwar solchen, die überall zwischen Haustür und Gartentor wachsen – jede Krankheit in den Griff bekommen kann. Abertausende hatten ihr zugehört oder ihr Büchlein „Gesundheit aus der Apotheke Gottes" gelesen und dadurch Heilung mit einfachen Kräutern gefunden. Wen wundert's da, dass bei den Interessenvertretern der mächtigen Ärzte- und Pharmalobby die Alarmglocken schrillten. Man bedenke nur, dass in den westlichen Industriestaaten ungefähr so viel für Medikamente ausgegeben wird wie für das Militär. Es geht um Milliarden. Und dann kommt so ein altes Kräuterweib daher und sagt, all das sei nicht nötig, und behauptet zudem noch, dass sie ihre Eingebungen von der Gottesmutter erhält! So eine kann man nur der Scharlatanerie oder gar „eines verbrecherischen Dilettantismus" bezichtigen. Sogar Dr. Konrad Schily, Mitbegründer des anthroposophischen Krankenhauses in Herdecke, unterstellte ihr in dem Artikel „ein schlimmes Geschäft mit der Hoffnung". Vom Standpunkt der Schulmedizin mag der Angriff gerechtfertigt sein, nicht aber von demjenigen der Kulturanthropologie. Auf ethnologische Erkenntnisse und auf meine ethnomedizinischen Vorlesungen zurückgreifend, war ich mir bewusst, dass jedes medizinische System – auch die offizielle, gesellschaftlich sanktionierte Schulmedizin – eine kulturelle Konstruktion ist. Wenn der Kräuterfrau vorgeworfen wird, sie habe keine Ahnung von den molekularen Wirkstoffen der Pflanzen oder von der genauen Funktion der Organe, so bedeutet das nicht, dass sie nicht altüberliefertes, wirksames Erfahrungswissen vermittelt. Ihre Kräuterheilkunde beruft sich zudem auf die unmittelbare Eingebung durch übersinnliche Entitäten (Engel, Gottesmutter) und zeigt somit, unverkennbar, schamanische Aspekte. Sie vertritt eine der vielen möglichen Wege des Heilens.

Unter den Zuschriften, die uns daraufhin erreichten, befand sich ein Brief, der uns ganz persönlich berührte. Eine Hebamme schickte uns zum Dank dafür, dass ich eine Lanze für die Kräuterfrau gebrochen hatte, die Kopie eines Interviews, welches Maria Treben für eine amerikanische Zeitschrift gegeben hatte. Darin war zu lesen: „Bei Unfruchtbarkeit solle die Frau täglich 25 Tropfen Mistel-Extrakt morgens auf nüchternen Magen und abends vor dem Schlafengehen einnehmen, dazu eine Tasse Schafgarbentee trinken."

Lange hatten wir auf Kinder gewartet. Sie waren uns schon immer willkommen, aber sie kamen einfach nicht. Wir hatten uns sogar medizinisch untersuchen lassen. Theoretisch war alles in Ordnung. Und nun – auf einmal – nach 15-jährigem Warten, fing meine Frau an, winzige Höschen und Schühchen zu stricken.

Wird der Mensch zufällig an einem bestimmten Ort geboren oder gehört es schicksalhaft zu seinem Wesen? Hat das Kindlein hier im ostfriesischen Moor auf uns gewartet? War es etwa seine Stimme, die uns aus Indien zurück nach Europa rief? Als wir das erste Mal durch das Fenster in das Ferienhaus schauten, sahen wir eine lebensgroße Kinderpuppe auf der Treppe. Sie schien animiert; ihr Blick durchbohrte uns, so dass es uns unheimlich zumute wurde. War das die Seele, die auf Verkörperung wartete? Oder gar der Geist eines der Kinder, die meine Eltern in der schweren Not der Nachkriegszeit nicht zu behalten vermochten?

Auf solche Gedanken kommt man leicht, wenn man völkerkundlich forscht, wenn man einsteigt in die „Welt" eingeborener Völker. Man lernt auf Zusammenhänge zu achten, die in der westlichen Kultur außer Acht gelassen werden. Die Indianer zum Beispiel glauben nicht, dass die Geistseelen, die sich verkörpern wollen, in irgendeinem abstrakten Himmel leben, sondern dass sie sich unsichtbar in der Natur – in Teichen, Bäumen, Sümpfen – aufhalten. Die empfängnisbereite Frau nimmt sie dort auf. In ihrem Schoß findet die Kinderseele einen gemütlichen, warmen Ort, wo ihr Körper heranreifen kann. Derweil schwebt sie noch immer frei umher, schwimmt mit den Fischen, streift mit dem Wolf durch den Wald, fliegt über die Wolken mit dem Adler. Deswegen geben die Indianer sorgfältig Acht auf die Tiere, die sich während der Schwangerschaft einer werdenden Mutter nähern oder sich sonst ungewöhnlich verhalten. Diese Tiere sind dann die Verbündeten dieses Kindes. Jeder hat solche Tierfamiliaren. Bei den Nordgermanen waren sie als *Fylgien* (Folgeseelen) bekannt. In Mittelamerika nennt man sie *Nagual.* In der Geburtsnacht wird dort der Boden vor dem Haus mit Sand bestreut und geharkt, damit man sehen kann, welches Tier Spuren hinterlässt. Ist es ein Jaguar oder ein anderes mächtiges Tier, das die Hütte umstreicht, dann gilt das als sicheres Zeichen, dass ein mächtiger Schamane das Licht der Welt erblickt hat. Auch wir achteten während der Schwangerschaft unwillkürlich auf solche Zeichen.

Hinter dem Haus floss die Sagter Ems, ein vom Moorwasser kaffeebraun gefärbter Fluss, der mit der Ebbe und Flut des nahen Meeres rhythmisch um anderthalb Meter auf- und absteigt. Oft paddelten wir im Kanu den windenden Fluss entlang, durch die Marschlandschaft, vorbei an gelben Mummeln, Schilf und dunklen Erlen. Gelegentlich erntete ich die wuchernden Wasserpflanzen, um sie in Kompost für den Gemüsegarten zu verwandeln, den ich hinter dem Haus angelegt hatte. Mal zog ich mit den Pflanzen einen zappelnden, nicht zu fassenden Aal mit ins Kanu.

Eines Tages, als ein plötzlicher Temperatursturz im Nu den Fluss mit einer dicken Eisdecke versah, schien es, als rufe mich eine Stimme nach draußen. Ich trotzte der bitteren Kälte, ging zum Fluss und entdeckte einen Kormoran, dessen Flügel im Eis festgefroren war. Der schöne schwarz-grünlich gefiederte Tauchvogel wehrte sich kaum, als ich ihn vom Eis befreite und ins Haus trug. Doch im Zimmer war es zu warm, so dass seine verletzte Schwinge zu bluten anfing. Also trugen wir ihn wieder zum Fluss, an eine Stelle unter der

Brücke, die nicht fest zugefroren war. Der Vogel tauchte unter, kam nach einer Weile wieder hoch und schaute uns so tief in die Augen, dass es unsere Seele berührte.

Ein andermal, gegen Mitternacht, hörte ich ebenfalls eine Stimme in mir, die mich hinausgehen und über die Wiesen laufen ließ. Ein Auto raste über die Landstraße. Ein Feldhase lag da. Als ich das überfahrene Tier aufhob, tropfte noch sein warmes Blut vom Körper. Das Hasengulasch, das wir am nächsten Tag aßen, erfüllte uns mit außergewöhnlicher Energie.

Am Tag vor der Geburt paddelten wir wieder auf der Sagter Ems. Eine weiße Taube begleitete uns. Ein Regenbogen erschien, und wir glitten auf dem Wasser durch den Regenbogen hindurch. Ich habe genug Physik gelernt, um zu wissen, dass es physikalisch unmöglich ist, durch einen Regenbogen hindurch zu gehen. Und dennoch kann ich das Erlebnis nicht leugnen.

In der Nacht der Geburt ging ich hinaus, um die Himmelszeichen zu lesen. Zur Eiche am Haustor sagte ich: „Bald ist es so weit!" Da fing die Eiche an zu erzittern; jedes Blatt schüttelte heftig, obwohl kein Windhauch vorhanden war.

Das erste Badewasser schütteten wir unter eine Wildrose, wie es alter Brauch verlangt. Den Mutterkuchen begruben wir unter einer Birke, als Dank an die holde Freya, die uns so reichlich beschenkt hatte.

Moderne Geburtskliniken mögen technisch perfekt sein, schließen aber solche Erlebnisse aus. Unsere Gesellschaft ist seelisch verarmt, sie weiß nicht mehr, dass eine Geburt ein Durchbrechen der kulturellen Programmierung und eine Begegnung mit der transzendenten Tiefe unseres Wesens sein kann. Geburt ist ein Mysterium, ist die Initiation der Frau. Die wilde Artemis, die Herrin der Tiere, die Unbezwingbare, die jenseits der Mauern der Zivilisation lebt, ist für das sehende Auge bei der natürlichen Geburt anwesend. Bei den Nordeuropäern ist es die Holle, die der Gebärenden hilft, in den Alpen die „Salige Frau".

Viele schöne Namen hatten wir uns für das Kind ausgedacht, Namen aus Sagen und Mythologien, naturnahe Namen. Doch als ich über die Wiese schritt, hörte ich „vom Himmel her" – anders lässt sich das nicht umschreiben – eine Stimme, die mir sagte, wie das Kind heißt. Als ich meiner Frau zögernd den Namen nannte, lachte sie laut und herzlich. Auch da erkannte ich, was mir als Völkerkundler in den Vorstellungen der Naturvölker öfters begegnete: Der wiederkehrende Mensch bringt auch den zu ihm gehörenden Namen mit. Der wahre Name eines Menschen ist nicht zufällig, willkürlich, sondern Teil seines Wesens. In vielen Kulturen ist es der Mann, der den Namen empfängt, oder, wie die australischen Ureinwohner sagen, der ihn aus der Traumzeit herüberträumt.

DIE GRÜNEN

Es war zwar eine Feriensiedlung, in der wir wohnten, aber viele Häuser waren das ganze Jahr über bewohnt. Alles ordentliche Leute, anständig modisch gekleidet, frisiert und immer frisch geduscht. Die Gärten waren mit exotischen Gewächsen aus dem Gartencenter bepflanzt, die Rasen kurz geschoren. Wen wundert es da, dass es Schwierigkeiten gab, als wir den Rasen nicht mähten. Das sollte keine absichtliche Provokation sein, wir fanden einfach nur, dass Wildkräuter und blühende Gräser viel schöner sind als ein einheitlich grüner Teppich. „Hallo Müslis", grüßten uns einige beim Vorübergehen. Gelegentlich zeigte man mit dem Finger auf uns und kommentierte hämisch: „Grüner als Grün!" Schließlich versammelten sich Jugendliche vor unserm Gartenzaun, die im Sprechchor verhöhnend riefen: „Die Grünen! Die Grünen! Die Grünen!" Das empfanden wir eher als lustig. Wir wussten gar nicht, was sie mit „Die Grünen" meinten, denn seit mehr als 30 Jahren war ich nicht mehr in meinem Heimatland gewesen und von der politischen Landschaft hatte ich nur eine blasse Ahnung. Es wurde aber immer weniger lustig. Bald knickten sie die Sonnenblumen ab, die ich am Zaun gepflanzt hatte. Wir wussten nicht, wann die ersten Steine fliegen würden. Was mich erstaunte war, dass es sich bei den Jugendlichen nicht um Punker, Rocker oder sonstige Asoziale handelte, sondern um ganz normale, in die neusten Markenklamotten sauber gekleidete Schüler. Wenn ich mit ihnen ein Wort wechseln wollte, rannten sie weg. Nun gut, dann würde ich es ihnen schwarz auf weiß erklären. Ich stellte ein kleines Schild am Gartentor auf, auf dem Folgendes zu lesen war:

Werter Spaziergänger!
Was Sie hier sehen, ist kein verwilderter Garten,
sondern ein Naturgarten. Die Natur ist nie unordentlich.
Vielleicht bräuchten wir eine neue Ästhetik,
um ihre Schönheit zu begreifen. Sind sie nicht schön,
die blühenden Gräser und Wildblumen?
Sie spenden den Bienen und Schmetterlingen Nektar,
den Singvögeln wertvolles Samenfutter.
Hochachtungsvoll,
Dr. Wolf-Dieter Storl

Das führte leider zu keiner Beruhigung der Lage. Im Gegenteil, es reizte sie. Sie knickten das Schild ab und zerrissen es. Damit es nicht noch schlimmer wurde, ging ich zu den Nachbarn, stellte mich vor und ließ sie wissen, dass ich trotz meines Bartes und meiner langen Haare weder Umstürzler noch Öko-Revoluzzer bin, sondern einfach nur ein Schriftsteller und Naturfreund. Danach wurden wir in Ruhe gelassen.

Im nächsten Jahr waren wir ganz erstaunt zu sehen, dass der Nachbar schräg gegenüber nun auch seinen Rasen nicht mähte und ein anderer, an der Ecke, ebenfalls nicht. Unwillkürlich hatte ich gewagt einen neuen Weg einzuschlagen, hatte mich nicht den Konventionen gebeugt, und schon gab es welche, die dem Beispiel folgten.

REGENBOGEN

Im April desselben Jahres lag eine Einladung zum 50. Jubiläum des Hermann-Bauer-Verlags im Briefkasten. Sie hatten mein erstes Buch „Der Garten als Mikrokosmos“ in deutscher Sprache veröffentlicht und wollten mich gerne als Redner bei der Verlagsfeier im Kurort Todtmoos begrüßen. Also nahm ich den Zug in den Schwarzwald, genoss die Annehmlichkeiten eines Luxushotels und hielt anschließend, am 1. Mai, in meinem damals noch recht holprigen Deutsch eine Ansprache vor den rund 1000 versammelten Esoterikern. Der Empfang am vorhergehenden Tag ähnelte den steifen Cocktailpartys, die ich noch von den Fakultätsfeiern her gewohnt war: Man lief mit einem Glas Sekt oder Edelwein in der Hand, ein wenig aufgeblasen, seine beste Seite zeigend, lächelnd umher und plauderte höflich Belangloses oder beeindruckend Tiefsinniges mit dieser oder jener wichtigen Persönlichkeit.

Auf der Feier traf ich auch den Maler Manfred Scharpf, der seine naturnahen „alchemistischen" Bilder im Saal ausgestellt hatte. Ihm hatte mein Vortrag gefallen, im Gegensatz zu den Ausführungen des „Jazzprofessors" H. J. Berendt. Dieser hatte nämlich behauptet, dass das Sehen aggressiv, maskulin und hart sei, wogegen das Höhren eher sanft, passiv und feminin, also gut sei. Für einen Kunstmaler ist eine solche These selbstverständlich unannehmbar. Und da im gleichen Moment der sonderbare Prof. h. c., mit Lachs- und Kaviarbrötchen auf dem Teller, an uns vorbeispazierte, stellten wir ihn zur Rede: „Warum aber spricht man von Sehern, wenn man von den Weisen spricht?" Dem verunsicherten Jazzprofessor hüpfte dabei unwillkürlich ein Lachsbrötchen vom Teller. Als ich mich spontan beugte und es ihm wieder auf den Teller legte, ergriff er die Flucht und suchte seine Verehrerschar, bei der er sich geborgen fühlen konnte.

Nach dem Abendessen zogen sich Verleger, die Autoren und Künstler zum entspannten Plauderabend in die Taverne des Hotels zurück. Die Party war schon voll im Gang, als ich eintreten wollte. Ein Türsteher, die Arme verschränkt, baute sich vor mir auf und sagte barsch: „Geschlossene Gesellschaft." Er hatte mich wohl, meinem Aussehen nach, für einen dahergewehten Penner gehalten, der ein Freibier witterte. Zum Glück erkannte mich jemand und winkte mich hinein. Ich nahm Platz am Tisch des Kunstmalers, der eine elegante Dame an seiner Seite hatte und für die Runde großzügig eine Flasche Champagner nach der anderen spendierte. Nicht wissend, was ich sagen sollte, schaute ich dem leicht alkoholisierten Treiben, dem Kokettieren und Flirten zu. So unterhält man sich also in der

BRD! Als hätte er etwas aus einer anderen Dimension vernommen, hielt der Maler Manfred plötzlich inne, schaute mich mit offenen Augen an und sagte: „Dieter, ich weiß, wo du leben sollst!"

Er sagte es so unverblümt und offen, dass ich keinen Zweifel an der Richtigkeit des Gesagten hatte. Wir wohnten zwar gut und komfortabel in dem Häuschen im Moor, aber ich erkannte in seinen Worten den Wink des Schicksals. Als er mir dann den abgelegenen Hof im Allgäu, ein altes Gutshaus des Fürsten von Quadt, beschreiben wollte und versicherte, er würde mir Fotos zuschicken, antwortete ich nur, dass das gar nicht nötig sei. Es schien, als kannte ich den Einödhof schon. Zudem hatte ich ja Manfreds Gemälde, die er dort geschaffen hatte, gesehen – die Natur mit ausgefeilter Lasurmaltechnik so treu nachgemalt, dass sie übernatürlich erscheint, dass sie transparent wird. Wenn man seine Bilder auf sich wirken lässt, dann lernt man eine neue Art, die Natur zu sehen. Solche Werke kommen nur an Orten zustande, wo man Geist und Sinne sammeln kann, wo es so still ist, dass der Fluss der musischen Inspiration durch die Seele fließen kann.

Von einem 18-Jährigen kauften wir einen alten rostigen Ford Transit. Der Junge hatte ihn als Partymobil und für Anschaffungstouren nach Holland benutzt. Schon an der ersten Tankstelle krachte das Fenster des neu erstandenen Automobils an der Fahrerseite nach unten und ließ sich nicht wieder aufkurbeln. Macht ja nichts, wenn's nicht gerade regnet. Hauptsache, es fährt.

Wir packten unsere wenigen Habseligkeiten, und auf ging's ins Allgäu. Es war das erste Mal, dass ich auf der deutschen Autobahn fuhr. Die Kiste schaffte eine Höchstgeschwindigkeit von 80 Stundenkilometern. Mercedes-, BMW- und Audifahrer fuhren uns beinahe über den Haufen, hupten verärgert, bedrängten uns mit der Lichthupe und überholten mit haarscharfen Manövern. *Crazy, these Germans!* Da die Auspuffgase durch die Rostlöcher in die Kabine drangen, war ich ganz froh, dass das Fenster kaputt war. In der Nähe von Kempten verließen wir die Autobahn, aber dann war die vorgesehene Straße gesperrt. Die Umleitung über eine enge Bergstraße war ausgeschildert. Aber auf ihr gab es einen Stau – ein quer über die Straße umgekippter Laster versperrte den Weg. War das ein Zeichen? Die Reise ins Allgäu sollte ein Neuanfang in unserem Leben sein, doch was bedeuteten diese Blockierungen? Ich bin nicht jemand, der ständig nach Zeichen und Wundern fragt, aber in diesem Fall, mit kaum Geld und ohne Job, fragte ich die Götter. Da erschien plötzlich ein kräftiger doppelter Regenbogen. Ein Einheimischer verriet uns einen unscheinbaren Schleichweg durch den Wald und über den Berg. Und dann waren wir da.

NOVEMBERWIND

Es war Anfang November, als wir auf diesen Berg zogen. Zum Glück hatte uns der Maler Manfred Scharpf einen Haufen Holz dagelassen, sonst wären wir sicherlich erfroren. Auch ein Sofa, zwei Sessel und eine Gefriertruhe mit tiefgefrorenem Fleisch hatte er uns zurückgelassen. Eine alte schwarze Katze war da, ein schwarzes Witwenkleid hing im Flur, einige alte Grabsteine lehnten an dem alten Gemäuer und auf dem Dachboden waren zwei Särge. Der Maler hatte sie als künstlerische Requisiten benutzt. Und wahrscheinlich war es auch sein Humor, der sie dagelassen hatte. Vielleicht wollte er sehen, ob der komische Professor aus Amerika die Nerven verlieren, ob der neue Freund zurechtkommen oder ob er aus der verschneiten Einöde fliehen würde, ehe sich das Ganze zu einem Psychohorror entwickelt, wie in dem Film „Shining“ mit Jack Nicholson. Ansonsten empfing er uns freundlich und als er merkte, dass wir überhaupt kein Geld hatten, bot er uns viel Hilfe an. Er wies den fürstlichen Jäger an, uns ab und zu etwas Wild zukommen zu lassen. Sein Freund Carlo, ein gutmütiger Künstler, der selber harte Zeiten erlebt hatte, versorgte uns mit dem Nötigsten – zuerst mit einer alten Kreissäge.

Als Erstes kauften wir einige Strohballen, damit wir etwas hatten, worauf wir schlafen konnten. Dann suchten wir in der nächstliegenden Kleinstadt Aldi auf, um Vorräte für den Winter zu kaufen. Wieder einmal dankten wir Gott, dass es Aldi gab – bei den Preisen der Lebensmittel wären wir sonst praktisch verhungert. Im Raiffeisen-Lagerhaus holten wir noch Kartoffeln und Säcke mit Weizen und Roggen, damit wir Mehl fürs Brot mahlen konnten. Eine elektrische Getreidemühle konnten wir uns nicht leisten: Wir mahlten das Korn mit einer Handmühle. Stundenlang kurbelten wir jeden Abend, als sei es eine tibetanische Gebetsmühle, bis genug Mehl da war für das nächste Brot.

Auch einen Sack mit 30 Kilogramm Trockenmilch holten wir uns im Lagerhaus, da wir sonst keine Milch gehabt hätten. Der Verkäufer, der uns offensichtlich für verrückte Aussteiger hielt, sagte noch: „Aufpassen, dass ihr nicht zu dick werdet!“ Zu Hause dann lasen wir die Inhaltsbezeichnung: Milchpulver mit zusätzlichen Wachstumsstoffen zur Aufzucht von Kälbern. Wir brachten den Sack zurück und waren bereit, auf Milch zu verzichten. Der Kleine bekam sowieso noch Muttermilch.

Nachdem wir genügend Vorräte angeschafft hatten, war es endgültig aus mit dem Autofahren. Die alte Schrottmühle wäre sowieso nicht durch den TÜV gekommen, auch hätten wir uns den TÜV nicht leisten können. Der „weiße Riese“ – so nennt man den Winter hierzulande – ließ nicht auf sich warten. Bald wurde es bitter kalt. Die Schotterstraße, die auf den Berg hinaufführt, vereiste und wurde unbefahrbar.

Das eingeschneite Gehöft war einst Teil eines Benediktinerklosters gewesen. *Ora et labora*, „bete und arbeite“, das war der Leitspruch dieser Mönche gewesen. Das wurde auch unser Leitspruch. Wie ein Münchhausen mussten wir uns am eigenen Schopf packen und uns aus der schwierigen Lage herausziehen. Zuerst galt es einige Möbel zu schreinern: Regale und Gestelle für die Küche, einen „Schreibtisch“ für die Schreibarbeit, später dann ein Bettgestell. In Scheune und Stall lag genug Holz herum. Aus den alten Brettern und Balken zog ich mit dem Hammer, den Manfred dagelassen hatte, die krummen, rostigen Nägel heraus und klopfte sie gerade. Mit einer Schwedensäge wurden Latten und Bretter zurechtgesägt und schließlich zusammengenagelt.

Zweimal im Monat lief ich den Waldpfad hinab ins Dorf. Der Fahrweg, den die Jäger oder Holzfuhrwerke nehmen, beträgt 4,1 Kilometer, aber es gibt eine Abkürzung, so dass man es, wenn man eilt, in 20 Minuten hinunter schafft. Der Weg zurück dauerte dagegen viel länger. Wenn der Schnee tief ist, können es Stunden sein, ehe man wieder oben ist. Unten hatte ich ein Fahrrad stehen, mit dem ich in die nächstliegende Stadt radeln konnte, um die notwendigsten Einkäufe zu machen. Wir brauchten alles: Messer, Gabeln, Geschirr. Ich durchkämmte die Läden, suchte überall nach billigen Sonderangeboten, nach Waren, deren Verfallsdatum überschritten war, stöberte im Sperrmüll.

Oft regnete es, und ich wurde klitschnass; manchmal schneite es oder ein eiskalter Wind blies, so dass ich beim Radfahren die Zähne zusammenbeißen musste. Nach den Ausflügen stellte ich mein eisernes Ross bei einem freundlichen Bauern ab, nahm die Sachen aus dem im Gepäckträger eingeklemmten Pappkarton, packte sie in den Rucksack und wanderte den steilen Waldweg hinauf. Hätte ich nicht in Nepal und Tibet gesehen, wie gelassen und schicksalsergeben die Menschen schwere Lasten über gefährliche Bergpfade schleppen, hätte ich sicherlich den Mut verloren. Das Lastenschleppen auf Gebirgspfaden ist wie das Leben selbst: man lässt den Kopf nicht voraus eilen, sondern konzentriert sich auf jeden Schritt. Auch wenn die Last noch so schwer ist, der nächste Schritt geht doch noch. Man ist ganz im Hier und Jetzt. Beim gemächlichen Laufen nimmt man die Spuren wahr, die Füchse, Hasen, Wildschweine, Rehe, Hirsche oder Gämsen im feuchten Boden oder im frischen Schnee hinterlassen. Man liest sie wie eine Urschrift. Man verschnauft bei der alten Bildtanne, schaut den Eichhörnchen zu oder stößt unverhofft auf ein Rudel Gämsen. Ganz selten sieht man den Herrn des Waldes, den Hirsch, dessen Blick einem die Seele durchdringt und tiefe Ehrfurcht in ihr erweckt. Und dann, ehe man es erwartet, hört der Wald auf, ein Wind weht über die Alpweide und schon ist der Hof in Sicht.

Die Tage verstrichen mit notwendigen Reparaturarbeiten und mit Holzhacken. Ich wanderte viel kreuz und quer, durch wilde Schluchten und über die schon verschneiten Höhen, um das Land und seine Umgebung besser kennen zu lernen. Brüchige Biberschwanzdachziegel mussten ersetzt und Schindeln nachgeschoben werden, damit es nicht hereinregnete. Die Frau hatte auch ununterbrochen zu tun, das Nest bewohnbar zu machen. Die ganze Wäsche wusch sie von Hand, auch die Windeln des kleinen Sohnes, und hängte sie zum Trocknen an den Herd oder auf den Dachboden. Es kam mir vor, als wäre sie ständig nur beim Wäschewaschen.

INNERE GLUT

Es war nun höchste Zeit mit dem Schreiben, meinem Brotberuf, zu beginnen. Ich suchte ein ruhiges Arbeitszimmer. Das Haus war groß genug, man konnte sich ein Zimmer aussuchen. Hundert Jahre lang war es ein Wirtshaus gewesen. Senner saßen einst hier abends beim Bier, Ausflügler und Wanderer nahmen tagsüber hier ihre Mahlzeiten, junge Paare verbrachten im schönsten Zimmer in der Südostecke ihre Flitterwochen. Auf dem Berg konnten sich Dorfbewohner aus den verschiedenen Tälern ohne Gesichtsverlust auf neutralem Boden treffen und wichtige Angelegenheiten besprechen oder Feste feiern. Ja, das Haus war groß genug, aber lediglich das Wohnzimmer, das einst Gaststube war, und die Küche ließen sich beheizen.

Im geeigneten Raum zimmerte ich für die wenigen Nachschlagewerke, die ich hatte, gleich ein paar Buchregale und setzte mich an meine kompakte Reiseschreibmaschine. Das Thema sollten die „Bach-Blüten“ sein, also jene Pflanzen, die der englische Arzt Dr. Edward Bach zur Herstellung von heilenden Blütenessenzen verwendet hatte.

Wie ich auf das Thema gekommen bin? Nun, bei dem Verlagsjubiläum hatte mich jemand angesprochen und gefragt, ob ich für ihn ein Seminar über Heilkräuter veranstalten könnte. Das Seminar fand noch im selben Sommer im Schwarzwald statt. Unter Seminar stellte ich mir vor, was man so an der Uni gewohnt war: Es werden Referate gehalten, über deren Inhalt man streitet und debattiert. Aber das hier war anders. Ich hatte anscheinend ein ganzes Jahrzehnt Kulturentwicklung verschlafen, nämlich das New Age. Man setzte mich auf einen Bhagwan-Thron, der Duft von Räucherstäbchen erfüllte den Raum, ehe der Schlag eines großen tibetanischen Gongs den Beginn des Geschehens signalisierte. Da ich keine Lust hatte, mich in eine derartige Guru-Rolle drängen zu lassen, schlug ich vor, gleich hinaus auf die Wiesen und in den Wald zu gehen, die Schuhe auszuziehen, den Pflanzen mit allen Sinnen nachzuspüren und dabei etwas über ihre Heilkräfte zu erfahren.

Eine Teilnehmerin stellte sich als Mechthild Scheffer vor. Sie sagte, sie sei Heilpraktikerin und hätte ein Buch, einen Bestseller, über die Bach-Blüten geschrieben. Selbstverständlich kenne sie sich in der Anwendung und Therapie mit den Essenzen sehr gut aus, aber sie würde gerne mehr über die Blütenpflanzen an sich erfahren. Ob ich die Bach-Blütenessenzen kenne? Ja, ich hatte von ihnen gehört. Was ich ihr nicht sagte, war, dass es mir – damals! – eher als schöngeistige Spinnerei vorkam, Blütenköpfe in Wasserschalen zu legen, von der Sonne bestrahlen zu lassen, um dann einige Tröpfchen davon einzunehmen. Die Botanik dieser Pflanzen jedoch, und die dazugehörige Volksmedizin, Aberglaube und Überlieferungen, interessierte mich sehr. Eine Pflanze hat ja nicht nur eine „botanische Identität", sondern auch eine „linguistische" und eine „kulturelle". Diese zusammengenommen lassen die „Persönlichkeit" einer Pflanze erscheinen, und das ist aufregend. Als die Frau dann fragte, ob ich bereit wäre, mit ihr zusammen ein Buch über diese Pflanzenarten zu schreiben, sagte ich ja.

So kam ich auf das Thema. Und nun saß ich in dem kalten Zimmer, wo man den Atem sehen konnte und Eisblumen die Fenster zierten, und tippte auf der Reiseschreibmaschine. Um mich warm zu halten, zog ich den langen tibetanischen Mantel an, den wir in Ladakh gekauft hatten. Auf dem Küchenherd erhitzte ich Feldsteine in einer eisernen Pfanne, die ich dann direkt unter den Mantel stellte. Dazu gab es einen Pott heißen Tee. So ausgerüstet, schrieb ich flott meine Seiten, bis mir dann, wenn der Tee ausgetrunken und die Steine abgekühlt waren, die Finger steif wurden. Gelegentlich aber ergriff mich das Feuer der Inspiration, die Glut der Begeisterung. Dann tanzten die Finger weiter über die Tastatur, obwohl die Steine schon längst erkaltet waren. Ein anschauliches Beispiel dafür, dass der Geist Feuer ist, dass – wie allgemein bekannt – Schamanen, Lamas, Yogis und andere Geistbesessene barfuß und leicht bekleidet auch die stärkste Kälte ertragen können, ja, dass ihre innere Hitze manchmal so stark ist, dass sie sich im Schnee abkühlen müssen.

Meine Bibliothek mit kulturanthropologischen und botanischen Werken hatte ich in Wyoming gelassen. Außer Wörterbüchern und einigen botanischen Nachschlagewerken hatte ich nichts, auf das ich mich stützen konnte. Der Weg zur Leihbücherei in der Stadt war lang und mühsam. Daher war ich vor allem auf meine Erinnerung und mein Gedächtnis angewiesen. Aber hier in der verschneiten Stille war es möglich, tief in sich hineinzugehen, ohne den Faden zu verlieren. In der Stadt mit seiner nervösen Energie, oder umgeben von surrenden, knatternden Maschinen, ist es unmöglich so tiefgründig zu schreiben. Es wurde ein schönes Buch.

SPUKPHÄNOMEN

Nach mehreren Stunden des Schreibens dauerte es immer lange, sich am Abend zu entspannen. Da setzte ich mich bei Kerzenlicht an den Küchentisch, die Katze auf dem Schoß, und sann vor mich hin. Die Winternächte sind wunderbar still, kein Auto weit und breit, kein künstliches Licht, nicht das leiseste Summen irgendeines Geräts. Einen Kühlschrank hatten wir damals nicht. Manchmal trank ich ein Bier, aber nicht sehr oft, da ich alles auf dem Rücken den Berg hoch schleppen musste.

Vom ersten Tag an hörten wir, immer kurz vor Mitternacht, auf dem Dachboden ein lautes Rumpeln und Klopfen. Zuerst dachten wir, es sei ein lockerer Fensterladen, an dem der Wind rüttelt. Aber wenn ich nachschaute, war weder etwas locker noch wehte ein Windhauch. Schließlich, immer wenn wir das Geräusch vernahmen, scherzten wir: „Ach ja, ist wohl der Hausgeist!"

Als ich eines Nachts, im tief verschneiten Winter, wieder einmal still am Küchentisch saß, gewahrte ich plötzlich eine Gestalt in langer Kutte, die sich geräuschlos am Herd vorbei bewegte. Das Gesicht, von einer Kapuze verhüllt, war ein schwarzer Schatten. Verwundert starrte ich auf die Erscheinung, verwundert noch mehr, als sie sich im Rauchfang auflöste. Von dieser Nacht an hörten die Rumpelgeräusche auf.

Es muss so sein, wie unsere Vorfahren glaubten: Die Geister gehen durch den Rauchfang, das „Windauge", ein und aus. Der Schornstein ist das Geistertor. Durch den Kamin kommt ja auch zur Wintersonnwendzeit der Weihnachtsmann, der Nicholas, und segnet die Bewohner – aber nur, wenn die Stube rein, die darin wohnenden Seelen sauber und die Schuhe geputzt sind.

Wer nun war dieser Geist? Vermutlich einer der Mönche, die einst hier lebten. Das Haus war, lange bevor es ein Wirtshaus wurde, Teil eines Klosterkomplexes. Die Chronik berichtet, dass die Benediktiner im Jahr 1188 den Ort übernahmen, nachdem der Ritter Swigger, dem das Land gehörte, meuchlings von den eigenen Mannen erschlagen wurde. Seine Frau Adelheid und sein Bruder Heinrich hatten es den Klosterbrüdern vermacht. Bis 1806, als Napoleon die Kirchenländereien enteignete und einem Fürsten aus Lothringen zugedachte, war der Ort in der Hand der Mönche. Über 600 Jahre also herrschte hier der Geist der Benediktiner. Schwarz waren sie gekleidet, freudloser Askese verpflichtet, aber dem Zechen zugeneigt. Ja, auch diesen Geist spürte ich in den stillen Winternächten.

„Da bist du also zum Ort deines ehemaligen Schaffens zurückgekehrt!", sagte mir der betagte Kompost- und Gärtnermeister Manfred Stauffer, als ich ihn einige Jahre später antraf. Soll ich etwa glauben, ich war hier im früheren Leben als Benediktinermönch tätig? Ich konnte mir nichts Schrecklicheres vorstellen. Vielleicht mag ich ja deswegen nicht die von Mauern umschlossenen, mit kleinen karierten Beeten versehenen Klostergärten, in denen armselige biotopfremde mediterrane Pflänzchen ihr Dasein fristen. Auf keinen Fall mochte das einfache Volk die Schwarzkutten: Die Chronik spricht von ständigem Streit der Bauern mit den Mönchen wegen Weide- und Waldnutzungsrechten. Während des Bauernkrieges kam eine Rotte Bauern und plünderte das Kloster auf dem Berg. Silber und Leinen, Rinder und 14 edle Rosse nahmen sie mit. Auch die Knechte der Kirchenmänner zogen mit den Bauern mit. Die meisten Aufständischen wurden aber gefangen und von der Obrigkeit im nahe gelegenen Ursee ertränkt.

DER PESTHEILIGE

Ehe wir Friesland verließen, fuhr ich nach Bremen, um den großen Dom Sankt Petri zu besuchen. Immer wenn ich etwas Neues anfange, gehe ich an einen heiligen Ort und bitte um Führung und Segen. Schon in altgermanischen Zeiten war der Platz in Bremen ein dem Gewitterherrn geweihter Kraftort. Die steinerne Christusfigur im Kellergewölbe hält einen Hammer in der Hand, wie einst Donar. Bremen war das Bistum, von dem aus die Heiden Nordeuropas bekehrt wurden. Das Kirchenschiff ist still und erhaben, wie ein versteinerter Buchenwald. An den Säulen befinden sich noch die vorreformatorischen Statuen der Heiligen. An einer Statue blieb ich stehen: ein Mann mit weitem offenem Mantel, mit Schlapphut und Wanderstab zur Seite. Sein Bein zeigt eine offene Wunde. Wer konnte das wohl sein? Sicherlich nicht Wotan, der Wanderer. Im selben Augenblick kommentierte ein Tourist beim Vorbeigehen: „Ach, da ist ja der heilige Ro...!" Ich eilte ihm nach: „Wie bitte, wie heißt er?" „Es ist der heilige Rochus!"

Wie erstaunt war ich zu erfahren, dass die Kapelle auf dem Berg, auf den wir gezogen waren, ebenfalls dem Heiligen Rochus geweiht war. Der Gottesmann aus Montpellier, heißt es, wurde von der Pest befallen, worauf er sich in die Wildnis zurückzog. Sein treuer Hund brachte ihm Brot zu essen. Da er nicht starb, sondern wunderbare Genesung fand, wurde er als Pestheiliger anerkannt. Hier und dort wurde der Hl. Rochus als Patron der Ärzte, Apotheker, Chirurgen, Bauern, Gärtner oder Totengräber verehrt. Sein Kult bürgerte sich in den Jahren der Pestnöte im 15. Jahrhundert in Deutschland ein. Der Berg, auf dem wir wohnen, war in Zeiten, als der schwarze Engel des Todes über das Land fegte, Rückzugsgebiet für die geistlichen und weltlichen Herren – deswegen wird er Herrenberg genannt. Einen Abt, auf der Flucht vor seinem Schicksal, hat es dennoch hier oben erwischt, seine sterblichen Reste liegen unten in der Wallfahrtskirche begraben.

Merkwürdig auch: Kurz vor der Fahrt ins Allgäu erzählte meine Frau von einem Traum. Eine unsichtbare Gestalt zeigte ihr ein

Haus, in dem ein richtiges Herdfeuer brannte; der Verhüllte führte sie durch die Zimmer, die sie als die hiesigen wiedererkannte, und sagte, unten im Land herrsche die Pest. Keine Pest wie früher, sondern eine seelische Pest. Die Menschen stecken sich durch Fernsehen und Medien an, sie werden zum Verrücktsein und zur Untreue verleitet und verlieren die Verbindung zur Natur.

ALEMANNISCHE BESENKAPELLE

Obwohl die Pestzeiten schon längst vorüber sind, besucht das Landvolk weiterhin die Rochuskapellen. Als Fürsprecher und Helfer gegen Krankheiten der Haut, gegen Ausschläge, Geschwüre, Beulen – in alemannischer Mundart Aissen genannt –, gegen Schmerzen der Beine und der Knie wird er noch heute angerufen. Die Bittfahrer opfern Kerzen oder Geld. In den alemannischen „Besenkapellen" hat sich jedoch ein weiteres Element uralter Opferpraxis erhalten: Die von Krankheit betroffene Familie lässt sich vom Nachbarn einen Besen aus Birkenreisern binden und bringt ihn zu der Kapelle. Schon in keltischen Zeiten bedeutete die Birke Reinigung und Neuanfang. Im Frühling zapften die Kelten Birkenstämme an und tranken zur inneren Reinigung den vergorenen Birkensaft. In der skandinavischen Sauna – Erbe der altsteinzeitlichen Schwitzhütte – wird zur Belebung und Reinigung der Körper mit Birkenzweigen geschlagen. Überall galt der Birkenbesen als Kultbesen, mit dem nicht nur Staub und Schmutz weggefegt wurden, sondern auch unsichtbare Astralentitäten, die dem Menschen und Vieh Krankheit bringen.

Gelegentlich bringen Hilfesuchende noch immer einen Besen in die Kapelle. Eine Bäuerin im Dorf erzählte: „Früher hatten die Menschen mehr Glauben. Noch im Krieg, als russische Kriegsgefangene dort arbeiteten, war das so. Wenn die Bäuerin des Hofs den Russen sagte, sie sollten Reisig für den Backofen oder Herd machen, dann brauchten sie nicht weiter zu gehen als zur Kapelle."

Ein lebensgroßer Pestchristus blickt beim Eintreten in die Kapelle unmittelbar auf die Bittsteller herab. Der Schmerzensmann ist übersät mit blutenden Wunden, so tief, dass darunter die bleichen

Knochen zu sehen sind. Er blickt aus Augen, die von tiefstem Mitleid sprechen, da sie selber tiefstes Leid durchlitten haben. Sein Haupt ist gekrönt mit einem Kranz aus Schwarzdornzweigen. Die Symbolik ist uralt, der stachelige Schlehdorn war einst der keltischen Todesgöttin, der Morgane, geweiht. Neben dem Gekreuzigten stehen, mit rot geweinten Augen, Maria auf der einen und Johannes auf der anderen Seite.

Der unmittelbare Eindruck ist sehr stark. Dennoch kam mir die Kapelle, als ich sie das erste Mal betrat, eher leblos vor, als hätte der Geist, der in ihr lebte, sie nur als leere Hülle zurückgelassen. Am späten Abend, es war schon finster, wollte ich noch eine Kerze in die Kapelle stellen. Meine Seele war so offen, dass ich mit dem „inneren Auge" schaute und erschrak, was ich dort sah. Es sah aus, als hätte sich ein wilder Bergteufel in der hölzernen Statue eingenistet. Mit unguten Augen, zähnefletschend, starrte er mich an. Erschrocken zog ich mich zurück. Was konnte es sein? War es meine Fantasie, die mir da einen Streich spielte, war es meine Müdigkeit, die im flackernden Kerzenschein solche Bilder projizierte, oder hatte ich wirklich wieder einmal etwas hinter der Oberfläche wahrgenommen?

Bald erfuhr ich, dass man die Kapelle erst vor einigen Jahren in Hofnähe versetzt hatte. Vorher stand sie an einem Ort, wo sich drei Wege treffen. Sie stand auf der Wasserscheide, die das Einzugsgebiet der Donau von der des Rheins trennt. Daneben war eine Quelle. Nicht weit entfernt ist eine exponierte Bergkuppe, auf der die Heiden einst Notfeuer zündeten, die bis weit ins Tal leuchteten. Für moderne Menschen ist oft das Gebäude an sich oder die darin enthaltenen Statuen das Wichtigste. Für die naturnahen Völker, die Kelten, die Alemannen und auch für das Landvolk im frühen Christentum, war eher der Ort wichtig. Die geomantischen Schwingungen, die Wirbel im Ätherleib der Landschaft, können auf die menschliche Seele und auf den Körper einwirken, können Visionen erzeugen und Heilkräfte mobilisieren. Deswegen sind so viele Kirchen heilkräftig: weil sie auf starken Kraftorten stehen. Die kleine Rochuskapelle stand also nicht mehr auf ihrem Ort, deswegen schien sie so tot.

Zudem hatte man – aus Versehen – den Altar gen Westen ausgerichtet aufgestellt anstatt gen Osten. In den Kulten aller Völker spielt das eine Rolle: Dem Menschen, egal ob Indianer, Inder oder Christ, kommt das Heil aus dem Osten zu, aus der Richtung der aufgehenden Sonne. Osten ist Frühling, Hoffnung, erwachendes Leben, Heilung. Überall auf der Welt werden Heilkräuter am Morgen gepflückt, mit dem Gesicht der aufgehenden Sonne zugewandt. Der Westen dagegen bedeutet meistens Tod, Reife, Ernte. Der keltische Held ritt einsam auf seinem Ross in den Sonnenuntergang, in den Tod.

Warum hatte man die Kapelle versetzt? Anfang der 80er Jahre wurden viele abgelegene Kapellen geplündert und ihrer Kunstwerke und Statuen beraubt. Damit nicht auch diese alten und wertvollen Statuen irgendwo in Münchener, Pariser oder New Yorker Antiquitätenläden landen, hatte man das Gebäude abgebaut und in Hofnähe aufgestellt.

Wir versuchten wieder einen guten Geist in das kleine Gotteshaus zu bringen. Wir räucherten es mit Beifuß, Wacholder und Mariengras aus. Auch Weihrauch, das sakrale Räucherharz aus Arabien, hätten wir benutzen können, aber wir wollten vor allem hier wachsende, einheimische Pflanzen verwenden, mit denen sich auch die hiesigen Elementarwesen, Berggeister und Landschaftsengel anfreunden konnten. Es sind die Kräuter, mit denen in bestimmten Alpenregionen noch heute in den heiligen zwölf Weihnachtstagen, den Rauchnächten, Haus und Stall ausgeräuchert werden. Wir holten unser Kirchengesangbuch und sangen passende christliche Lieder – keine buddhistischen Mantras oder indianischen *sacred songs*, auch wenn gegen diese nichts einzuwenden wäre –, schließlich ist es eine alte christliche Kapelle, Teil eines alten morphogenetischen Feldes.

Es dauerte lange, aber über die Jahre wurde die Kapelle wiederbelebt. Kerzen, Blumen und manchmal ein Liedchen halfen. Allmählich kehrte die Heiligkeit zurück. Aber der Charakter der Kapelle war wohl etwas anders als früher. Besonders im November, zu Allerseelen, Allerheiligen, in den Totengedenktagen, in den nebliggrauen Sturmtagen, wenn die „wilde Jagd“ über den Berg fegt, da merkt man, dass die Verstorbenen Zugang zu dem heiligen Häuschen mit dem nach Westen gerichteten Altar haben. Ich wurde mir dessen bewusst, als Einheimische die Bilder ihrer Verstorbenen in die Kapelle brachten.

Auf der Autobahn nach Basel überholte mich letztes Jahr mit großer Geschwindigkeit ein Fahrzeug. Ich erschrak, als ich zum Fahrer hinüberschaute. Es war ein Totenkopf. Aber gleich merkte ich, dass ich mich getäuscht hatte, es war lediglich eine hagere, bleiche Frau mit schwarzen runden Brillengläsern im Gesicht. Doch dann sah ich, das es ein Leichenwagen war. In derselben Nacht träumte ich, dass ich einen Autounfall hatte, aber unversehrt aus dem Totalwrack ausstieg. Als ich jedoch merkte, dass niemand mich sah, dämmerte es mir, dass ich tot war. Nur meine Mutter sah mich und warf mir etwas Abfallpapier zu. Ich freute mich riesig über diese, wenn auch noch so geringfügige Gabe aus der Welt der Lebenden.

Der Traum beunruhigte mich. Was hatte er zu bedeuten? Am Tag danach lag ein schwarz umrandeter Brief im Briefkasten: Mein Gärtnermeister Manfred Stauffer war in Dornach bei Basel gestorben. Nun verstand ich die Botschaft des Traumes: Die Verstorbenen brauchen, ebenso wie die Kinder bei ihrer Geburt, bei ihrem Übergang über die Schwelle unsere Zuwendung! Also stellte ich eine Kerze für ihn in die Rochuskapelle. Um Mitternacht ging ich noch einmal mit den Hunden hinaus. Ich schaute flüchtig in Richtung Kapelle und vernahm ein besonders helles Licht. Da „sah" ich den Gärtnermeister in tiefster Andacht vor der Kerze am Altar sitzen. Am nächsten Tag wollte ich ihm wieder eine Kerze hinstellen, aber es kam etwas dazwischen. Als ich mich zum Schlafen legte, rumpelte und knackte es immer wieder in den Balken. Es spukte. Um die Atmosphäre zu beruhigen, stand ich gegen drei Uhr noch einmal auf und stellte wieder eine Kerze in die Kapelle. Daraufhin hörte das Spuken auf.

Das war auch einst der Sinn der Totenwache: Mindestens drei Nächte lang brauchen die Toten unsere Hilfe und liebevolle Zuwendung. Das wusste man auch in den schamanischen Kulturen.

SPINNRAD DER SCHICKSALSGÖTTIN

Gut! Ein Mittel, ohne Geld
Und Arzt und Zauberei zu haben:
Begib dich gleich hinaus aufs Feld,
Fang an zu hacken und zu graben.

Goethe, Faust I, „Hexenküche“

Die Jahre vergehen. Viele Male kam der „weiße Riese“ über die Berge. Es wurde Holz geschlagen und wieder aufgeforstet. Inzwischen ist das Walddach lichter geworden; wo zuvor dicke, weiche Moospolster den Boden bedeckten, wuchert Brombeergestrüpp. Von Jahr zu Jahr sieht man nachts immer mehr Lichter im Tal; es sieht von hier oben aus, als verbreite sich eine Entzündung über die Erdenhaut.

Doch in all dem Wandel ist Beständigkeit. Die Jahreszeiten folgen einander im regelmäßigen Reigen. Der Jahreskreis ist ein sich drehendes Rad – so sahen es die naturnahen Völker, die Kelten und Alemannen; so erlebt man es, wenn man naturnah und abgelegen lebt. Es ist ein Schicksalsrad. Unerbittlich dreht es weiter und alle Wesen, selbst die Götter, müssen sich dem Reigen fügen.

Im November verschwindet das Grün, die Kräuter sterben ab oder klammern sich als Blattrosetten fest an den Busen der Erde. Für die Kelten, die einst hier lebten, war es nun tabu, Pflanzen zu ernten, sie haben nun weder Heil- noch Nährkraft. Sie sind nun *Pucca;* sie gehören nun den *Pucken,* den Geistern. Die Haustiere freuen sich nun im warmen Stall zu sein, die Dachse bereiten sich auf den Winterschlaf vor, Füchse und Rehe ziehen weiter ins Tal hinab.

Nun ist es Zeit, die Gartenzwerge ins Haus zu holen. Auf dem Brett über dem warmen Herd finden sie Geborgenheit. Natürlich sind die Gipszwerge nicht lebendig, aber wenn man es zulässt, werden sie von den Naturgeistern, die ja keinen physischen Leib haben, animiert. In den Plastiken erhalten diese ätherischen Wesen eine für uns sichtbare Gestalt. In den Adventstagen werden die Gipszwerge schön geputzt; die Kinder malen sie mit frischen bunten Farben an und man hat den Eindruck, dass die Wichtelmännchen sich tatsächlich freuen, wenn man sich so um sie kümmert. Auch freuen sie sich, wenn man sie im Mai, nachdem der Schnee von den Beeten getaut ist, wieder hinausträgt. Sie helfen dann – auf ätherisch-energetische Weise –, dass der Garten blüht und gedeiht.

Der erste Schnee kommt immer irgendwann im Oktober, bleibt aber nicht liegen. Er kommt in Wellen mit den atlantischen Tiefs. Der Säntis, der höchste nahe liegende Berg, ist wie ein Thermometer: Man sieht, wie es an seinem Gipfel immer tiefer hinabschneit, wieder taut, wieder schneit. Und dann – plötzlich – ist auch hier, auf knapp 1000 Meter, alles weiß. Wehe, wenn bis dann das Holz nicht in der alten Scheune unter Dach und Fach ist. Im normalen Winter liegt der Schnee bis zu zwei Meter hoch. Die Zaunpfosten verschwinden unter dem Weiß; die Tannen, schweigend und erhaben, werden zu Märchengestalten in dicken, weißen Pelzmänteln. Wenn der Ostwind bläst, wird es eisig. Dann braucht man viel Holz, sehr viel. Der Westwind bringt unangenehmes feuchtkaltes Wetter: Regen oder eben auch viel, viel Schnee. Auch dann braucht man viel Holz. Holzmachen ist Schwerstarbeit. Man schwitzt nicht nur, wenn die Scheite im Herd knistern, sondern auch, wenn man die Stämme und Äste – den Holzabfall, den die Waldarbeiter liegen lassen – aus dem Wald herauszieht, sie zersägt, auf- und ablädt, sie mit der Axt spaltet und dann aufstapelt. Holt man kein Holz im Jahr zuvor und lässt es gut trocknen, dann wird man es schwer haben.

Mit der Wintersonnenwende kehrt tiefe Ruhe ein. Wanderer, Jogger und Waldfahrzeuge sind, wie die Zugvögel, alle verschwunden. Nun wird das Weihnachtsbäumchen aus dem Wald geholt. Wir zünden dem Baum ein Licht an und singen ihm ein Tannenbaumlied, ehe wir ihn als edlen Gast, als den Geist, der das grüne Leben durch die dunkle Zeit trägt, in die Stube tragen und ihn schmücken. Für uns versinnbildlicht er den Schamanenbaum, der den Himmel mit den Erdtiefen verbindet. Er ist der Weltenbaum, aus dessen

Stamm die Sonne, das Licht der Welt und das innere Licht der Seele während der finstersten Nacht des Jahres neu geboren wird. In seinen Zweigen leuchten die Kerzen als Sterne. Engelwesen schweben auf und ab. Die Symbolik ist uralt. Und es ist nur eine Neuauflage ewiger Bilder, wenn die Krippe mit dem Christkind, den heiligen Eltern, den frommen Hirten und weisen Königen aus dem Morgenland unter dem Weihnachtsbaum ihren Platz findet.

Im Januar, wenn es richtig kalt wird, sinken die Wolken tiefer. Es ist dann grau und unangenehm nebelig feucht im Tal. Auf dem Berg jedoch, über den Wolken, scheint die Sonne. Schöne Eiskristalle, manchmal so groß wie Vogelfedern, bilden sich in den eisigen sternklaren Nächten und funkeln im hellen Tageslicht wie Edelsteine. Die Berggipfel ragen über das Wolkenmeer, wie einzelne Inseln.

WIEDERKEHR DES LICHTS

Wenn das Tauwetter die Matten ergrünen lässt, erscheinen der Reihe nach, wie genaue Markierungen des sich drehenden Jahresrades, bestimmte Pflanzen: Zuerst kommen die runden, fettglänzenden Blätter des Scharbockskrauts und die purpurgrünen Triebe der Brennnesseln hervor. Bald schießt das Wiesenschaumkraut in die Höhe. Im Wald regt sich das Bingelkraut, die Weiße Pestwurz fängt an zu blühen, die Haseln stäuben. Das zarte Gelbgrün des Milzkrauts schmückt Quellen und Bachläufe. An den Geröllhängen und Böschungen leuchten plötzlich die hellgelben, sonnig strahlenden Huflattichblüten auf. Diese Signale aus der Natur waren der ursprüngliche Kalender, der unseren Vorfahren angab, wann dieses oder jenes Heilkraut gesammelt, wann geackert und gesät wird, wann die Rinder auf die Weide kommen.

Nach der Frühlings-Tag-Nacht-Gleiche bricht aus den dunklen Ästen des Schwarzdorns eine weiße Blütenpracht hervor. In keltischer Sicht ist es die schwarze Winterhexe, die sich in die holde weiße Jungfrau des Frühlings verwandelt. Nun kommen Grasfrösche von weit her über den Altschnee gehüpft und feiern freudig brummend ihre Hochzeit im Tümpel hinter dem Haus. In den Wipfeln der nahe stehenden Bäume warten schon die Kolkraben und der Bussard: Für sie sind Frosch und Laich ein Festtagsschmaus. In den blühenden Salweiden summen die Bienen, so dass man meinen könnte, es seien die Bäume selber, die da singen. Wie jedes Jahr sammeln wir nun Bärlauch und andere grüne Kräuter, die das Blut entschlacken, die Drüsen anregen und die Frühjahrsmüdigkeit vertreiben.

Sobald die Aprilsonne den letzten Schnee „gefressen" hat, fängt das Gärtnern an. Wo heute der Gemüsegarten ist, war vorher eine Brennnesselwildnis. Es dauerte einen ganzen Tag härtester Knochenarbeit, auch nur einen Quadratmeter umzugraben und von dem Wurzelgewirr zu befreien. Eine unglaubliche Anstrengung. „Halt' durch!", sagte meine Frau. Ja, sie hatte recht, ein nächster Spatenstich geht immer noch und wir brauchten Kartoffeln und frisches Gemüse. Nach mehreren Jahren hatten sich dann Boden, Flora und Fauna aufeinander eingespielt, so dass es ein richtiger Gemüsegarten wurde.

Gegen Ende Mai bringen die Bauern ihre *Schumpe* (Jungvieh), auch einige Pferde, auf die Sommerweide. Einst wurden sie von den Bauern persönlich auf die Alp (Alm) getrieben und es gab Hirtenbuben, die ständig bei den Tieren waren. Heute sind die Weidegründe mit Stacheldraht eingezäunt; das Vieh wird mit LKWs hochgekarrt. Einige Jahre lang kamen auch Mastochsen auf die Alpweide. Arme, verunsicherte, frisch kastrierte Tiere, fast noch Kälber, waren das. In den ersten Tagen trampelten sie, vor Hunger schreiend, an den Zäunen entlang. Sie mussten erst lernen frisches Gras zu fressen, denn sie kannten im Mastbetrieb nur Silagefutter vom Fließband. Sogar das Trinken aus den Trögen mussten sie lernen: Da sie es gewohnt waren, den Hebel fürs Wasserbecken mit dem Druck der Schnauze zu aktivieren, tauchten sie ihre Mäuler viel zu tief in die Tränken, so dass sie husten und schnaufen mussten.

Da wir auf das Weidevieh aufpassten, brauchten wir in den Sommermonaten weniger Miete zu zahlen. Zweimal am Tag wanderte ich über die Weiden, schaute, dass kein Tier fehlte, dass sie gesund waren, nicht humpelten oder sonstwie verletzt waren. Schnell wurden sie zutraulich und freuten sich, wenn man sie hinter den Ohren kraulte und etwas mit ihnen redete. Beide, Mensch und Tier, brauchen solche Begegnungen. Seele berührt Seele. Die Verbindung kann fast telepathische Dimensionen annehmen, so dass das Umweiden und Treiben reibungslos vor sich geht. Auch wenn ich im Haus war, spürte ich, wenn etwas auf der Weide nicht stimmte. Eine Kuh fiel nachts in ein tiefes Wasserbecken. Sie erschien mir im Traum als *Hathor,* die ägyptische Göttin in Kuhgestalt, und bat um Hilfe. Am nächsten Morgen fand ich sie vollkommen erschöpft im Wassertank schwimmend. Mit Hilfe der Waldarbeiter und eines Krans zogen wir sie mit viel Mühe heraus. Wie tot lag sie dann da. „Die wird's nicht überleben", bemerkten die Waldarbeiter kopfschüttelnd und ich sah, wie ihre Seele im Begriff war, sich von ihrem großen Leib zu trennen. Doch da brachte meine Frau Salz. Wir taten es ihr ins Maul, wissend, dass Salz hilft, die Seele fester an den Leib zu binden. Sie hat überlebt.

Die Symbiose, die Mensch und Rind verbindet, ist uralt. Überall, wo sie zusammenleben, gilt die Kuh als heiliges Tier. Bei den ostafrikanischen Hirten sind die schönsten Lieder und Gedichte den Rindern gewidmet; in Indien wird die Kuh verehrt wie die eigene Mutter; und bei uns war die Kuh Hausgenossin, das Gnadenbrot war ihr in alten Tagen gewiss. Dieser Vertrag zwischen Tierseele und Mensch wird zunehmend aufgekündigt. Das Tier wird ausgebeutet, in seinem Wesen vergewaltigt. Eine Bergkuh, mit schönen Hörnern, die immer besonders zutraulich war, schaute mich mit ihren braunen Augen an, als sage sie: „Wie lange müssen wir noch dulden? Wie lange noch, bis wir nicht mehr hinter dem grausamen Stacheldraht eingesperrt sind, bis wir wieder die Freude des Triebes erleben können und nicht mehr künstlich besamt werden? Wie lange, bis wir wieder unsere Kälbchen behalten können?"

„Ich weiß es nicht, liebe Kuh", sagte ich. „Aber verzage nicht. Derselbe Ungeist, der Euch das antut, macht auch die Menschen unfrei und unglücklich." Es ist kein Wunder – wie mir ein irischer Rinderzüchter berichtete –, dass einst friedliche Farmtiere zunehmend aggressiver werden und sogar die Landwirte angreifen.

Jeden August, wenn die Hitze und das Sonnenlicht Heilkräfte in Form von ätherischen Ölen, Glykosiden und anderen Wirkstoffen in die Kräuter hineinzaubern, legen wir unseren Vorrat an Heilmitteln für das kommende Jahr an. Die alten Kräuter vom vorhergehenden Jahr werden dann als Badezusätze genutzt. Brombeeren, Holunderbeeren, Hagebutten und andere Waldfrüchte werden gesammelt und für den Winter getrocknet oder eingekocht. Später im Herbst kommt die Gartenernte in den Wurzelkeller und das Holz für den übernächsten Winter wird geholt.

Schon im ersten Herbst waren wir fleißig beim Brombeersammeln. Der kleine Sohn, der an einer Quelle unter den Bäumen spielte, schrie plötzlich wie am Spieß. Als wir uns durch das dornige Gestrüpp zu ihm durchgekämpft hatten, sahen wir, dass er, umschwirrt von zornigen Insekten, auf einem Erdwespennest stand. Instinktiv ergriff ihn meine Frau, riss ihm die Windeln herunter – sogar unter den Windeln krochen Wespen – und packte ihn in den nassen kühlen Schlamm der Quelle. Mit dem schreienden Kind auf dem Arm rannten wir so schnell wie wir konnten den langen Weg zum Haus. Im Nu schwoll er an wie ein Hefekloß. Was sollten wir tun? In meiner Panik fiel mir nichts ein. Mein ganzes Heilpflanzenwissen war wie weggewischt. Endlich erinnerte ich mich, dass Gerbstoffe, Tannine, das Wespengift herausziehen und die Histaminreaktion beruhigen würden. Aber welche Pflanze, was hatten wir auf Vorrat? Schwarztee!!

So schnell wie an dem Tag hatten wir noch nie ein Feuer im Herd gemacht. Als das Wasser kochte, schütteten wir eine ganze Packung Darjeeling in den Kessel und gossen es dem schreienden, aufgedunsenen Kind in die kleine Wanne. Ich dachte, mein Gott, wie kann die kleine Leber das Wespengift verarbeiten? Dank des Gerbstoffs ging die Schwellung schnell zurück. Und wir konnten die Stiche zählen: 22-mal hatten die Wespen zugestochen. Die nächsten zwei Tage war der Kleine erschöpft, am dritten Tag spielte er wieder munter. Am Wochenende kam der alte Bergbauer Hans Fähnli vorbei. Als wir ihm die Geschichte erzählten, sagte er: „Was, der Bua lebt noch?!“ Dass es eine Giftnotruf-Zentrale gibt, die einem in solchen Notfällen helfen würde, wussten wir damals nicht. Wie die Pioniere in der Siedlerzeit glaubten wir, auf uns selbst angewiesen zu sein.

Die ersten Jahre auf dem Berg

„Sahne", die Lieblingskuh

Naturritual mit Hky Eichhorn

DER NACHBAR

Der alte Hans, der ein kleines Anwesen im nächsten Tal hatte, galt unter den Leuten als ein „Original". Er war für den Fürst Waldarbeiter gewesen und keiner kannte den Wald so gut wie er. Er wusste, wo die besten Schwämme – Pfifferlinge, Maronen und Steinpilze – wuchsen, wo es noch Arnika gab und wo die Hirsche ihre Geweihe abwerfen. Die gesammelten Pilze verkaufte er an Gasthäuser; aus den Hirschgeweihen machte er Knöpfe, die für Trachtenjacken bestimmt waren. Obwohl Mitte 70, lief er selber wie ein Hirsch durch Berg und Tal; feste Straßen mied er, er brauchte lebenden Boden unter den Füßen. Auf dem Kopf trug er einen Tirolerhut, der mit Federn, Blumen und Blättern besteckt war. Wenn er mit Behörden zu tun hatte, steckte er sich Bärlapp in den Hut.

In der Nordostecke der Stube, im „Herrgottswinkel" seines Bergbauernhäuschens, war keine Madonna zu sehen, sondern ein Hirsch, zwischen dessen mächtigem Geweih ein helles kreuzförmiges Licht hervorstrahlte. Vor dem Hirsch kniete der Jäger Hubertus. Das Motiv vom heiligen Hirsch ist hierzulande uralt, es ist keltisch und sogar vorkeltisch. Es ist das Bild des Cernunnos, des geweihtragenden Urgottes der Europäer; das edle Tier galt einst als die Sonne auf Erden, als Gefährte der Erdgöttin. So verwurzelt war das Bild des Sonnenhirsches in der Seele des Volkes, dass man ihn nach der Bekehrung zum Christentum als eine Offenbarung Christi deutete. Hubertus, der Jäger, ist kein anderer als der umgewandelte schwarze Gott der Unterwelt, der den Sonnenhirsch jagt und in den trüben kalten Novembertagen erlegt. Da der alte Hans noch im Einklang mit dem Wald lebte, war er noch mit diesen Urbildern verbunden. Er war sozusagen eine Art geistiger Waldhüter.

Oft führte sein Weg an unserem Haus vorbei. Jedes Mal wusste er eine Geschichte über den Wald und seine Bewohner zu erzählen. Er hatte uns ins Herz geschlossen, er wusste, wie hart das Leben sein kann. Seine Eltern waren so arm gewesen, dass er schon als Achtjähriger als Melkbub und Knecht zu einem anderen Bauern geschickt wurde. Als Kind durfte er nie nach Hause kommen, ohne etwas mitgebracht zu haben – Pilze, Beeren, etwas Holz für den Herd, ein Paar gefundene Nägel, eine Handvoll im Vorbeigehen gepflückte Äpfel, etwas Erbetteltes. Wir befolgten seinen Rat, das auch zu tun. Bei jedem Spaziergang zog ich einige Tannenäste mit, die dann zu Holzscheiten verarbeitet wurden, einige Kuhfladen als Gartendünger, Kräuter zum Trocknen, Salatkräuter, eine Hosentasche voll Bucheckern, Ebereschenbeeren oder was die Natur sonst noch zu verschenken hatte.

DIE GALLE LÄUFT ÜBER

Als ich einmal durch den Wald ging, hatte ich, nahe beim so genannten Bärenbühl, die Vision eines Bären. Ja, eigentlich sollte es hier Bären geben, die Landschaft war ursprünglich ein Bärenbiotop. Diese

DER HEILIGE HUBERTUS
MIT DEM HIRSCH

Vision veranlasste mich ein Buch zum Thema Bär zu schreiben. Das ganze Jahr saß ich an der kleinen Reiseschreibmaschine, meditierte über Meister Petz und erinnerte mich an Begegnungen mit ihm. Meine Frau glaubte, die Inspirationen würden besser fließen, wenn ich mit dem Bär einen direkteren Kontakt hätte. Sie machte sich auf den langen Weg in die Bärenstadt Bern und holte vom *Mani*, dem Alphabär des Bärengrabens, ein Büschel goldbrauner Haare. Diese trug ich bei mir, um mich auf die Bärenseele einzustimmen.

Ansonsten reiste meine Frau so gut wie nie, es vergingen Monate, in denen sie den Hof nie verließ. Es gab einfach zu viel zu tun. Ich reiste auch nicht weiter als mit dem Fahrrad in die nahe gelegene Stadt, um das Notwendigste zu besorgen. Nach sechs Monaten saßen wir zum ersten Mal in einem Straßencafé in der Stadt. Wir hatten fast vergessen, dass wir tatsächlich in Europa lebten. Auf diesem Berg, mit seinen Wiesen und Tannen, hätten wir fast genauso gut in den Big Horn Mountains sein können. Mehrmals fragte man uns, wie wir es so abgelegen, ohne Auto und ohne Fernseher, aushalten können. Besonders für die Frau müsse es ja mühsam sein. Wegen der Abgeschiedenheit und der langen Winter war es schon früher für die Bergbauern schwierig gewesen, eine Frau zu bekommen, die bereit war, das mitzumachen. Aber für meine Frau war das kein Problem, eher im Gegenteil. Als Kind hatte sie auf einer Ranch gelebt, wo der Briefkasten 18 Meilen und die nächste Ortschaft 68 Meilen entfernt waren. Als Zehnjährige war es ihre Aufgabe gewesen, mit dem Auto auf dem Feldweg zum Briefkasten zu fahren, um zu sehen, ob Post gekommen war. Dagegen war es hier schon eher überbesiedelt.

Als ich das Bärenbuchmanuskript fertig hatte, schickte ich es einem mir bekannten Verleger in Bern. Zufällig war es gerade das 700. Jubiläum der Bärenstadt; der Verleger sagte: „Was soll ich damit? Vor mir liegen schon fünf oder sechs Manuskripte auf dem Tisch." Da hatte ich das ganze Jahr gearbeitet und nun war nichts! Wie sollten wir die Miete bezahlen? Ich nahm mir vor, die Situation gelassen hinzunehmen, ohne Aufregung, ganz im Sinne der buddhistischen Lehre. Am Abend jedoch, als ich mich aufs Stroh legte, rumorte es in mir. Ich schaffte es gerade noch zum Fenster und musste mich übergeben. Ein grünlich gelber Strahl Galle schoss aus mir heraus. Mir war wortwörtlich die Galle übergelaufen.

Wie zu Geld kommen? Ich zog eine Kniebundhose aus dem Nachlass eines verstorbenen Grafen und ein weißes Hemd an; die langen Haare zu einem Zopf geflochten, stieg ich den Berg hinab und radelte in die Stadt. Ziel: die Volkshochschule. Ich hatte ja was zu bieten: Magister der Soziologie, Doktor der Ethnologie, Fulbright-Stipendiat, mehrere Jahre Erfahrung als Hochschuldozent in den USA, Gastdozenturen in Wien und Bern; Spezialgebiete Kulturökologie, Ethnomedizin, Ethnobotanik und so weiter. Das erzählte ich der Leiterin dann im Büro und merkte, dass sie mich nicht ernst nahm. Sie hielt mich für einen ausgeflippten Kiffer oder einen Penner, der an Säuferwahn litt. „Sie können sich schriftlich bewerben", sagte sie barsch und wies mir die Tür.

„Nicht mal mehr für die Volkshochschule bist du tauglich", raunte eine düstere Stimme irgendwo in mir.

An demselben Nachmittag wollten wir noch mit dem Fahrrad zum Hof eines Freundes fahren. Bei ihm wären eimerweise die Johannisbeeren und Stachelbeeren reif, wir könnten pflücken, so viel wir wollten. Wir radelten gerade durch ein kleines Dorf, als ein kleiner kläffender Köter, wie von einem Dämon geritten, auf uns zurannte. Ich trat in die Pedale. Dann wachte ich im Krankenwagen des Rettungsdienstes des Roten Kreuzes auf. Meine Frau war auch mit drin, ihr Kleid von oben bis unten mit Blut besudelt. Es war mein Blut. Ich sei bei hoher Geschwindigkeit einfach vom Rad gekippt und direkt mit dem Kopf auf dem Schotter aufgeschlagen. Ich sei ohnmächtig gewesen und hätte dabei wie ein abgestochenes Schwein geruckt und gezuckt. Jemand hätte die Ambulanz gerufen.

In der Notaufnahme rückte der Arzt mit der Tetanusspritze heran: „Nein, nur das Allernötigste!", sagte ich entschieden. Mit Pinzette und Spachtel holte er die vielen kleinen in der geschundenen Haut eingebetteten Kieselsteinchen heraus und nähte die Platzwunde. Zu Hause behandelte ich die Verletzung mit Kamillen- und Schafgarbenteewaschungen und zog mir, nach erfolgter Heilung, die Fäden selber heraus. Eigentlich war ich dankbar, dass ich keine Versicherung hatte, denn so konnte ich wieder einmal sehr viel über das wunderbare *Vis medicatrix naturae*, über die natürliche Heilkraft des Körpers, erfahren. Am schmerzhaftesten war die Rechnung für die sieben Kilometer Fahrt im Krankenwagen: DM 947,– stand auf dem Schreiben des Roten Kreuzes zu lesen. Ich schrieb gleich zurück: Sicherlich ein Computerfehler, sicherlich eine Stelle vor dem Komma zu viel. Aber nein, das war der offizielle Satz für den Transport. Ich schrieb, das könnten wir nicht bezahlen. Antwort: Sie müssen zahlen, aber sie können es in monatlichen Raten abstottern. Als später einmal das Rote Kreuz zwecks Spendensammlung an unserer Haustür erschien, ließ ich sie wissen, dass ich schon mehr als genug gespendet hätte.

Kurz danach bekam die Volkshochschule eine neue Leiterin. Um die Abendkurse – alles von Botanik bis Weltreligionen – zu unterrichten, musste ich durch den Wald den Berg hinabsteigen und dann in die Stadt radeln. Auf dem Weg nach Hause war es dann schon dunkel. Das ging, solange der Mond hell schien oder eine Schneedecke die Landschaft erleuchtete, aber in den Tagen um Neumond, besonders, wenn es dann noch nebelig war, konnte man oft nicht einmal die Hand vor den Augen sehen. Ich nahm dann einen Stock zur Hand und tappte wie ein Blinder den steilen Hang durch den stockfinsteren Wald hinauf. Wenn der Sehsinn auf diese Weise ausgeschaltet ist, springt die Vorstellung an dessen Stelle. Oft denkt man, hier müsse ja die Abbiegung sein, kommt ab vom Weg, bleibt im Geäst hängen und hat Mühe, sich wieder zum Pfad zurück zu tasten. Auf diese Weise erkennt man, wie vorwitzig unser Intellekt ist. Die erwartete Abbiegung oder Abzweigung war meistens noch längst nicht da. Das „Kopfdenken", der clevere Merkur in uns, vereinfacht und gaukelt uns vor, er wisse ja, wo es lang geht. Manchmal raschelte es im Laub und Zweige knackten. Auch da meldete sich der Merkur: „Oh Schreck. Ein Wildschwein. Nein, ein tollwütiger Fuchs! Und das hier in der Finsternis, wo du nichts siehst und dich nicht wehren kannst. Es ist hier ja Tollwutgebiet. Vor zwei Wochen kam ja so ein Fuchs auf dich zu. Vollkommen verwirrt war er. Du griffst nach einem Eisklumpen. Zum Glück aber bog das wahnsinnige Tier gerade vor dir ab. Und unten beim Bildstock hat sich doch vor kurzem so ein Fuchs in den Beinkleidern eines Wanderers festgebissen." „Nein", beruhigte mich dann der Götterkönig Jupiter, „bleib besonnen; auf Merkur darf man in diesen Situationen nicht hören, er tut nur so, als wisse er alles."

Einmal habe ich mich jedoch wirklich erschrocken, als ich im Stockfinsteren auf einen Flügel trat. Der große Vogel, der dann wie wild zu flattern anfing, muss eine Eule gewesen sein.

Vier Jahre später kauften wir beim Dorfmechaniker einen alten Fiat. Das machte das Leben leichter, aber die unmittelbare Naturnähe, die man ohne Auto erlebt, rückte damit weiter in die Ferne.

HUNDEGESCHICHTEN

Bald konnten wir es uns leisten, einen Hund zu füttern. Wir holten bei Carlo, dem Künstler, einen kleinen dicken Schäferhundwelpen, der, da er kaum Haare hatte, wie ein Sumo-Ringer aussah. Als sich eines Tages bei ihm die Nackenhaare sträubten und er knurrend, Galle würgend, mit irrem Blick herumtorkelte, dachten wir, die Tollwut hätte ihn erwischt. Wir sperrten ihn aus und warteten. Nach einigen Stunden war er wieder vollkommen normal. Einige Wochen später bekam er wieder einen solchen Anfall. Ich fragte den Tierarzt, der die Alprinder impfte, was das sein könnte. „Der Hund hat Epilepsie. Da kann man nichts weiter machen. Es kommt darauf an, ob Sie damit leben können", klärte er mich auf.

„Doch, da kann man was machen", sagte meine Frau. Sie hatte bei den Behinderten, mit denen wir in Genf gearbeitet hatten, beobachtet, dass epileptische Anfälle immer dann stattfinden, wenn die Situation für den Betroffenen stressig wird. „Er braucht eine Frau als Ausgleich!" Also verschafften wir unserem Sumo ein Weibchen, und tatsächlich gab es keine weiteren Anfälle. Dafür aber bald niedliche Welpen.

Als sie acht Wochen alt waren, tat ich die Welpen in einen Pappkarton und fuhr mit ihnen zum Wochenmarkt. Eine Menschentraube formte sich rund um den Karton: Ach, wie süß! Wie kuschelig! Darf man sie auch mal streicheln? Mama, dürfen wir eins mitnehmen, bitte, bitte? Wunderbar, ich habe seit Jahren keine Welpen mehr gesehen!

Wieder einmal realisierte ich, wie arm die modernen Menschen doch eigentlich sind, wie verhungert die Seelen in den so genannten Wohlstandsländern sind. Kaum jemand hat ein echtes Feuer mehr im Haus; Welpen, Ferkel und andere Jungtiere sieht man eher im Fernsehen; man hat Angst vor dem spontanen Fluss des Lebens, vor Geburt und Tod, vor den Veränderungen im eigenen Körper, vor allem, was sich nicht absolut kontrollieren lässt. Ich musste an meinen Freund, den Cheyenne-Medizinmann Bill Tallbull denken, der einmal erzählte, wie wichtig kleine Kinder und Hunde für eine Gemeinschaft sind: „Sie flitzen über den Boden und vertreiben dabei die sich dort ansammelnden dunklen Geister, die Schwermut und Unglücklichsein verbreiten."

Plötzlich stand eine hagere, dunkel gekleidete Frau mit kurz geschorenen Haaren vor mir. „Wissen Sie, was sie da tun!", herrschte sie mich an.

„Klar, ich verschenke Welpen. Aber nur an Erwachsene und nur, wenn sie einen guten, tierlieben Eindruck machen."

„Sind die Tiere geimpft?"

„Nein."

„Das ist gefährlich! Wissen sie nicht, was für Krankheiten diese Tiere übertragen können? Ich gehe zu den Behörden!", sagte sie und verschwand. Tatsächlich erschien kurz darauf ein Beamter der Stadtverwaltung. Auch er stellte, in kommandierendem Ton, kurz gefasste Fragen: „Wie heißen Sie?"

„Geht sie nichts an!"

„Wo wohnen sie?"

„Geht sie auch nichts an!"

Als er dann sagte: „Nun gut, ich hole die Polizei!", brach so etwas wie ein Aufstand unter den Zuschauern aus: „Das ist doch nicht ihr Ernst!" oder „Also, hören sie mal!", wurde da geargwöhnt. Eine alte Frau fasste den Beamten am Kragen: „Wissen Sie, diese Obdachlosen gehen oft viel besser mit ihren Tieren um, als unsereiner das tut. Machen sie doch keine unnötigen Umstände!" Der Beamte wendete sich mir zu: „Ach so, sie sind obdachlos." Daraufhin zog er unverrichteter Dinge wieder ab. Aber irgendwie hatte man doch herausgefunden, wo wir wohnten, denn in der nächsten Woche kamen Tierschützer, um zu sehen, ob wir unseren Tieren eine würdige Unterkunft boten.

Nach der Anarchie Indiens und nach den Indianern war es manchmal schwer, sich an all die Sicherheitsbedürfnisse, Reglementierungen und Bevormundungen, denen sich die Europäer unterworfen haben, zu gewöhnen. Selbstverständlich gaben wir uns nicht absichtlich widerspenstig, wir kannten lediglich nicht ganz die Gepflogenheiten der Europäer.

GEBURT

Nachdem das Töchterlein geboren wurde, musste ich es selbstverständlich anmelden. Die Frau in der Amtsstube fragte: „In welcher Klinik oder Krankenhaus fand die Geburt statt?"

„Zu Hause."

„Welcher Arzt?"

„Keiner."

„Nun dann, welche Hebamme?"

„Keine Hebamme. Ich habe das Kind selber abgenabelt."

Die Arme war ganz verblüfft. „Das geht doch gar nicht!", sagte sie, als verstehe sie die Welt nicht mehr. Doch, das geht alles. Geburt ist natürlich. Im ungewohnten Umfeld von Kliniken oder Krankenhäusern sind die Frauen oft verspannter als zu Hause. Und wer glaubt heute noch an die Ekstase, jenseits von Lust und Schmerz, die während der wirklich natürlichen Geburt möglich ist, an das tiefe Eindringen in die Mysterien des Daseins. Das wird alles der Angst und dem darauf begründeten Sicherheitsbedürfnis geopfert.

Selbstversorgergarten

Wo die Bücher entstehen

Auf Gomera, mit neolithischer Statue

GESUNDHEIT UND KRANKHEIT

Wir waren darauf angewiesen, auf unsere Gesundheit selber zu achten. Aber nicht nur weil wir – als US-Bürger – nicht versichert waren, verzichteten wir auf Ärztebesuche. Wir waren auch überzeugt, dass man sich selber der beste Arzt sei, dass niemand den eigenen Körper so gut kennt wie man selbst. Voraussetzung ist natürlich, dass man dem Schmerz oder dem Leiden nicht entflieht, sondern diese ganz aufmerksam mit Bewusstsein durchdringt. Dass man sozusagen eine „Astralreise" durch den Körper unternimmt und dabei die angeschlagenen Organe auslotet. Oft wirkt dieses meditativ geführte Bewusstsein an sich schon wie eine heilende Kraft. Bewusstsein ist ein Licht, und wenn man damit die Körpertiefen durchleuchtet, dann verflüchtigen sich oft die dunklen Felder der Krankheit. Das, zusammen mit den richtigen Kräutern und Hitze – Heißwasserflaschen, heiße Kartoffel- oder Zwiebelpackungen, Wollschals oder erhitzte „Heilsteine", die man, wie uns der Medizinmann Elkshoulder lehrte, auflegt –, bewirkt echte Heilung, nicht nur Symptomverdrängung. Die Kräuter unterstützen dann den Heilprozess, indem sie stärkend und tonisierend wirken, träge Funktionen anregen oder Überfunktionen abregen und lindern, Gewebe festigen oder erweichen oder auch bakterienhemmende oder antivirale Eigenschaften besitzen. Anleitung zum richtigen Umgang mit heilenden Pflanzen gibt es in der überlieferten Volksheilkunde zur Genüge. Wir benutzen keine exotischen, importierten Heilkräuter, sondern ausschließlich die einheimischen, die rund ums Haus, in Wiese und Wald wachsen. Wir teilen mit ihnen ja auch das energetisch-astrale Umfeld. Wie Paracelsus sagte: „Dieselben *Aster* (Gestirneinflüsse), die im Mikrokosmos (Mensch) eine Krankheit verursachen, erzeugen zur selben Zeit in den Pflanzen, die in der Umgebung wachsen, die entsprechenden Heilkräfte."

Krankheiten und Verletzungen gab es immer wieder. Oft zweifelte ich, ob es richtig war, was wir da machten. Manchmal dachte ich: „Warum bist du nicht, wie jeder normale Mensch, versichert

und gehst zum Arzt?" Aber dann, nach all dem Zweifeln, fühlt man, dass die Kräuter helfen. Sie helfen sanft und undramatisch. Auf einmal merkt man: „Du hast ja vergessen den Kräutertee zu trinken oder die Salbe einzureiben! Die Schmerzen sind ja weg, du fühlst dich wieder wohl." Nie haben uns die Kräuter enttäuscht, letzten Endes haben sie immer geholfen. Und mit jeder Krankheit haben wir viel über das Leib-Seele-Gefüge und über uns selbst gelernt. Jede Krankheit ist ein unerbittlicher Lehrmeister!

Vor dem zweiten Winter musste ich unbedingt Holz sägen, damit wir im nächsten Jahr heizen und kochen konnten. Es waren kalte, nebelig feuchte Novembertage. Von morgens bis abends schleppte ich Äste und zersägte sie mit der Schwedensäge. Der einheimische Förster, der das sah, schenkte mir daraufhin eine alte, ausrangierte, mordsschwere Motorsäge. Nun kam ich besser voran. Bald jedoch schmerzten beide Armgelenke, die Arme schwollen an, die Finger wurden dick wie Würste. „Ja, das ist eine Schleimbeutelentzündung", sagte die Bäuerin im Tal, wo wir manchmal Milch holten, „mein Mann hatte das auch. Musste zweimal operiert werden."

Was sollte ich machen? Welche Heilpflanze war die richtige? Ich versuchte, ganz still in mir zu werden und hoffte auf Antwort aus der „anderen" Dimension. Da kam mir der Ackerschachtelhalm, den wir im Frühjahr zuvor gesammelt hatten, in den Sinn. Ich machte feuchte Umschläge mit dem ausgekochten Kraut. Nach einer Woche war die Entzündung abgeklungen.

Ein andermal war es eine Nierenentzündung. Da wirkte der Kaltwasserauszug der Kanadischen Goldrute wie ein Wunder. Goldruten – die Kanadische, die später blühende Riesengoldrute wie auch die einheimische Waldgoldrute – sind die besten Nierenmittel überhaupt. Es gibt nichts in der Schulmedizin, das sie übertrifft.

Bei Lungenerkrankungen half immer der schleimlösende, reizmildernde Huflattich mit seinen Blüten und Blättern. Die Anwendung dafür war mir lange zuvor im Traum erschienen, als ich im kalten Winter im Schwarzenburgerland (Schweiz) auf einem eingeschneiten Bauernhof mein erstes Buch in deutscher Sprache geschrieben hatte. Von der Arbeit vollkommen erschöpft, bekam ich eine schwere Lungenentzündung. Ich träumte von hell strahlenden gelben Blüten und am nächsten Tag sah ich genau diese Art Blüte an der Böschung vor dem Haus, wo der Schnee weggetaut war. Es war Huflattich! Der Aufguss der Blüten wirkte wie ein wärmender Sonnenstrahl in den verwinterten Lungen. Überhaupt scheint der Huflattich einer meiner pflanzlichen Verbündeten zu sein. Vor nicht allzu langer Zeit, bei einem Pflanzen-Workshop auf einer hohen Tiroler Alm, befiel mich plötzlich eine heftige Venenentzündung in dem Bein, das ich mir vor Jahren beim Hockeyspiel verletzt hatte. Als ich nachsann, welches Kraut mir helfen könne, winkte mir der Huflattich zu. Ich machte Umschläge aus dem zerstampften Kraut und merkte, wie wohl das tat. Als ich eine Woche später bei Maria Treben nachschaute, hieß es ebenfalls: Huflattich auf entzündete Venen. Ja, ich bin überzeugt, dass die Pflanzendevas mit tiefen Schichten unserer Seele kommunizieren und uns sagen können, wie wir uns am besten heilen.

Knochenbrüche gab es auch gelegentlich. Auf einem eisigen Hang rutschte ich in meinen Gummistiefeln aus. Ich war gedanklich nicht in der Gegenwart gewesen. Der Daumen knackte wie ein Stück Holz. Da half die frisch geraspelte Beinwellwurzel als Umschlag. Später bei einem Indienbesuch traf mich der Fluch eines alten Siddhi-Babas und ich zog mir einen komplizierten Knöchelbruch zu. Ich humpelte an einem Bambusstab. In Tempelanlagen und an anderen Orten, wo man Schlange stehen musste, wurde ich mit all den anderen Krüppeln immer vorgelassen. Als ich dann kurz darauf wieder zu Hause war, trank ich den kieselsäurehaltigen Schachtelhalmtee und legte Umschläge aus zerraspelter Beinwellwurzel um. Die Beinwell- oder Wallwurzwurzel heilt, ähnlich dem Kohlwickel, der Kartoffelpackung oder Frischzellentherapie, durch ihre überschüssige ätherische Kraft, die sie in das beschädigte Gewebe hineinstrahlt. Sie stärkt den „Ätherleib", so dass die Gewebe wieder ihre archetypische Form annehmen können und sogar die Knochensplitter wieder zueinander finden.

Nachdem meine Frau ein Kind verloren hatte und die Blutungen schon lebensgefährlich waren und die üblichen Mittel, etwa Hirtentäschel, zur Stillung innerer Blutungen versagt hatten, da wies uns der Naturheiler Gerhard Orth auf das Fuchskreuzkraut. Eine Tinktur des Kreuzkrautes stoppte das Bluten sofort. Auf diese und ähnliche Weise konnten wir auch die schwersten Erkrankungen – ich will sie hier nicht alle aufzählen – mit Geduld und Vertrauen mit den einheimischen Kräutern heilen.

Meine pflanzlichen Verbündeten

Wir versuchen die Heilkräuter zur richtigen Tages-, Monats- und Jahreszeit zu sammeln. Traditionell hat man immer in den frühen Morgenstunden die Kräuter gesammelt. Auch wird dabei nie ein Metallmesser benutzt. Die beste Zeit im Monat ist, wie der französische Heilkräutermeister Maurice Messegué bestätigt, um den Neumond, wenn der Mond nicht größer als eine Sichel ist. Die essenziellen Öle, die Glykoside, Alkaloide und andere Wirkstoffe sind am reichlichsten in den Sommermonaten, zwischen Sommersonnenwende (Johanni) und Herbst-Tag-Nacht-Gleiche ausgebildet; dann sollte man sie auch für den Jahresvorrat sammeln. Traditionell wurden diese Kräuter zu Mariä Himmelfahrt (15. August) geweiht.

Heilpflanzen, zu denen man ein ganz besonderes persönliches Verhältnis hat und deren Heilkraft man gut kennt, nennen die Indianer „Verbündete aus dem Grünen Volk". Wenige Pflanzen gut zu kennen ist besser als viele oberflächlich zu kennen. Mit sieben oder acht Kräutern, zu denen man eine tiefe Beziehung hat, kann man praktisch alle Krankheiten heilen – so Maria Treben. Hier nun einige meiner wichtigsten Verbündeten, die mir oft geholfen haben:

ACKERSCHACHTELHALM oder **ZINNKRAUT** ***(Equisetum arvense)*** Der Schachtelhalm ist eine uralte Pflanzenart, ein lebendes Fossil aus jener Epoche, als die fortgeschrittenste Tiergruppe die Lurche waren. Man könnte das als Signatur auffassen: Schachtelhalm ist ein Altenmittel. Die Abkochung –15 Minuten kochen – stärkt die Knochen und das Bindegewebe, hilft die Blutgefäße zu reinigen und zu verbessern; dank der Kieselsäure ist sie gut für Haut und Haare. Ein Aufguss des Krautes hilft bei Nieren- und Blasenerkrankung.

AUGENTROST ***(Euphrasia officinalis)*** Als der Gelehrte Melanchthon an triefenden, verklebten, entzündeten Augen litt, erschien ihm ein Engel und wies ihn auf den kleinen Rachenblütler, dessen Blüte angeblich wie ein Triefauge aussieht. Er machte einen Aufguss, badete die Augen damit und sein Leiden verschwand. Der Tee hilft nicht nur bei müden, roten und entzündeten Augen, sondern ich habe den Eindruck, dass ein Augenbad damit allgemein kräftigend für das Sehorgan wirkt. Man kann den Tee auch bei Erkältungen und Stirnhöhlenentzündung trinken.

BEIFUSS oder **MUGWURZ** ***(Artemisia vulgaris)*** Der Beifuß war eines der Lieblingskräuter meiner Großmutter. Nicht nur wurde die Weihnachtsgans damit gewürzt, sondern er diente auch als Frauenkraut. Der Tee erwärmt den Unterleib, hilft bei der Regulierung der Monatsblutung und als Fußbad; in der ersten Hälfte des Monatszyklus fördert er die Fruchtbarkeit. Die Wurzel wirkt krampfstillend, schweißtreibend und magenstärkend. Überall wo er wächst, wurde das getrocknete Kraut als Räucherung bei schamanischen Séancen verwendet. Der Rauch öffnet das „dritte Auge“ und stimmt auf die geistige Welt ein.

BEINWELL oder **WALLWURZ** ***(Symphytum officinale)*** Als ich einmal vom Rennrad fiel und mir dabei das Schlüsselbein zertrümmerte, sollte ich operiert werden. Ich war schon auf dem Weg zum Operationstisch, als ich es mir anders überlegte. Anstelle der Operation suchte ich die Beinwellwurzel und heilte damit den Knochenbruch schnellstens aus. Beinwell enthält zudem Allantoin, ein stark wirkendes antiseptisches Wundheilmittel. Eine Beinwellsalbe ist angesagt bei Wunden, Brandwunden, Krampfadern und Knochenhautentzündung.

BRENNNESSEL ***(Urtica dioica)*** Brennnesseltee wirkt harntreibend, schleimlösend und blutreinigend. Der Aufguss hilft bei Ödemen, schlechter Haut, Rheuma und wegen seiner guten Wirkung auf die Bauchspeicheldrüse bei allen Leiden, die damit zu tun haben. Bei Hexenschuss und Ischias kann man die betroffene Stelle mit dem frischen Kraut „peitschen“. Die gelben Wurzeln eignen sich als Tinktur zur Behandlung von Prostataschwellung. Die reifen, nussartig schmeckenden Samen sind ein Stärkungs- und Potenzmittel.

Goldrute *(Solidago virgaurea)* Das harntreibende, krampflösende und entzündungswidrige Kraut hilft bei der Durchspülung und Heilung der Nieren und ableitenden Harnwege. Der Tee – am besten ein Kaltwasserauszug, in großen Mengen getrunken – hilft vorbeugend bei Harnsteinen und Nierengries.

Kalmus oder **Magenwurz** *(Acorus calamus)* Die Wurzel wirkt, frisch gekaut oder als Bestandteil von Magenbittern, magenstärkend und sekretionsfördernd. Als Badezusatz wirkt sie kräftigend; bei Frauen periodefördernd, bei Männern als entspannendes Aphrodisiakum.

Sanikel *(Sanicula europaea)* Diesen im Wald wachsenden Schirmblütler habe ich erst im Allgäu kennen gelernt. Früher, ehe sich die Bergbauern ärztliche Fürsorge leisten konnten, galt „Saunigel" als Allheilmittel. Es wirkt als Lungenpflanze hustenmildernd und auswurffördernd und als Magenkraut beruhigend bei krampfartigen Schmerzen, Blähungen und entzündungshemmend im Magen-Darmbereich. Inzwischen ist es eines unserer beliebtesten Heilmittel geworden. Für meine Kinder ist schon der angenehme Duft ein Signal, dass es ihnen bald wieder besser gehen wird.

In vielen traditionellen Gesellschaften versuchen Schamanen eine Krankheit, noch ehe sie sich auf der körperlich-somatischen Ebene manifestiert, abzufangen. Sie kennen die uralten, paläolithischen Techniken – Versenkung, Trance induzierendes Trommeln, Tanzen und Zauberkräuter – um in die „jenseitige Dimension", in die Welt der Geister und Dämonen zu reisen, um dort die krankheitsbringenden Wesenheiten zu konfrontieren.

In den Wintertagen, wenn wir eingeschneit waren und es ganz still war, kam es vor, dass sich in dem Moment zwischen Schlafen und Wachen eigenartige Wesen zeigten. Oft waren sie buckelig und verkrüppelt, manchmal jedoch verführerisch schön; ihre Gesichter erinnerten an die Perchten und Masken der alemannischen Fastnacht, an tibetanische Dämonenmasken oder an die „Falschen Gesichter", mit denen die Irokesen die Krankheitsdämonen darstellen. Sie sind alle irgendwie leidend, es fehlt ihnen was, zugleich sind sie erschreckend und Furcht erregend. Wenn ich diese Entitäten wahrnahm, Angst bekam und gegen sie kämpfte, dauerte es nicht lange, da wurde ich oder jemand im Haus krank. Fasste ich jedoch Mut, dann konnte ich mit ihnen sprechen, ihnen sagen, sie sollten weiterziehen. „Wohin sollen wir ziehen?", fragten sie mit rauen Geisterstimmen. Dann konnte man antworten: „Zieht nach Osten, geht ins Licht, der Heiland kann euch geben, was euch fehlt!"

Manchmal sagten sie: „Aber wir haben kein Reisegeld."

Da gab ich ihnen einen Kupferpfennig. Mit ihrem Glückspfennig zogen sie dann weiter und das Haus blieb von einer Krankheit verschont. Nach einem solchen Besuch räucherten wir dann oft noch mit Beifuß, Wacholder und Mariengras, um die Atmosphäre zu reinigen. Oft merkte ich auch, dass die Hunde, die ja sehr hellsichtig sind, es mit den unguten Geistern aufnehmen. Die treuen Tiere sind nicht nur Hüter in der alltäglichen Wirklichkeit, sondern sie schützen auch die Pforten zur Geisterwelt.

WIE GUT, DASS ES DIE VERNUNFT GIBT

Genieße mäßig Füll' und Segen,
Vernunft sei überall zugegen,
Wo Leben sich des Lebens freut.
Dann ist Vergangenheit beständig,
Das Künftige voraus lebendig,
Der Augenblick ist Ewigkeit.

Goethe, „Vermächtnis"

Der Weg in die Geisterwelt führt immer an den Rand der Gefilde des Todes. Das wurde mir kürzlich wieder einmal vor Augen geführt, als ich als Gastredner nach Irland zur jährlichen Konferenz der biodynamischen Landwirte eingeladen wurde. Es war Anfang November, es war *Samain*, das irisch-keltische Totenfest. Abends, auf dem Weg vom Flughafen, hielt der Fahrer bei einem uralten keltischen Hochkreuz, auf einem mit jahrhundertealten Eiben bepflanzten Friedhof. Hier zog ich die Schuhe aus und berührte die heilige Erde Irlands.

Am nächsten Nachmittag besuchten wir, abgelegen im grünen Tal des Nore Rivers, die Burgruine des bekannten irischen Philosophen George Berkeley (1685 bis 1753). Dieser lehrte, dass die Wirklichkeit, in der wir leben, keine materielle ist; sie besteht allein aus der Vorstellung Gottes und, da wir als sein Ebenbild geschaffen sind, auch aus unseren Imaginationen – eine These, die gar nicht so weit von dem indischen Shaivismus entfernt ist. Der schlammige Weg führte über Weiden, auf denen halbwilde Pferde grasten, und durch Hecken alter knorriger Weißdornbüsche. Als wir uns der mit Efeu bewachsenen, aus grauem Gestein bestehenden Ruine näherten, hörten wir Klopflaute hinter dem Mauerwerk. „Das klingt wie ein Geist“, sagte ich zu Merlin, einem alten Freund aus Oregon. Wir zwängten uns durch ein Loch in dem Gemäuer. Da sahen wir es: Jemand hatte dort im Boden gegraben und eine Plastikplane über das Loch gelegt, darauf tropfte es. Also kein Geist! In einer Ecke lag eine schmutzige Plastiktüte. Ich griff unwillkürlich hinein und hielt, zu meinem Erstaunen, krümelige alte Menschenknochen in der Hand: Ein Stück Hüftknochen, eine Elle, ein Stück Schädel. Wem hatten diese Knochen wohl gehört?

Wir gingen weiter zu einer mit Moos und Efeu überwachsenen Ruine einer alten Mühle am Fluss. Das Dach war eingefallen und die ehemaligen Fenster waren gähnende Löcher in dicken grauen Steinmauern. Ich schaute durch eine der Fensteröffnungen und merkte plötzlich, dass der Geist eines Verstorbenen durch meine Augen auf den dahinströmenden Fluss hinaus starrte. Vor vielen, vielen Jahren muss ein geliebter Mensch dort flussabwärts gefahren und nie wiedergekommen sein. Der (oder die) Zurückgelassene schaute immer wieder hinaus, über Jahre hinweg, und dann, nach dem Tod, als Geist. Das Gebäude wurde verlassen, das Dach fiel ein, die Mauern barsten. Und noch immer schaute er hinaus, unerlöst, sich an Vergangenes, Vermisstes klammernd. Und nun, in den düsteren Tagen des Samain, fand er womöglich seine Erlösung.

Am folgenden Abend, es war dunkel und kalt, fuhren Merlin und ich ans Meer, nahe der Flussmündung. Ich zog mich aus und wollte meine Rudraksha-Nussschnur im irischen Meer weihen. Die Kälte des Wassers drang bis in die Knochen. Doch dann kam eine Welle, auf der ich gut reiten konnte. Wellenreiten – *body surfing* – ist eine meiner Leidenschaften. Also zwang ich meinen Körper, mit eisernem Willen, die Kälte zu ertragen. Ich surfte in den schwarzen Wellen und merkte, wie ich mich an das kalte Wasser gewöhnte. Nach einer Weile geriet ich immer mehr in Ekstase, das Meer fühlte sich immer wärmer an, bald schien es Badewassertemperatur zu haben. Doch als ich mit der Hand meinen Arm und Schenkel berührte, erschrak ich: Sie fühlten sich eiskalt und leblos an, so etwa, wie sich ein ertrunkener toter Hund anfühlt. Da dachte ich nach: „Das Wasser scheint warm zu sein und du befindest dich in einem wonnevollen

Zustand, doch dein Körper fühlt sich fast tot an. Du befindest dich am Rande der Welt der Lebenden. Mach, dass du rauskommst!"

Am Strand wartete Merlin, eingehüllt in einen langen Mantel. Er zeigte auf die Uhr und sagte: „Weißt du, wie lange du im Wasser warst! Eine dreiviertel Stunde!" Als ich das hörte, dankte ich für die Gabe der Vernunft und dem Merkur dafür, dass ich das Vernommene auch verstanden hatte. Nein, egal, wie wonnevoll das Wasser schien, ich wollte nicht aus dem Leben scheiden! Denn dieses Leben ist ein kostbares Geschenk. Schamanen, auch wenn sie die andere Seite kennen, lieben das Leben im Licht der hiesigen Sonne.

ANMERKUNGEN

1 *Der Kosmos im Garten* (Storl, AT-Verlag 2001), *Pflanzendevas* (Storl, AT-Verlag 2001), „Ein Medizinmann der Cheyenne" in *Wanderer zwischen Welten* (C. Gottschalk-Batschkus und D. Reichert, Hrsg., Reichert Verlag, Murnau).

2 Algonkien für „Ratsversammlung", einschließlich schamanischer Rituale.

3 Menschen, die Rituale durchführen, aber wenig „Medizinkraft", von den Geistwesen vermittelte Macht, besitzen.

4 Ausschank für Sprudel und nichtalkoholische Getränke; Treff für Teenager

5 Seit Findhorn spricht man, wenn man auf das übersinnliche Urbild der Pflanzenarten hinweisen will, von den *Devas* der Pflanzen. Das Wort, verwandt mit dem lateinischen *Divus* = „göttlich" und *Deus* = „Gott", kommt aus dem Sanskrit und bedeutet „lichtverbundene göttliche Wesenheiten".

6 Als *Adavasi* werden die einfachen Waldbewohner, die Nachfahren der vor-indoarischen Ureinwohner des indischen Subkontinents, bezeichnet.

7 Der *Lingam* ist eine phallusförmige Steinsäule, die im *Yoni*, dem Schoß, Ursprung oder Urgrund, ruht; Symbol des allumfassenden göttlichen Mysteriums.

8 Mit *Siddhi* werden Fähigkeiten wie Hellsehen, Levitation, Bilokation, Unsichtbarmachen, das Eintreten in andere Körper und dergleichen bezeichnet.

9 *Bhai* = „Bruder" (Hindi)

10 *Namaste* ist die typisch indische Grußform mit der Bedeutung: „Ich grüße das Göttliche in dir!"; dazu legt man die Innenflächen der Hände vor der Brust auf Höhe des Herzens zusammen.

11 *Hobos* sind Landstreicher, die vor allem mit Güterzügen durch die Staaten fahren.

12 *Raunzen* ist wienerisch und bedeutet weinerlich, nörgelnd.

13 *Sandler* ist wienerisch und bedeutet Stadtstreicher.

14 *Villageois* ist französisch und bedeutet Dörfler; die Bezeichnung für die Behinderten in dem therapeutischen Dorf.

15 Genauere Angaben zum Thema Komposte und Präparate sowie über den biodynamischen Garten in der Village Aigues Vertes bei Genf in dem Buch *Der Kosmos im Garten* von Wolf-Dieter Storl (AT-Verlag 2001).

16 Alemannisch: Großvater, Großmutter

17 *Chrampfe* bedeutet, in der Arbeit alles zu geben, zum Beispiel noch eine Furche pflügen, obwohl es schon zu dunkel ist, oder noch einmal an der Zitze drücken, um auch den allerletzten Tropfen Milch herauszubekommen. Chrampfe gehört zur Ethik des harten Bergbauernlebens.

18 *Pschütti* bedeutet Geschüttetes, also Jauche, Gülle.

19 Vormelken bedeutet das Waschen und Anmelken des Euters, so dass ein besserer Melker es fertig ausmelken kann.

20 *Zottelichappe* ist die Zipfelmütze, die von Emmentaler Bauern noch immer getragen wird.

21 Genauere Angaben zum Thema planetarische Signaturen der Nahrungspflanzen und zur Küche des Arthur Hermes sind in dem Buch *Bekannte und vergessene Gemüse* von Wolf-Dieter Storl und Paul Silas Pfyl (AT-Verlag 2002) zu finden.

22 „Vergiss nicht, Fortschritt ist unser wichtigstes Produkt."

23 Nordgermanisch: „die grüne Gotteswiese"

24 Das Sammelritual wird in *Pflanzendevas* (AT-Verlag 2002) und *Von Heilkräutern und Pflanzengottheiten* (Aurum Verlag 1997) von Wolf-Dieter Storl näher beschrieben.

25 *Bidi*, eine Bauernzigarette, bestehend aus Tabak, der in Blätter der mit der Kakipflaume verwandten indischen Persimone *(Diospiros melanoxylon)* gewickelt wird.

26 „Gesund mit Kraut und Rüben?" im *Stern*, August 1986